浙江省
县级融媒体

COUNTY-LEVEL
MEDIA CONVERGENCE

2021年发展报告

李骏　金烽 主编

浙江工商大学出版社
ZHEJIANG GONGSHANG UNIVERSITY PRESS

杭州

图书在版编目（CIP）数据

浙江省县级融媒体 2021 年发展报告 / 李骏，金烽主
编 . — 杭州：浙江工商大学出版社，2023.1
ISBN 978-7-5178-5200-1

Ⅰ . ①浙… Ⅱ . ①李… ②金… Ⅲ . ①县－传播媒介
－研究报告－浙江－ 2021 Ⅳ . ① G206.2

中国版本图书馆 CIP 数据核字 (2022) 第 218080 号

浙江省县级融媒体 2021 年发展报告
ZHEJIANG SHEGN XIANJI RONGMEITI 2021 NIAN FAZHAN BAOGAO
李 骏 金 烽主编

策划编辑	鲍观明　任晓燕
责任编辑	金芳萍
责任校对	傅 恒 唐 红
封面设计	芸之城
责任印制	包建辉
出版发行	浙江工商大学出版社
	（杭州市教工路 198 号　邮政编码 310012）
	（E-mail：zjgsupress@163.com）
	（网址：http://www.zjgsupress.com）
	电话：0571-88904980，88831806（传真）
排　版	杭州彩地电脑图文有限公司
印　刷	杭州高腾印务有限公司
开　本	710 mm×1000 mm　1/16
印　张	22.5
字　数	324 千
版印次	2023 年 1 月第 1 版　2023 年 1 月第 1 次印刷
书　号	ISBN 978-7-5178-5200-1
定　价	98.00 元

编委会

支持单位

浙江省新闻工作者协会县级融媒体工作委员会

浙江工商大学党委宣传部

浙江工商大学人文与传播学院

浙江省文化产业创新发展研究院

浙江省地方志研究中心

钱塘融媒文化产业研究中心

序　言

县级融媒体中心建设是一项非常重要和迫切的工作。2018年以来，中共中央对新媒体发展的规划部署呈现出专项、多次、密集的特点。

中央先后发布《关于加强和改进党的新闻舆论工作的意见》《关于加强县级融媒体中心建设的意见》《县级融媒体中心建设纲要》等文件，强调"县域媒体要强化服务功能，整合资源，充分利用互联网，重点发展新媒体，建设综合信息服务平台"。习近平总书记在全国宣传思想工作会议上，从国家战略层面提出"要扎实抓好县级融媒体中心建设，更好引导群众、服务群众"。浙江省是县级融媒体中心建设的先行者，自2018年党中央提出"加强县级融媒体中心建设"以来，浙江省积极探索，整体发展处于全国领先地位。近年来持续纵深推进县级融媒体中心建设，进一步明确中心的性质定位，主动融入社会治理，2020年底率先实现省内全覆盖。

2021年，是中国共产党建党100周年，也是国家"十四五"规划开局之年，对传媒业来说，更是媒体深度融合加快推进的关键之年。在传承历史与开拓未来之时，浙江省县级融媒体中心因势而谋，应势而动，在多方面系统化推进改革。

作为全国"重要窗口"和共同富裕示范区，浙江省在县级融媒体中心建设和发展方面，还有一件大事值得一提。2021年3月，浙江省记协县市区域报工作委员会、浙江省报协县市（区域）报委员会经省新闻工作者协会和省报协批准，正式更名为浙江省新闻工作者协会县级融媒体工作委员会、浙江省报协县（市、区）传媒工作委员会，进一步明确了两委的工作职责。今后，两委对县级融媒体中心的指导将更加深入，更加有针对性和指导性，开启了新时期县级融媒体中心业务指导工作新的篇章。

2022年，首次编写浙江省县级融媒体年度发展报告，全面记录浙江省各县（市、区）融媒体中心在2021年的发展情况，并做系统性梳理。全书分为概况篇、实践篇、创新篇、人物篇、理论篇、作品篇、展望篇和附录等部分。

这项工作对于助力浙江省乃至全国的县级融媒体中心建设与发展，具有现实应用价值，在存史资政方面也具有重要意义。

目录 *contents*

1 概况篇

1.1　概述

2021 年，据不完全统计，县（市、区）融媒体中心（传媒集团）营业总收入 40.17 亿元。经营总收入超 1 亿元的有 14 家，分别是：萧山日报社 7.3 亿元（含控股公司，其中本部 1.8253 亿元），诸暨市融媒体中心 5 亿元，安吉新闻集团 4.012 亿元，长兴传媒集团 2.5021 亿元，德清县新闻中心 2.1155 亿元，义乌市融媒体中心 2.0727 亿元，余姚市融媒体中心 1.589 亿元，海宁市传媒中心 1.4837 亿元，慈溪市融媒体中心 1.4338 亿元，余杭区融媒体中心 1.38 亿元（含晨报），瑞安市融媒体中心 1.3035 亿元，乐清市融媒体中心 1.28 亿元，嵊州市融媒体中心 1.243 亿元，奉化区融媒体中心 1.1795 亿元。浙江省县级融媒体中心在以下几个方面开展了卓有成效的工作。

第一，"建党百年"融媒体报道精彩纷呈。

全省县级融媒体中心围绕建党百年重大主题，发挥融合优势，践行"四力"要求，用生动的笔触、丰富的创意、深厚的情感，创作出一批形式多样、角度新颖、内容精良的好作品。这些作品充分展示了中国共产党百年辉煌历史和伟大成就，充分展现了浙江忠实践行"八八战略"、奋力打造"重要窗口"的创新探索和生动实践，营造了同庆百年华诞、共铸历史伟业的舆论氛围。在浙江省新闻工作者协会组织的"寻红色印记·看美好'窗口'"融媒体作品征集中，岱山县融媒体中心的《看！东海小岛上的"鱼山速度"！》、鄞州区融媒体中心的《春到城杨 留得乡愁在城杨，青山绿水沐春晖》、龙游传媒集团的《一份永不过时的"宣讲稿"》、萧山日报的《悟初心百年，助建功亚运！靖江青年干部启航新征程》、德清县广播电视台的《生死守望》、瑞安市融媒体中心的《百年·百岁》等 46 件由县级传媒主创的作品获奖。

第二，1 件作品获中国新闻奖三等奖，61 件作品获浙江新闻奖。

2021 年，余杭区融媒体中心的《一条"机器鱼"遨游万米深海》，获中国新闻奖消息类三等奖。

概况篇 1

实践篇 2

创新篇 3

人物篇 4

理论篇 5

作品篇 6

展望篇 7

附 录

2021 年，工委①共推荐 113 件作品参加 2020 年度浙江新闻奖的评选，比 2020 年度增加 49 件。县级融媒体中心共有 61 件作品获奖，比 2020 年度增加 18 件。其中，长兴传媒集团的《下一捕，十年后》获移动直播一等奖，平湖市传媒中心的《女儿去大学报到 35 位"爸爸"组团相送》获短视现场新闻一等奖，温岭市融媒体中心的《生死时速——沈海高速大溪段槽罐车爆炸事件》获新闻摄影一等奖；另有 20 件作品获二等奖，38 件作品获三等奖。

2020 年度省县（市、区）新闻奖于 2021 年 3 月在乐清评定，194 件作品参加新闻奖（党报县报报刊类、综合类）评选，其中 44 件作品获一等奖；250 件作品参加新闻奖（今日系列报刊类）的评选，其中 52 件作品获一等奖；524 件作品参加新闻奖新媒体类的评选，其中 93 件作品获一等奖。参评作品比 2019 年度增加 104 件。

第三，开展工委活动，打造浙江县市区传媒品牌。

2020 年 7 月 22—24 日，浙江省县级融媒体工作年会在嵊州召开。来自全省近 80 家县（市、区）融媒体中心的负责人、业务骨干等 130 余人参加会议。会议通报了两委会 2020 年工作总结及 2021 年工作思路，表彰了 2020 年度先进集体、先进个人及优秀新闻作品。

评选融合发展创新项目，推广媒体融合的创新举措和经验做法。为深入总结浙江省县（市、区）传媒深度融合发展典型经验，有效推动改革创新和高质量发展，加快构建适应新时代需要的县级融媒新格局，工委开展了 2020—2021 年度浙江省县（市、区）传媒融合发展创新项目评选工作。从 10 月 28 日—11 月 26 日，共征集了 31 家单位的 64 个项目。12 月 13—24 日，由智库专家组成的评委进行线上初评；因疫情影响，线下复评在 2022 年举行。

评选 2020 年度融媒中心 20 强、十佳领军人物。2020 年度集体单项奖、先进个人奖于 3 月初在乐清评定。本次单项奖评选中集体单项奖分为"年度融媒中心 20 强""年度十佳报纸""年度十佳App""年度十佳广播频率 / 电视频道"四大类。先进个人奖分为"年

---

① 指浙江省新闻工作者协会县级融媒体工作委员会和浙江省报协县（市、区）传媒工作委员会，本书中简称"工委"或"两委"。

度十佳领军人物/年度人物特别奖""年度十佳创新人物""年度最佳经营人物"三大类。其中十佳广播频率/电视频道、年度人物特别奖为首次评选。余杭区融媒体中心等40余家单位榜上有名，慈溪市融媒体中心赵科等27人获评年度先进个人奖。

召开两次主任会议，会员单位增补5家。2020年3月初，上半年主任会议在乐清召开，受疫情影响，下半年主任会议改为线上会议。两次主任会议对工委重点工作进行了研究讨论，总结上一阶段工作、安排下阶段工作思路，并对媒体融合相关工作进行交流。讨论通过增补陈晓峰为浙江省新闻工作者协会县级融媒体工作委员会副主任、秦声峰为浙江省县（市、区）传媒工作委员会副主任的提案，并上报省记协、省报协审定；新增龙港市融媒体中心、岱山县融媒体中心、海盐县传媒中心、海曙区全媒体中心、临平区融媒体中心5家会员单位。截至2021年底，两委会共有82家会员单位。

搭建桥梁纽带，拓展交流合作。工委积极组织考察交流活动，于2021年8月组织全省县级融媒体中心的主任、总编到嵊州越剧小镇采风考察；11月19日组织6家县级融媒体中心的主任、总编等到萧山佛山村考察数字乡村建设情况。同时，发挥桥梁纽带作用，加强与各会员单位的沟通联动。办好《县域传媒》和"浙江县域传媒"微信公众号，先后推出《传媒人物》《传媒圆桌会》《他山之石》《佳作欣赏》等栏目，推介省内外县市区媒体的改革创新、融媒发展的先进经验，为浙江省县（市、区）媒体更好更快地发展献计献策。

充实县级融媒体中心智库专家团队，邀请他们参与浙江省县（市、区）新闻奖、单项奖、省县（市、区）传媒融合创新项目评选及点评工作，担任专题沙龙主持人等。

第四，举办各类培训活动，专家讲座、专题沙龙与融媒实战训练营。

4月6—10日，浙江省县级融媒体中心新媒体实务操作专题培训班在杭州开班。全省60多家县级融媒体中心的120余名新媒体采编骨干参加学习。浙江传媒学院9位专家教授及字节商业化浙江区市场公关经理周正、新华智云副总裁张静应邀授课。本次培训班通过理论学习和实操技能训练，全面提升全省县级新闻工作者的"四力"能力。

概况篇 1
实践篇 2
创新篇 3
人物篇 4
理论篇 5
作品篇 6
展望篇 7
附　录

7月22—24日，在浙江省县级融媒体工作年会召开期间，举办了专家讲座和主题沙龙。浙江大学新闻系原主任，浙大城市学院传媒与人文学院院长、教授沈爱国做了"新闻如何创优创新"讲座；浙江大学传媒与国际文化学院"百人计划"研究员、博导赵瑜佩做了"数字文化创意产业的生态创新与可持续发展"讲座；浙江传媒学院教授朱永祥做了"对县级融媒体中心评价维度的思考"讲座；省记协县级融媒工委智库专家，浙江工商大学人文与传播学院教授、硕导李骏做了"读懂县域传媒——浙江县报的历史变迁及功能研究"讲座。在专题沙龙环节，来自嵊州市融媒体中心、乐清市融媒体中心、萧山日报社、开化传媒集团、东阳市融媒体中心、海盐县传媒中心、义乌市融媒体中心等15家单位的负责人，围绕"融媒体中心如何有效运作""融媒产品如何创新创优""融媒产业如何布局"3个话题进行了探讨。

线上线下相结合，参加中国记协、省记协各类培训及活动。2021年初，浙江省记协组织的"寻红色印记·看美好'窗口'"融媒体作品征集暨全省融媒体易地蹲点采访活动启动，历时7个月，各地各单位精心谋划，倾力推出了一批优秀作品。工委积极响应，共有46件作品获奖。

2月7日下午，浙江省记协举办"'云课堂'线上培训班暨'好作品、好记者报告会'"，长江韬奋奖、中国新闻奖、浙江新闻奖的宣讲人赵林、曾杨希、杨川源、马黎、沈雯和吕瑜等6位优秀的新闻工作者走进云课堂，分享各自的从业心路历程和优秀新闻作品采写要领、感悟。工委积极组织全省各县级融媒体中心参加了在线培训。

5月24—28日，由浙江省新闻工作者协会主办的全省年轻记者学党史、强"四力"专题培训班在温州市浙江省委党校平阳分校举行。工委组织来自萧山区融媒体中心、乐清市融媒体中心、诸暨市融媒体中心等单位的20名年轻记者参加培训。

从9月2日开始，中国记协新闻培训中心与人民日报媒体技术公司联合举办了融媒工作室创新运营系列线上直播培训，共有110余名全省各融媒体中心的业务骨干通过工委报名参加。培训共有5讲，每周一讲，邀请人民日报社研究部新媒体编辑小组主编耿磊、人民日报高级记者李丽辉、解放日报（上观新闻）数据新闻中心总监尤莼洁等进行授课。

1.2　两委更名

2021 年 3 月，在浙江县（市、区）传媒主任会议上，浙江省记协县市区域报工作委员会、浙江省报协县市（区域）报委员会经省记协、省报协批复同意，从 3 月 1 日起，正式更名为浙江省新闻工作者协会县级融媒体工作委员会、浙江省报协县（市、区）传媒工作委员会。

在省记协和报协下设立县市报工委，浙江省是第一个，其他省很少有这样的机构设置。关于两委的由来，可以追溯到 20 世纪 90 年代。那时，浙江的县报总体情况在全国的排名迅速提升，到 2000 年前后，山东、湖北等原先发展势头较好的省的县报的综合实力，已经落在浙江省之后。能与浙江省相提并论的，仅江苏、广东两省。广东的情况是，在珠江三角洲的广州、深圳一带的县报，发展势头强劲，如原先晋升为地级市，现在划归佛山市辖的顺德区的《顺德报》，深圳市的《宝安日报》《南山日报》，等等。但是与广西、湖南、福建交界的粤西、粤北地区，县报发展十分迟缓。江苏省的情况是，苏锡常地区发展较快，苏北发展迟缓。即使是苏锡常地区发展最快的县报，与浙江省发展最快的县报相比，也有差距。为了推动浙江省县市党报更快更健康地发展，1998 年 6 月，经浙江省委宣传部同意，浙江省记协研究决定成立浙江省记协县市党报工作委员会，并于 1998 年 7 月 21 日在萧山举行成立大会。参加成立大会的有全省 21 家具有国内统一刊号的县市党报，另有 30 多家具有省内统一刊号的县市党报列席会议。成立大会通过协商、推荐，确定萧山日报社为县市党报工作委员会主任、秘书长单位。大会通过了《浙江省记协县市党报工作委员会工作规则（修改稿）》，并决定每年召开一次年会。由于浙江省县市党报在办报质量不断提高的同时，报业经营长足发展，经济实力大为增强，2000 年年底，省报协经研究决定，成立省报协县市报委员会，萧山日报社为主任单位。2001 年 3 月 28 日，浙江省报协县市党报委员会成立。

概况篇 1

实践篇 2

创新篇 3

人物篇 4

理论篇 5

作品篇 6

展望篇 7

附　录

这两个工委是浙江省记协、报协开展县级党报工作的专门性委员会。

2003 年，中央对报社进行了大规模整顿，浙江省取消了 12 家具有国家统一刊号的县报和一大批具有省内刊号的县报。2004 年之后，被取消刊号的报纸，又陆续以各种不同形态存在，浙江省保留下来的县报经过这次大整顿，不仅没有垮下，反而经过一小段时间的调整，很快就适应了市场经济的要求，快速走上了正常发展的轨道，办报质量进一步提升，发展速度进一步加快。为顺应新形势的发展，2005 年 9 月两委再次召开年会，统一把所有的县级平面媒体改称为"县市区域报"，并将两委更名为"浙江省记协县市区域报工作委员会"和"浙江省报协县市（区域）报委员会"，因报刊整顿而停止活动近两年的两个工委，重新步入了工作正轨。

20 多年来，两委充分发挥桥梁和纽带作用，团结全省各县市区域报，加强相互间的交流协作，开展组织各类学术研讨、业务培训和采风活动，为全省县市区域报的健康发展做出了重要贡献。截至 2021 年底共有 81 家会员单位。

近年来，随着全省县级融媒体中心建设的推进，两委的服务对象顺势更迭，原有的职能已跟不上形势发展的需要。因此，这次两委更名既是顺势而为，也是自身的一次转型升级。今后，两委将会牢牢把握县级融媒体中心建设的方向，提升服务水平，搭建合作交流平台，进一步助推媒体融合发展。

1.3　重要会议

1.3.1　浙江县（市、区）传媒主任会议暨单项奖评审会在乐清召开

2021 年 3 月 3 日，浙江省新闻工作者协会县级融媒体工作委员会、浙江省报协县（市、区）传媒工作委员会主任会议暨单项奖评审会在乐清召开。会议就 2021 年如何做好两委工作进行了深入探讨，并对有关事项进行了研究表决。省记协副主席俞文明，省委宣传部新闻处

副处长闵柯，省记协秘书长傅亦军，省报协秘书长曲宝库、副秘书长凌再明，两委会主任张剑秋，副主任叶国强、朱瑞庭、邵波、罗定阳、丁丰罡、贾国勇、史莹、金烽、赵科、叶淑秀参加会议。乐清市委常委、宣传部部长林益正受邀参加会议并致欢迎词。特邀长兴传媒总编王晓伟，萧山日报社总编陆伟岗，龙游传媒集团总编辑余柏成，温州市雁荡山管委会党委委员、副主任黄升良，县市报工委智库专家颜伟光、王武荣、李骏、李国平、干剑松等出席会议。会议由省记协县级融媒工委副主任兼秘书长金烽主持。

俞文明就做好省级融媒工作提出要求，他介绍了省记协为县级融媒体中心提供服务的工作思路和举措。他表示，省委宣传部将与省记协共同研究探索县级融媒体中心的发展与改革，相关的政策、资金、服务也将进一步向县级融媒体中心倾斜。省记协将积极创造条件，为县级融媒体中心的交流探讨搭建平台、做好服务，推动县级融媒体中心不断提升内容生产能力和水平。随后，他为县市融媒工委新聘任的智库专家绍兴新闻传媒中心原副总编王武荣颁发聘书。

傅亦军宣读了《关于成立浙江省记协县级融媒体工作委员会的批复》文件，传达省记协春季读书会精神。凌再明宣读了《关于成立浙江省报协县（市、区）传媒工作委员会的批复》文件。

会议评选了 2020 年度集体单项奖、先进个人奖。最终评出融媒中心 20 强、十佳报纸、十佳 App、十佳广播频率（电视频道），以及十佳领军人物、十佳创新人物、最佳经营人物。

1.3.2　浙江省县级融媒体工作年会在嵊州召开

2021 年 7 月 22—24 日，浙江省县级融媒体工作年会在嵊州召开，省记协副主席俞文明、王晓伟，省县级融媒工委主任张剑秋，省记协秘书长傅亦军，省报协秘书长刘金岱参加会议。省县级融媒工委副主任、秘书长金烽主持会议。

嵊州市委常委、宣传部部长潘启富出席会议并致欢迎辞。来自全省近 80 家县（市、区）融媒体中心的负责人、业务骨干等 130 余人

概况篇 ①
实践篇 ②
创新篇 ③
人物篇 ④
理论篇 ⑤
作品篇 ⑥
展望篇 ⑦
附　录

参加会议。会议对 2020 年度浙江省县（市、区）传媒融媒中心 20 强、十佳报纸、十佳 App、十佳广播频率（电视频道）、十佳领军人物（年度人物特别奖）、十佳创新人物、最佳经营人物、年度新闻奖等进行了表彰。

省记协副主席俞文明就县级融媒体中心的发展提出两点要求：一是要不忘初心，始终牢记肩负的宣传报道发挥党委喉舌作用、满足人民群众日益增长的物质文化需求的职责使命。各县级融媒体中心负责人必须时刻清醒认识到在管理、考核、发展中应保持正确的价值导向。二是要始终坚持以激发内容生产活力为导向的改革。要充分认识改革是唯一出路，要争取县委县政府的支持，以改革为根本导向，充分激发传媒内容生产活力、内部经营活力和管理活力。

省记协秘书长傅亦军通报了浙江新闻奖县级融媒体创优获奖情况。2020 年，县级融媒体中心共有 78 件作品获省新闻奖，其中，长兴传媒集团的《下一捕，十年后》获移动直播一等奖，平湖市传媒中心的《女儿去大学报到 35 位"爸爸"组团相送》获短视频现场新闻一等奖，温岭市融媒体中心的《生死时速——沈海高速大溪段槽罐车爆炸事件》获新闻摄影一等奖。

省县级融媒体工委主任张剑秋作两委工作报告。2020 年，浙江 90 个县（市、区）已建成融媒体中心，从相加到相融，浙江县级融媒工作向纵深推进。（1）深耕本土，服务大局，弘扬主旋律，讲好浙江故事，唱响浙江好声音。担职责，强使命，疫情防控宣传报道主动有为。创新突破做好全面建成小康社会"同题作文"。守正创新，全媒助阵，重大主题报道有声有色。新闻舆论监督有力有度，助推社会全域治理。组织专班，联动协作，外宣成绩显著，媒体品牌影响力进一步增强。（2）以机构改革、采编流程重造为抓手，借力借智，深入推进媒体融合。不断完善体制机制，从"相加"到"相融"，融媒改革深化。移动优先，差异发展，做强做大 App，"两微一端一抖"成宣传前沿主阵地。创新音视频产品，多形态直播、多平台联合直播成新业态和战略选择。（3）做深做透"新闻＋政务＋服务＋商务"，多元经营向智慧产业、文创类产业聚集。据不完全统计，2020 年县（市、区）媒体营业总收入超过 38.43 亿元，经营总收入超 1 亿元的有 11 家。2020 年，报纸日均发行量超过 140 万份，报纸发行量最高的是《余杭晨报》9.2 万份，《义乌商报》7.4 万份，《萧山日报》6.5 万份。

会上还举办了专家讲座和专题沙龙。

1.4　交流走访

1.4.1　走进越剧小镇 聆听百年越剧

2021 年 7 月 23 日晚，嵊州越剧小镇的古戏楼弦琶琮铮，越韵悠扬。浙江省县级融媒体中心的主任、总编齐聚一堂，聆听百年越剧。

越剧是中国五大戏曲剧种之一，发源于浙江嵊州，而越剧小镇的所在地施家岙村正是中国女子越剧诞生地。作为越剧的诞生地，嵊州精心守护这门艺术走过了 100 多年，百年越剧早已深植在嵊州这片土壤中，而这足以令嘉宾对越剧表演充满期待。

穿过蜿蜒曲折的长廊，进入越剧小镇，园内亭台错落、古色古香。漫步在小镇街巷，越音袅袅，戏剧元素随处可见。据介绍，小镇占地 3.68 平方千米，依托嵊州境内万年小黄山、千年唐诗路留下的文化积淀，以及秀美壮阔的自然风光而建。小镇的远景规划，是在保持天然山水田园风貌的基础上，打造集戏剧、文化、生活于一体的生态园区。

进入古戏楼，一座造型精美的木质戏台展现在眼前，雕梁画栋，古朴典雅，戏台之下摆放着一张张古典的桌椅。在这座古戏楼上，小镇的越剧演员为嘉宾们奉上了一台台经典的越剧折子戏。耳熟能详的《梁祝》《沙漠王子》《红楼梦》《白蛇传》等越剧经典选段轮番亮相，精彩纷呈。台上演员唱念做打，戏韵悠长；台下嘉宾忽悲忽喜，陶醉其中。

1.4.2　永康市融媒体中心走访县级融媒工委

2021 年 11 月 17 日，永康市委宣传部副部长、永康市融媒体中心负责人陈晓峰一行来到省记协县级融媒工委，就进一步做好媒体融合

概况篇 **1**

实践篇 **2**
创新篇 **3**
人物篇 **4**
理论篇 **5**
作品篇 **6**
展望篇 **7**
附 录

工作进行座谈交流。

座谈会上，工委主任张剑秋、工委副主任兼秘书长金烽介绍了省记协县级融媒工委、省报协县（市、区）传媒工委的主要情况、重点工作等内容，分享了会员单位在媒体融合及经营拓展等方面的经验和做法。

近年来，工委深入学习贯彻习近平新时代中国特色社会主义思想和习近平总书记关于新闻舆论工作重要讲话指示精神，牢牢把握县级融媒体中心建设的方向，坚定不移地推动县级媒体融合发展转型；充分发挥桥梁纽带作用，积极开展针对县级融媒体中心的宣传引导、团结引领、技能培训、评优表彰与交流合作等工作。全省县级融媒体中心在正面宣传、舆论引导、媒体融合和人才队伍建设、多元经营等方面取得优异成绩。

陈晓峰就永康市融媒体中心的体制机制、组织架构、人才队伍、平台建设等方面情况作了介绍，并表示将进一步加强沟通交流，充分借鉴全省县级融媒体中心建设的经验做法，结合实际，做好永康市融媒体中心建设和运营管理工作。

与会人员围绕媒体融合改革，就体制机制、平台搭建、流程再造、资源整合、产业发展等多项内容进行深入交流。大家一致认为，媒体融合改革必须革新思路、更新理念、创新办法，树立全新思维，深入了解群众需求，牢牢把握正确舆论导向，弘扬主旋律、传递正能量，进一步提升新闻传播力、引导力、影响力和公信力，更好地肩负起举旗帜、聚民心、育新人、兴文化、展形象的职责使命。

1.4.3 数字乡村座谈会 总编走进佛山村

2021 年 11 月 19 日下午，浙江省数字经济学会主办的"乡村振兴在行动 融媒聚力促共富"数字乡村建设项目考察交流活动在萧山佛山村举行。浙江省记协秘书长傅亦军，浙江省记协县级融媒工委副主任、秘书长金烽，《视听纵横》执行主编汪晓珺，海宁市传媒中心党委书记、主任朱瑞庭，萧山日报总编辑陆伟岗，嵊州市融媒体中心党委书记、主任过丹樑，兰溪市融媒体中心党委书记、主任徐文相，乐清市融媒体中心副总经理朱华平，龙游传媒集团原党委书记、总裁余柏成参加了活动。与会人员考察学习佛山村数字乡村案例，听取中国数字乡村发展报告并对乡村治理模式展开了热烈的讨论。

一行人实地考察了佛山村美丽乡村建设情况，先后到佛山村爱国英雄事迹陈列馆、佛山公社、健康小屋、共享洗衣房、初心菜园、映季直播间参观，其间听取了佛山村党组织书记关于全面落实乡村振兴战略、数字赋能乡村治理方面的经验做法的介绍，重点了解了"工分宝"在佛山村乡村治理中的运用。

据悉，佛山村原本是个经济薄弱村，后来以全省"全域土地综合整治"为契机，通过"三改一拆"、土地整治、腾挪发展空间、整治乡村环境，摘掉了经济薄弱村的"帽子"。2020 年，佛山村尝试乡村数字治理，探索戴村"映山红"乡村治理计划，试点"工分宝"。"工分宝"用工分和信用值作为底层数据，记录村民为村庄建设做出的贡献，截至 2021 年底，已推动了发展党员、社工招募、应征入伍、小微工程等 32 个应用场景落地，实现了乡村共治共享的治理新格局。

在座谈交流会上，省数字经济学会秘书长章丰介绍了我国数字乡村发展的现状、存在的问题、未来的趋势等，并表示举行本次活动是为了集中展示实施大数据战略行动的亮点和成效，希望媒体朋友能够全面深入了解浙江省数字乡村建设的发展情况，通过媒体平台对取得的成果和经验进行广泛宣传。协会相关人员介绍了大数据助力数字乡村工作的运行情况，现场展示了"工分宝"等的服务场景。最后，参会人员对"映山红"乡村治理模式展开了热烈的讨论，探讨了"工分宝"日常积分模式、兑换方法以及在推广中形成的经验做法。

1.5　论坛培训

1.5.1　主题沙龙

在媒体融合的时代浪潮中，如何进一步弘扬主旋律，深入推进媒体融合，做深做透"新闻＋政务＋服务＋商务"？如何实现多元经营

概况篇 **1**

实践篇 **2**

创新篇 **3**

人物篇 **4**

理论篇 **5**

作品篇 **6**

展望篇 **7**

附 录

向智慧产业、文创类产业聚集？

2021 年 7 月 23 日，县级融媒体发展沙龙在嵊州举行，来自嵊州市融媒体中心、乐清市融媒体中心、萧山日报社、开化传媒集团、东阳市融媒体中心、海盐县传媒中心、义乌市融媒体中心等 15 家单位的负责人，围绕"融媒体中心如何有效运作""融媒产品如何创新创优""融媒产业如何布局"三个话题进行了探讨。会上观点的碰撞、经验的分享，为大家带来了一场"头脑风暴"。

1.5.1.1　主题：融媒体中心如何有效运作

主持人：金烽（省县级融媒工委副主任兼秘书长、高级编辑）

嘉　宾：张元（嵊州市融媒体中心总编辑）

　　　　罗定阳（乐清市融媒体中心主任）

　　　　张志鹏（淳安县融媒体中心总编辑）

　　　　章承月（龙游传媒集团副总编）

　　　　贾国勇（余杭区融媒体中心副主任）

点评专家：颜伟光（省记协县级融媒工委智库专家、嘉兴日报报业传媒集团原副总编）

金烽：浙江的融媒体进程走在全国前列，特别是县级融媒体。2020 年，浙江 90 个县（市、区）全部按融媒体中心体制运作。浙江县级融媒体齐头并进，且百花齐放，涌现了一批新秀，嵊州融媒就是其中一家。嵊州融媒是 2020 年度浙江县域传媒融媒 20 强之一，且跻身前三，让人刮目相看。下面请嵊州融媒体中心的张元总编来为我们解密进前三之秘诀。

张元：媒体融合，技能融合是最重要的基础，没有技能的融合，就不可能有真正的媒体融合。嵊州市融媒体中心自组建以来，以技能融合为基础，整合现有资源，再造生产流程，创新体制机制，推进技术升级，在机构、内容、渠道、平台等方面深度融合，走出了一条符合嵊州实际的媒体融合之路。生产流程再造，是媒体融合的机制保障，我们的做法是以新闻融合为突破，带动全平台流程再造。把所有新闻采、编、播、制人员集中到新闻部办公；把所有新闻类平台整合到新闻部旗下；真正启用融媒体指挥中心，集指挥、策划、办公、编辑、制作、评审功能于一体；升级改造集采、编、发、销于一体的新闻采编集成技术平台。从而真正实现"一次采集、多次生成、全平台分发、全中心营销"的融媒体采、编、发、销模式。

此外，通过技能融合，整个团队的协作能力和战斗力得到提高，在绍兴市委宣传部组织的"越融越红"新媒体产品现场创作大赛上，嵊州融媒也获得了佳绩。"最美嵊州"十大系列活动短视频评选、建党百年"云颂会"大型展播活动、"天天有直播"等活动，收到了良好的社会效益和经济效益。

金烽：第一场沙龙的主题是"融媒体中心如何有效运作"。融媒体中心组建，涉及报纸和广电两大媒体的融合，两大媒体机制体制完全不在一个套路上，难度可想而知。是以报系为主导，还是以广电为主导，以前两家是分灶吃饭的，现在合在一起吃大桌饭了，怎么吃，怎么吃得好，1＋1是等于2还是大于2？我们请2020年底才挂牌的乐清市融媒体中心的罗定阳主任来谈谈他最新的感受。

罗定阳：报系与广电系强强融合是融媒发展的实质所系、必然所趋，更是战略选择，乐清市融媒体中心以"物理融合"激发"化学反应"，实现"1＋1＞2"的效果，聚力打造区域新型融媒品牌。融合创新，重塑架构，乐清市融媒体中心建成"三个条线，五大中心"整体架构，即管理、采编、经营3条业务线，管理中心、采集中心、编发中心、新媒体中心、技术中心5个中心16个业务部室。融之有道，聚力拓新，发挥各平台优势，将报纸语言、广播电视语言和新媒语言巧妙互融互补，做强做优做精内容文章。融之有道，合力共赢。融合创造更大的价值增量，通过内外联动、全媒互动，融媒报道与特色活动交相辉映，实现社会效益和经济效益双赢。同时，我们正计划和乐清华数、城投集团成立合资公司，致力"智慧城市"业务，打造新的盈利增长点等。

金烽：融媒体中心建设和运作，在业界有一个流行说法是，先做"加法"再做"减法"。做"加法"，主导权在上面，党委政府下决心了，给政策、给红利，三下五除二，报纸、电视台就整合在一起了。做"减法"，更多的是媒介主导。媒体现在面临的最大的问题还是规模不经济，传统媒体这块需要做的是减版、减人、减频道、减薪；新

概况篇 1
实践篇 2
创新篇 3
人物篇 4
理论篇 5
作品篇 6
展望篇 7
附 录

媒体这块则需要集中财力、人力和资源用于拓展。所以说，做"减法"就是传媒刀口向内的真改革。这是绕不过去的问题。整合这块，淳安融媒中心做了不少有益的探索，我们有请张志鹏总编分享一下他们的做法和经验。

张志鹏：淳安县媒体融合的特色是以融合"宣传窗口"，高水平服务"重要窗口"的建设，讲好千岛湖新故事。在融媒体机构设置中做到组织保障有力。规定县外传播由总编辑统一指挥，总编室会同外宣中心制定县外传播总体规划，融媒体外宣中心负责牵头具体落实，建立新闻上送审稿群，实现策划、采访、制作、分发、运营的高度统一。

强化县外传播软硬件建设。激发一线科室投身县外传播热情。制定了各科室的细化考核办法，出台了县外宣传奖励制度。加强技术支撑保障，注重融媒体传播的新技术应用，补齐传播硬件的短板。通过融合传播，2021 年上半年，我们在央视播发 22 条次，其中央视《新闻联播》10 条，大大超过历史同期，打出了县级融媒体品牌。

金烽：融媒时代，对县域媒体是一次无限的机遇。首先媒介的功能有了拓展，县级融媒上升到国家战略，赋予了传媒的功能。以前在县域这一层级，往往将我们视为搞宣传的，现在明确了，还有专业的传媒这块。另一个特征，就是媒介边界延伸。媒体＋，这个变化太深刻了，从宣传到监督，现在加了一条：行政。这个不得了。我做萧山网总编时，我们做了网络问政，我们的口号是：打造一个网上政府，权威性、公权力都有，公权力的让渡，是不是给了媒体很大的想象空间。媒介深度介入政府行政，这就是我们最大的机遇。我们邀请了龙游传媒副总章承月，在这方面，他们有很好的创新和实践。

章承月：龙游的媒体融合是从"龙游通"App 着手做起的，"龙游通"App 集新闻宣传、基层治理、智慧党建、公共服务等于一体，积极探索"新闻＋政务＋服务"等运营模式，全方位、多层次地满足大众的多种需求。一方面，跨界＋融合，形成基层治理功能平台建设的合力。"龙游通"App 对全县 40 多个单位（部门、群团、企业）应用进行整合，统一纳入平台。通过"龙游通"统一进行信息发布，实现群众关注"一个口子进"，对外宣传"一个口子出"。另一方面，治理＋智理，构建线上线下基层治理网格。在"龙游通"App前端，设有"媒体""服务""治理""广场""我的"等5个板块。线上有村情通、社情通、企情通服务板块，按村民、市民、企业的需求提供服务，并打通"龙游通"与浙江政务服务网数据接口，形成"掌上办事大厅"。

金烽：余杭电视台是浙江县级台中的老大，《余杭晨报》是浙江最强的县级报纸之一，两家实力都很强的媒体要合起来，难度可能更大些吧？或者各方的期待更多些吧？这里我抛两个问题给余杭区融媒体中心副主任贾国勇：强强融合，如何能做到1＋1大于2？融媒中心如何打造核心竞争优势？

贾国勇："人和"能够让每一个人获得发展自我、人生出彩、梦想成真的机会，制度保障是融媒的核心竞争力。为此，围绕重构核心竞争力，我们制定和实施了"蚯蚓计划"，强化移动优先战略，推动人才的全面转型。主要做法是提升团队学习力。推进融媒体采编端每位员工的五大能力建设：文字综合能力、语言表达能力、创意策划能力、软硬件实操能力、融合协作能力。每位员工选择一至两个专业领域的主攻方向，重点培养一专多能型的融媒人才。此外，提升人力资源配置力和绩效考核创新力。把合适的人放到合适的生产环节中去，人尽其才，才尽其用。打造对外宣传、短视频、直播等紧密型和松散型专业团队，让专业的人干专业的事。引入综合评价体系，推行首席制，提高优秀人才的薪酬待遇。与社会第三方的创作资源合作，共同参与内容生产。

专家点评：

颜伟光：2020年县级融媒体正式开始运作，听了各位嘉宾的发言，有五个方面值得我们借鉴学习：一是充分整合资源，媒体自身内部各平台实现融合，报纸和广电实现强强联合，并跨界整合政务资源和社会智力资源，推动媒体全面发展。二是在社会治理方面发挥了很好的作用，整合公共服务事业，推进智慧城市建设方面都做得很好。三是纵向打造传播渠道，积极与央媒、省媒等上一级媒体及同级媒体开展合作，外宣能力全面提高。四是人才管理激发内在动力和创新能力。

概况篇 1
实践篇 2
创新篇 3
人物篇 4
理论篇 5
作品篇 6
展望篇 7
附　录

五是发挥资源优势，延伸经营渠道，做到社会效益和经济效益双丰收。

1.5.1.2　主题：融媒产品如何创新创优

主持人：王武荣（省记协县级融媒工委智库专家、绍兴市新闻传媒中心原副总编辑、高级编辑）

交流嘉宾：朱俊生（平湖市传媒中心副主任）

叶淑秀（诸暨市融媒体中心总编辑）

王军波（温岭市融媒体中心总编辑）

詹元鹏（开化传媒集团总编辑）

史莹（东阳市融媒体中心总编辑）

点评专家：朱永祥（浙江传媒学院教授，高级编辑）

王武荣： 内容产品是支撑我们融媒体运作的核心问题。各县域融媒体中心成立时间不长，但都在主动适应求变求新，2020 年媒体产品的创优创新取得了很大成绩。在与省、市媒体激烈的竞争中，平湖市传媒中心作品获得省新闻一等奖，他们是如何独辟蹊径做到的，请平湖市传媒中心副主任朱俊生来跟我们分享。

朱俊生： 我跟大家分享的主题是县级融媒体如何"破圈"冲击新闻奖，媒体的融合如何实现内容的共享及渠道的各自适配。这次我们的作品《女儿去大学报到 35 位"爸爸"组团相送》获得了省新闻一等奖，这个作品最早进行报道的是电视新闻部，内容是"三十多名退役军人照顾战友遗属十余载"，当时正值高考结束，这类题材本身自带流量，而且背后有这么暖心的故事，新媒体部门开始了内容的共享和接力，将这个内容用新媒体的形式呈现出来，从而引起了轰动，一篇获得省新闻一等奖的作品就此诞生。媒体融合促进了各类人才的聚合与成长。比如报社长于图文，广电长于视频，融合之后，更能得心应手。坚持党媒定位，坚持本地题材，坚持正能量输出。确立主流媒体的主导地位，充当当地移动互联网的领跑者，做能够影响本地的舆论生态。在实践中，我们体会到，深耕本土独家内容，做好大时代下的小人物，从而引发受众的共情共鸣，就很有可能"破圈"突围，将影响力做到全网。

王武荣： 新闻本土化并不是现在才讲，而是在融媒体背景下要对本土化新闻进行重新定位、重新发掘。这次诸暨市融媒体中心也获得省二等奖，下面请他们来给我们分享经验和做法。

叶淑秀：县级融媒体竞争的利器是立足本土，深耕本土，做深做精本土特色新闻，才能做出优质的融媒体产品。要策划先行，优秀的新闻作品离不开有深度、有维度的创新策划，对新闻选题的策划永远是新闻报道的根基，这是对"内容为王"的创新创优作品的一种理性规划和设计行为。作品《疫情下的CBA》，正是通过精心策划，才获得了浙江新闻二等奖。时效为本，全媒体时代，本土新闻必须抢抓时效，充分发挥新媒体的快速传播优势，第一时间在新媒体上发布，唯快不破。有效共情，作品立足于共情，才能有共鸣。本土新闻是发生在老百姓身边的人和身边的事，在共情传播方面有得天独厚的优势。要去挖掘有温度的题材，要下基层，要有新闻现场的体验，要有对采访对象及事物的感同身受。我们制作的短视频《足球加油！》，正是因为有温度，引起群众的共情，被亚组委评为三等奖。

王武荣：突发事件报道除了要反应快，还要有能力去支撑，反应能力是衡量县域媒体能力的"试金石"。融媒体时代，突发事件报道有了精良的技术支撑，渠道也多，但如果人员跟不上、指挥能力跟不上，还是不能完成突发事件的快速报道。温岭传媒的突发事件报道组照获得省新闻一等奖，请他们给我们分享心得体会。

王军波：我与大家分享的优质稿件是《生死时速》组照，反映了2020年6月G15沈海高速大溪段槽罐车爆炸事件救援全过程，这组照片获得了省新闻奖一等奖和页面设计二等奖。我与大家分享的主题是摄影要"近点、近点、再近点"，对此我有三个层次的感想。第一是充分的信任，让我们可以近一点。当初事件发生时，宣传部门优先保障了融媒体中心的记者进现场，掌握第一手素材。这种信任和支持，是我们能进入新闻现场的一个很重要的前提条件。第二是快速的响应，让我们能够近一点。在事故发生后半小时内，我们的记者团队就进入了现场，面对纷乱紧张的抢救现场，抓住了现场挖掘、医疗抢救和飞机转运重症患者等重点，拍出了有冲击力的照片。第三是专业的呈现，让所有人身临其境、感同身受。这个专业的呈现既包括画面的抓取、

概况篇 **1**
实践篇 2
创新篇 3
人物篇 4
理论篇 5
作品篇 6
展望篇 7
附 录

进度的跟踪，也包括专题的制作、主题的提炼。专业的呈现赋予了图片深度，体现了党和政府人民至上的理念、社会各界守望相助的温暖。

王武荣：融媒体时代，直播成为突发事件报道非常好的形式，也成为一种宣传常态。开化传媒在视频直播方面有丰富的经验，请听他们的分享。

詹元鹏：我分享的主题是"以直播为媒，快行动，融传播"。进入新时代，如何选择受众适应、欢迎、喜闻乐见的传播方式，把新闻报道的触角伸入群众当中，是县级融媒体中心必须探索和突破的重要问题。随着网络产业的快速发展，依托于网络产业的直播逐渐进入人们的视野。直播的优点是更有直观感、现场感、参与感。2018 年 5 月27 日我们直播的"青山枇杷节"，浏览量达 43 万次。3 年来，随着直播经验的不断累积，直播的稳定性和丰富度都实现了提档升级。

在融媒体时代，如何让传统新闻节目粘住老观众、扩大新粉丝、焕发新光彩？我认为还是要以内容为王。开化传媒集团交通治堵广播直播助力了城区道路通行畅通，开展农副产品线上直播，观看量超300 万。新闻发布和舆论引导的最重要原则就是要在"第一时间"抢占舆论制高点，迅速反映、借船出海、抢占先机。我们策划开展的"烈火英雄魂归故里"大型融媒移动直播行动，得到了浙报集团、浙广集团、衢州日报、衢州广电等省、市级媒体的大力支持。其中，"美丽浙江"抖音号发布的《今天 7 时 58 分，丰晨敏烈士英灵护送车队从上海出发，返回家乡浙江开化》短视频，单条播放量达 1.1 亿次，收获点赞 394.1万次。

王武荣：长时间、长距离跨媒体直播是个难题，开化传媒都能做得很好，值得同行们学习。主题报道是我们的拳头产品，这一块在媒体融合背景下创新也是有一定难度的，东阳市融媒体中心进行了一些探索，下面请东阳融媒给我们做一些分享。

史莹：我分享的内容是"主题报道如何做"。"沿着红色足迹"是东阳市融媒体中心与东阳市委组织部、宣传部以及横店镇党委政府共同推出的一组报道，选择了在中共党史上有一定影响的 3 位东阳人——金佛庄、邵飘萍、严济慈，通过梳理他们的生活与工作轨迹，选择关键节点，设计采访路线，派出融媒体采访团前往各个现场采访，在报纸、电视、网络等各个端口全媒体发布他们的事迹，同时关联周边新闻，如后人的记忆、东阳籍商会会长和大学生的感受，生动反映东阳人在中国共产党百年历程中的追求、信仰、实践，阐明东阳人打造浙江"四个地"的力量源泉。作品发布后，全网各平台阅读数总量突破100万余次。

专家点评

朱永祥：现在可以说县级融媒体中心是异军突起，在各类新闻奖评比中获奖比例大增，尤其是一等奖大有突破，着实让人震撼。个人根据观察和判断，认为最重要的原因是技术赋能，以前技术设备等跟省台、省媒没法比，现在新媒体传播方式被解构，只要我们去探索、去创新，就可以占得先机。听了大家的分享，个人感受是四个关键词：紧扣主题，深耕本土，快速反应，融合创新。另外，县级融媒体中心做内容的标准是什么？一是报道要出圈，二是看动员能力强不强，能否抓住老百姓的"心"。个人认为，一个好的融媒作品要按照四个方面来做，才更符合融媒体的产品定位：移动优先、技术赋能、立足治理、服务本地。

1.5.1.3 主题：融媒产业如何布局

主持人：李骏（省记协县级融媒工委智库专家，传播学博士，浙江工商大学人文与传播学院教授、硕士生导师）

交流嘉宾：陆伟岗（萧山日报社总编辑）

聂海峰（海盐县传媒中心总编辑）

周滟（长兴县融媒体中心党委委员、副台长）

华小波（瑞安市融媒体中心总编辑）

赵一阳（义乌市融媒体中心主任）

点评专家：干剑松（省记协县级融媒工委智库专家、镇海区新闻中心原常务副主任、镇海新闻网原总编）

李骏：媒体产业如何破局？前面两场论坛已经从怎么融合，谈到怎么做新闻。现在我们要思考更深层次的问题：县级融媒体到底是干什么的？从字面上来说，媒体，是做新闻业务的，实际上媒体还要考

概况篇 **1**

实践篇 **2**
创新篇 **3**
人物篇 **4**
理论篇 **5**
作品篇 **6**
展望篇 **7**
附 录

虑如何进行产业布局，做好社会服务功能。从国家治理现代化的角度看，媒体还被赋予一个重要的功能——政务服务功能。下面请萧山日报社的陆总编辑给我们谈谈他们是如何做好政务服务工作的。

陆伟岗：互联网和数字技术快速发展，传媒生态面临危机，如何突破发展瓶颈，创新经营方式，成为关乎传统媒体生死存亡的关键命题。作为服务当地党委、政府的一张主流党报，我们拥有的最大资源就是政务资源，政务报道更是新闻的富矿，具有强大的目标客户和庞大的潜在用户。2017 年，为加强政务宣传，我们整合成立政务中心，配强力量，先后在瓜沥、宁围、临浦、蜀山和钱江世纪城等 5 个镇街设立平台建设新闻信息中心，选派骨干记者担任驻站记者，承担驻站单位的新闻信息宣传职能。3 年来，随着萧山日报社媒体融合的深入推进，政务经营也在创新与探索中不断培育新能力、提供新服务、增创新价值。2020 年，在疫情等不利形势下，政务经营总收入依然达到 2582 万元，占全年广告收入的 50.8%。

李骏：总结起来，萧山日报社做了三点：首先是规划，与乡镇部门做好联姻，做好乡镇政务服务；其次是队伍，选派有十八般武艺的采编人员到镇街，最后是机制，要建立一定的运行保障机制。相信萧山日报社的经验已经给大家带来了很多启发。接下来，我们来品一品海盐聂总带给我们的"盐津豆"。

聂海峰：我们海盐县传媒中心多元化经营的亮点是打造一颗"盐津豆"。2020 年初，新冠肺炎疫情暴发后，党委政府要求我们打造一个电商平台，"盐津豆"应运而生。当时为促进消费，政府发放一批消费券，"盐津豆"平台抓住有利时机，开疆拓土，第一波就带动消费金额突破 3000 万元。随后，"盐津豆"策划了"盐邑文旅商户Top101"短视频大赛、"天南海北聚古城，我的年味我的家"等十多项网红活动，开办全媒体品牌栏目《美味猎人》等。经过发展，"盐津豆"从"在线支付商城"到"大型云上 CBD"，现已成为"本地生活综合服务类平台"。截至 2021 年底，"盐津豆"平台签约集团用户超 1000 家，注册会员超 8 万人，入驻商家 214 家，总订单量超 30 万笔，总交易额破 8000 万元。

李骏："盐津豆"既是新闻平台，又融合了政务服务功能，比如通过发放消费券等，既为本地百姓提供了服务，又扩大了平台的影响力，成了本地生活综合服务的平台。接下来，请县级融媒体中心建设的破冰者——长兴融媒体中心的周总，来谈一谈长兴传媒的最新动态。

周滟：我们长兴县融媒体中心多元化经营的亮点是开发了智慧信息产业运行平台。这个平台运行以来，已成功完成"长兴县城市大脑"项目，该项目成功打通了全县 56 个部委办局，汇聚了 906 类信息资源，形成约 15.24 亿条数据，有效地将信息"孤岛"串联成了信息"链岛"。"长兴县党员队伍分类管理智慧平台"项目，该项目从党员分类、分类管理、党性体检、综合分析和预警监测五个方面管理全县党员，已整合全县各类党员 37481 人信息。"掌心长兴"App 是一款资讯生活服务移动客户端，2019 年"掌心长兴"研发团队荣获年度技术与产品创新团队奖项。"长兴县碳效综合服务平台"以"1123N"为总体框架，可直观地呈现全县各乡镇、行业、企业的碳数据，并展示其数据的环比和同比情况。2019 年，智慧信息产业运行平台实现经营创收 6500 万元。2020 年达到 1.01 亿元，同比 2019 年增长 53.26%。2021 年目标任务 1.25 亿元，实现年度同比增长 23.76%。

李骏：海盐是一把豆，长兴是"城市大脑"，异曲同工，把信息"孤岛"串联成了信息"链岛"，为老百姓提供了更加全面、高效的服务。接下来请瑞安华总给我们讲一讲他们特色文创产业的经验。

华小波：我与大家分享的亮点是瑞安传媒文创产业项目，我们首先打造了瑞安电商文创园，园区内已入驻成型创业企业 52 家、创客团队 28 家、服务商 32 家、签约创投机构 27 家、创业青年人数 511 人、集结 6 大不同行业众创空间。随后，又打造了瑞安智造产业园公共服务中心，该项目致力于"双创"力量与瑞安高端装备制造产业的连接、叠加、升华。通过打造八大服务平台，着力构建"孵化器＋加速器＋产业化基地"的全链条智能装备产业科创体系。打造了瑞安特色装备小镇，小镇位于瑞安阁巷高新产业园区，规划面积约 3.8 平方千米，其中核心区约 1.3 平方千米，是温州市级特色小镇。此外，瑞安传媒文创产业项目还打造了墨客工场、塘下城市文化综合体、柯桥创 E 工场、

概况篇 1
实践篇 2
创新篇 3
人物篇 4
理论篇 5
作品篇 6
展望篇 7
附 录

玉海古城运营等项目，为瑞安传媒多元经营不断注入活力。

李骏：华总刚刚给我们又打开了一扇窗，县级融媒体如何运用自身优势，促进当地文化产业发展，既为自身"造血"，又为社会"输血"。最后，请义乌市融媒体中心的赵主任给我们介绍一下"新闻+"模式的发展。

赵一阳：我们义乌市融媒体中心分享的内容为创新"新闻+"模式，探索产业新路径。自媒体融合以来，义乌市融媒体中心创新"新闻+"模式，探索多元经营与产业转型升级的新路径，取得了一定成效。采用"广告+活动"，2021年上半年，报纸、广播电视和新媒体平台业务部门共承接各类活动120余场，带动创收近1000万元。采用"平台+载体+商家"的运营模式，通过采用"销售+分成"方式，举办海参节、皮草服装节、苏杭丝绸节等展览，2020年销售总收入达到1500万元。"新闻+文创"推进产业发展。先后孵化了演播事业部、少儿培训部、教育服务部、摄影工作室、专题片工作室等14个项目部和工作室，2021年上半年承办各类演播业务97单，创收近400万元。少儿培训部利用中心的主持人资源，开办小主持人培训班、艺考班，2021年上半年创收315万元。此外，中心通过积极拓展智慧城市业务弥补传统电视基础业务量的下滑。2020年，网络创收基础业务6100万元，智慧城市、工程类项目创收4400万元。

专家点评

干剑松：三场沙龙分别围绕体制创新、新闻创优和产业创收来展开，三者关系密不可分。对五位老总关于产业如何创收的分享我有以下几点感受：一是产业布局无固定模板，但始终离不开"新闻+"，或者叫"融媒体+"，"新闻+"是传媒转型发展的必然之路；二是县区一级融媒体产业布局，还是要依托地方政府和政策支持，政策支持是最重要、最关键的因素，政府是我们最大的买家，政府买单购买服务永远是我们媒体主攻的方向；三是新闻创优与产业创收是相辅相成的关系，新闻创优推动产业发展，产业创收直接拉动新闻创优。

1.5.2　浙江省县级融媒体中心新媒体实务操作专题培训班在杭州举办

2021 年 4 月 6—10 日，浙江省县级融媒体中心新媒体实务操作专题培训班在杭州开班。培训由浙江省记协主办，浙江省记协县级融媒工委、浙江传媒学院新闻与传播学院承办，旨在深入贯彻习近平总书记有关新闻舆论工作特别是媒体融合工作的重要指示精神，提升全省新闻工作者的"四力"，做大做强主流舆论宣传，为庆祝中国共产党建党 100 周年提供强大精神力量和舆论支持。全省 60 多家县级融媒体中心的 120 余名新媒体采编骨干参加学习。

省记协秘书长傅亦军，省记协副秘书长曹峰，省记协县级融媒工委副主任、秘书长金烽，浙江传媒学院新闻与传播学院副院长李欣参加开班仪式，并为学员颁发证书。

本次培训班课程设计精心，内容丰富，主要包括：习近平总书记有关媒体融合重要思想、党史与新闻实践、融合媒体报道创新创优、重大主题报道融媒体产品创意策划、新媒体专题策划与采制、数据新闻报道、新媒体直播和创意互动、互联网新闻制作的规范和标准、新闻短视频爆款策略、新闻短视频制作技术等课程。浙江传媒学院 9 位专家教授及字节商业化浙江区市场公关经理周正、新华智云副总裁张静应邀授课。

培训首日特别安排了相关的理论学习。浙江传媒学院的郑亚楠教授和张博博士分别做了"马克思主义新闻观在融媒传播中的实践""党史和新闻宣传"的专题讲座。"马克思主义新闻观是新闻舆论工作的灵魂与核心，坚持党性、人民性、真实性是马克思主义新闻观的核心要义。"郑亚楠认为，面对当前传播生态，新闻舆论工作面临更为复杂的形势与挑战。新闻工作者要用马克思主义的立场、观点和方法来观察问题、判断是非，及时、有力地引导社会舆论。张博在授课中，援引了大量的历史细节，解读习近平总书记关于新闻舆论工作重要论述的要点和特点，阐释习近平总书记关于媒体融合和新媒体工作的有关论述和要求。张博说，新闻媒体具有鲜明的意识形态性质，要确保

概况篇 1
实践篇 2
创新篇 3
人物篇 4
理论篇 5
作品篇 6
展望篇 7
附　录

党和人民喉舌的性质不能变，党管媒体不能变，党管干部不能变，正确的舆论导向不能变。

之后的培训课程则更注重实操技能训练。浙江传媒学院的实训导师王翎子分享了短视频拍摄与制作的技巧。关于大家最关心的平台流量问题，王翎子说："想要获得流量，就必须了解平台的流量运营机制。"通过丰富的短视频实例和详尽的数据，王翎子对抖音短视频平台运作进行深度解析，使学员们对流量池、叠加机制、账号权重等概念有了清晰的理解，进一步认识完播量、点赞量、评论量和转发量等标准的重要性。浙江传媒学院教授吴生华以"重大主题报道融媒体产品创意策划新闻"为题，选取大量具有代表性的融媒体作品作为分析案例，围绕融媒产品的本质特征，探讨重大主题报道融媒体产品存在的主要问题以及改进策略。新华智云副总裁张静介绍了人工智能产品、人工智能理念、人工智能技术助力媒体生产的发展情况，提出"人工智能＋媒体融合＝未来媒体""数据即新闻，新闻即数据"等观点，并以德清县智能媒体融合平台等融媒体平台为例，介绍了"人工智能＋媒体融合"如何智能地实现全能自动化生产，提升新闻报道能力。

培训结束后，学员们表示，参加培训班学习收获满满，回去之后会继续深入学习，学以致用，创作出更多、更好的作品。

1.5.3　学党史、强"四力"　浙江县市区传媒20人参加全省年轻记者专题培训

2021年5月24—28日，由浙江省新闻工作者协会主办的全省年轻记者学党史、强"四力"专题培训班在温州市浙江省委党校平阳分校举行。省记协县级融媒工委积极响应，组织来自萧山区融媒体中心、乐清市融媒体中心、诸暨市融媒体中心、长兴传媒集团、嘉善传媒中心、龙游传媒集团、普陀区融媒体中心、东阳市融媒体中心、云和县融媒体中心、黄岩区传媒集团等单位的20名年轻记者参加培训。

围绕党史学习教育、新闻工作者的职业道德、专业技能等方面开展的专题培训，旨在隆重庆祝中国共产党建党100周年，同时为争创

社会主义现代化先行省开好局提供强大精神力量和舆论支持。参加主题培训班的学员边学习，边实践，他们先后来到平阳县凤卧镇"省一大旧址"、纪念馆、中国工农红军北上挺进师纪念馆、全国首个镇改市——龙港市、美丽乡村建设示范点及省历史文化名村——鸣山村参观采访，并通过文字、图片、视频、专题等多种形式进行报道。

1.5.4　浙江省县级融媒体工作年会专题培训在嵊州举行

2021 年 7 月 22—24 日，浙江省县级融媒体工作年会期间，举办了专家讲座和主题沙龙，聚焦"内容"，着眼"创新"，共话融合路径。浙江大学新闻系原主任，浙大城市学院传媒与人文学院院长、教授沈爱国做了"新闻如何创优创新"讲座，浙江大学传媒与国际文化学院"百人计划"研究员、博导赵瑜佩做了"数字文化创意产业的生态创新与可持续发展"的讲座，浙江传媒学院教授朱永祥做了"对县级融媒体中心评价维度的思考"讲座，省县级融媒工委智库专家，浙江工商大学人文与传播学院教授、硕士生导师李骏做了"读懂县域传媒——浙江县报的历史变迁及功能研究"讲座。

1.5.5　县级融媒工委组织会员参加中记协融媒工作室创新运营系列线上直播培训

为深入贯彻中央关于加快推进媒体深度融合发展的部署要求，大力培养全媒体人才，从 2021 年 9 月 2 日开始，中国记协新闻培训中心与人民日报媒体技术公司联合举办了融媒工作室创新运营系列线上直播培训。全省县级融媒体中心积极响应，共有 110 余名业务骨干报名参加。

培训共有 5 讲，每周一讲，课程包括：人民日报社研究部新媒体编辑小组主编，人民日报中央厨房·煮酒话媒工作室负责人耿磊讲授"融媒体工作室——媒体深度融合的下一个爆发点"；人民日报高级

概况篇 1
实践篇 2
创新篇 3
人物篇 4
理论篇 5
作品篇 6
展望篇 7
附　录

记者，"麻辣财经"融媒体工作室牵头人李丽辉讲授"如何把财经新闻做成百姓的'家常菜'——优秀融媒体工作室'麻辣财经'运营经验分享"；解放日报（上观新闻）数据新闻中心总监尤莼洁，讲授"传统媒体如何在数据新闻方面进行突破——优秀融媒工作室'上观数据新闻中心'运营经验分享"；中国日报新媒体"图图是道"工作室主编王晓莹讲授"如何巧妙运用视觉传播进行新闻报道——优秀融媒工作室'图图是道'运营经验分享"；安徽广播电视台党委委员、副台长邵晓晖讲授"从融媒体工作室看主流媒体转型路径——以安徽台融媒体工作室实践为例"。

参训人员表示，线上直播培训内容丰富实用，互动性强。在接下来的工作中，一定要把学到的知识运用到实践中，力促媒体深度融合。

2 实践篇

2.1 县级融媒体中心发展情况

2.1.1 杭州市

2.1.1.1 萧山区融媒中心（萧山日报传媒）

萧山区融媒体中心以党建为统领，以更高的政治站位，以广阔、专业的融媒人视野，谋划融媒发展新格局，打造具有强大传播力、引导力、影响力、公信力的全国一流县级融媒体中心，取得了一系列的成绩。

（1）推进体制机制改革

2021年，萧山区融媒体中心以破后而立、革旧图新的魄力，对组织架构、宣传平台、业务流程进行了全面重塑，着力破解媒体深度融合过程中面临的难点、堵点。

①重塑组织架构。搭建了全新的2办9部。其中，重点将原新闻部与新媒体部合并为全媒体采编部，并通过内部融合，将新媒体员工融入新闻、广播、专题等各个岗位，解决了中心长期以来传统媒体和新媒体合而不融的最大堵点，真正实现了传统媒体与新媒体的合而为一。

②再造生产流程。打破传统新闻生产模式，实现了"一体策划、一次采集、多种生成、多元发布"的新模式，极大地提升了新闻发布的时效度。从小屏到大屏，从网络到广播，主流舆论实现了全时段、全流程、全媒体覆盖，开启了融合报道的新局面。

③整合平台资源。以"萧山发布""学习强国"平台移交运营为契机，重新整合内部新媒体资源，打造"萧山发布"和"萧山广播电视台"两大新媒体矩阵，加上原有的电视、调频电台、有线广播、湘湖网，组建成六大发布平台。

④实施人事制度改革。面向全中心职工开展"双向选择"和中层岗位竞聘，打通内部人才流动梗阻，树立标杆。采取"末位淘汰制"，对于连续三个月月度考评排名末三位的员工，将调离岗位或劝退。

概况篇 1

实践篇 2

创新篇 3

人物篇 4

理论篇 5

作品篇 6

展望篇 7

附 录

以人事制度改革为抓手，形成一支充分适应现代融媒传播环境的人才队伍。

（2）加强融媒平台建设

2021年，中心以"提升自我变革原动力，勇当县级融媒体发展排头兵"为总目标，持续改进优化宣传平台建设，不断提升中心作为区域新型主流媒体的传播力、影响力、引导力和公信力。

①打造具有区域影响力的新媒体集群。改版升级"萧山发布"公众号、"萧山发布"App，以提升宣传效果和服务群众为导向，优化界面版式，增加内容供给，丰富服务功能，打造权威性与多样性相统一的萧山官方政务新媒体平台。2021年，中心还将原有各新媒体账号和平台整合优化，推出"萧山广播电视台"和"融视听"两大微信公众号，分别提供政务宣传和自我宣传的差异化信息服务，使中心新媒体宣传平台更具辨识度。截至2021年底，"萧山发布"App下载量达到17.8万次，"萧山发布"公众号粉丝数达到33.5万人。

②巩固传统媒体宣传阵地。开展全域有线广播通响状况问卷调研，召开有线广播现场推进会，实施节目调改，推动有线广播的健康发展。对广播节目进行全面改版，增加对农服务内容，在新媒体端推出调频节目的全天候直播。改版电视新闻，新闻播出时长从15分钟延长至22分钟，新闻播报方式从单播改为双播，进一步增强《萧山新闻》的可看性，在新媒体视频号推出《萧山新闻》同步直播。改版电视专题，推出时政类专题《政务零距离》和生活服务类专题《时尚·新生活》，使专题节目的内容服务更加专业、清晰。

③推动融媒数字化改革。在"萧山发布"、萧山广播电视台新媒体矩阵开设《一键通办》子栏目，接入税务、医疗、交通、人才等方便群众办事的程序，做市民生活的帮手和向导。深度融入社会基层治理，把《今日关注》栏目曝光事项纳入区政府"一网统管"系统，最大程度发挥好节目的监督作用。开发萧山融媒号应用场景，按照省委关于数字文化系统建设的要求，构建一个集舆论引导、新闻宣传、关注爆料、工作考核等于一体的融媒传播平台。

④构建区镇两级融合传播生态。截至2021年底，已实现全区4

个平台、23个镇街（场）融媒体分中心全覆盖，并在区应急管理局、区公安分局、区行政执法局、区税务局、区气象局、区住建局、区农业农村局等挂牌成立融媒体分中心。制定《萧山区镇街（场）、平台融媒体分中心提质增效的实施意见》，并联合区委宣传部发文，规范各分中心建设模式和运营机制。

（3）强化发展要素支撑

①强化人才支撑。推出融媒人专业素养提升行动，开展"大拜师、大学习"活动，实施青蓝工程，做好"传、帮、带"和互学互鉴工作。在全中心上下迅速形成能者为师、比学赶超的学习工作氛围。制定全年培训计划，邀请专家、资深编辑记者、行业大咖来中心进行业务讲座；每月开展"思享圆桌会""融媒大讲堂""导师实战营"等活动，形成周周有活动、有培训的内部培养体系。

②强化经营支撑。加强与党委政府、企事业单位的深度合作，积极开展舆情监测、新媒体运营、教育培训、大型活动、会展服务等特色融媒服务，大力探索"媒体＋电商""媒体＋农产品"、网红直播带货等多元营销传播链条。

③强化技术支撑，保持零差错的"硬核成绩"。

2021年，萧山日报（萧山传媒），以党史学习教育为抓手，扎实开展"三个年"专项实践活动，搭建六大载体，推进六大行动，在新闻宣传、媒体融合、产业创新、队伍建设等方面取得了新的成效，获得区级以上领导批示14次。

主题报道浓墨重彩。围绕建党百年、党史学习教育、共同富裕、数字化改革、亚运兴城、防汛抗台、疫情防控等重大主题，全年共开设各类专题专栏70余个，充分彰显党媒担当。聚焦奥运、残奥，创新赛事融媒报道，注重用户互动、引流，广泛开展亚运报道大练兵。

融媒创优扎实推进。以融媒宣推大比武为载体，推进内容供给侧结构性改革，实施萧报圆桌汇、寻访萧山红色印记、3·15"茬"话汇、萧山发布App"大V号"、百年潮涌·档案记录等22个融媒项目，全媒体传播效果显著提升。

平台建设不断优化。"萧山发布"App界面优化、功能升级，新设《人

概况篇 1
实践篇 2
创新篇 3
人物篇 4
理论篇 5
作品篇 6
展望篇 7
附　录

物》栏目，以名人效应汇聚私域流量；萧山日报图片 & 视频库全面启用，为融媒内容生产提供保障；"萧山日报"视频号试运行，为短视频新闻报道、直播开拓了更多平台。

可视化转型由点到面。几维视频小组扩至 7 个，几维视频研究会成立，开展 5 期线下业务研讨；实施"主播计划"，首批 20 余名主播全面参与视频访谈、现场采访、专栏直播、活动主持等；全年推出"红绿灯我有话说""萧报主播带你逛萧山"等直播活动 20 余场；全年"萧山发布"App 发布原创视频 2000 余条。

融合运营拓展阵地。探索"紧密合作、服务下沉、外派驻点、一体融合"的智媒融合运营新生态，政务经营从传统的报纸版面经营，深入转型为"版面经营＋新媒运营＋政府服务"的非报经营模式。全年重点合作单位进一步提质扩面，外派驻站合作单位共 12 家，全年合作单位近 30 家，政务经营基本盘稳固向好。

全案经营迭代升级。全案执行 @萧山·春（秋）季原味生活节、"寻找花城合伙人"训练营，承办亚洲联合会杯少儿平衡车大赛杭州站比赛、第七届中国杭州大学生创业大赛萧山赛区等赛事，会展服务能力进一步提升。行业经营平台各显神通，银企成长故事、线上特惠购车团、中级花艺师培训等项目，引领行业营销转型升级。

产业创新激发活力。开展产业创新大评选，17 个项目历经初赛、决赛、路演，储备项目的同时激发全员创业创新活力。萧山网完成搬迁过渡，创新再出发；少年学报与华媒教育实现融合，开启跨江发展、全域发展新阶段；钱塘传媒完成融媒发布机制改革，深度参与钱塘区融媒宣传工作，并实质性推进杭报集团与钱塘区的宣传战略合作；滨江新闻中心守住阵地，视频业务提质扩面。

对外传播成效显著。依托"人民日报"客户端、"新华网"客户端等央媒平台，进一步"借船出海"传播萧山好声音，扩大合作单位对外影响力。"学习强国"萧山供稿中心主动策划、精心挖掘，讲好萧山故事，全年向上级平台报送稿件共 2685 篇，被全国平台录用 475 篇，被首页推荐 33 篇、理论专版推荐 3 篇，每月平均考核超过 3300 分。建党百年杭州影像·萧山红色印记、我在杭州过大年、运动达人迎亚运等多个主题被全国平台录用。"萧山发布"抖音号积累粉丝数16万人，点赞180万次，浏览量3亿多次，综合数据居杭州区级发布抖音号前列。

2.1.1.2 余杭区融媒体中心

2021年，余杭区融媒体中心坚持党建引领，抓队伍思想建设，扎实开展党史学习教育，推进党风廉政建设，加强中心队伍建设。结合"走转改"，开展"总编访三农""记者跑一线"等行动，提升采编队伍的脚力、眼力、脑力和笔力。

余杭区融媒体中心做强主流宣传，彰显舆论引导力量。做强主题宣传，推出报道40余组，把庆祝建党百年宣传作为贯穿全年的主题主线，开设《奋斗百年路 启航新征程》《学党史 悟思想 办实事 开新局》《做实做细民生实事》等新闻栏目，广泛采用消息、通讯、H5、短视频等形式，集中采编力量，匠心打造主旋律精品力作。紧扣区委区政府中心工作，推出"全面推进数字化改革""扬帆起航再出发 创新发展勇争先""走前列作表率建设全国共同富裕示范先行区""梦想的力量""奋力实施1466计划"等主题报道，营造良好的舆论氛围。2021年11月，中心全媒体推出"学习宣传贯彻党的十九届六中全会精神""六中全会精神在基层"等专题报道150余篇。

余杭区融媒体中心深化媒体融合，谋划新一轮快发展。一是优化采编流程促内部融合。采编流程进一步优化，实现报道一次采集、多次加工、多元生成、全媒分发，不断促进内部机制和新闻产品融合。二是建设微融媒体中心促外部延伸。配合区委宣传部推进微融媒体中心建设，建成各镇街和平台微融媒体中心16个，做到了平台、镇街全覆盖，打通信息传播"最后一公里"。

余杭区融媒体中心拓展产业经营，确保营收平稳前行。一是开拓新市场。通过视频、活动、节目、专版等形式，提供具有针对性的服务内容。全年共开展活动200余场次，制作电视节目200余期。二是创造新形式。以融合为基础，打破各端口壁垒，通过多次加工，使节目内容在朋友圈和"学习强国"播出，完成创收专题130多条，拍摄"学习强国"短视频480多条，并在《余杭晨报》以《融媒全视角》栏目

概况篇 1
实践篇 2
创新篇 3
人物篇 4
理论篇 5
作品篇 6
展望篇 7
附　录

的形式展现，打响优质服务品牌。

2.1.1.3　临平区融媒体中心

临平区成立后，临平区融媒体中心精心组织重大事件宣传和主题新闻报道，唱响临平区发展主旋律；加紧构建完善融媒体平台和宣传矩阵，建设区域融合宣传体系；广泛联络多点出击积极做好对外宣传，提升"数智临平·品质城区"美誉度。

重大事件宣传和主题报道。推出重大主题报道 30 余组 1500 多篇。其中《守好红色根脉·奋斗吧，临平！》《感动临平共富样板》《学党史 悟思想 办实事 开新局》等用生动的案例、鲜活的故事展示临平 2021 年进行时和百年党史行进时，全面宣传临平区改革创新走在前，推动各项工作落地见效的好办法和经验。同时，中心于 2021 年 6 月 1 日起推出临平区首档舆论监督类栏目《重点关注》，2021 年共播出 47 期，内容涵盖消防安全、工地管理、交通设施、公共场所安全管理、疫情防控等方面。在曝光问题的同时，积极推动问题整改，第一时间跟踪整改动态，反馈被曝光问题的整改效果，形成曝光、跟踪整改的完整体系。

平台、矩阵建设。临平区成立以来，从零起步，短时间内打造了"今日临平""临平新闻""临平发布""天天看临平""悦临平""临平新闻网"等融媒体传播端口；并布局了"学习强国"临平供稿中心、浙江新闻临平频道、浙江卫视新蓝网临平频道等外宣端口，临平区宣传平台矩阵雏形初显。"临平发布"在短短几个月内用户数已近 8 万人，在杭州市委宣传部发布的政务类平台融合指数和传播影响力榜单中居全市前列。《每天花 15 分钟等她吃饭！这些外卖小哥坚持"等"了三年半》等数篇推文被省、市级媒体转载，阅读量均超 10 万。"天天看临平"充分发挥短视频和直播的功能，《金地艺境小区连夜开展核酸检测，无数人守护着这座城市的安宁》点击量超 56 万次；同时，积极开展融媒体传播体系建设，中心作为共建单位，高标准推进微融媒体中心建设工作，至 2021 年底有 12 个微融媒体中心（站）挂牌成立，包括全区 8 个镇街，临平国家级经济技术开发区、临平新城 2 个产业平台，以及星火社区、浙江联运环境 2 个社区、企业微融媒体站（试点）。

政务服务。完成文化大会、人才大会等72场融媒体活动的会议执行和直录播保障等工作;积极配合中心工作宣传,做好"两会"等区内重大会议的直录播等工作;拍摄制作各类短视频及宣传片100余条,其中"新临平·新征程"专题片全景展示了临平文化资源,传播了临平文化的精神内核。与临平镇街合作推出《24节气》系列短视频获广泛好评,全数被"学习强国"杭州平台录用;完成专题节目75期,除常规电视宣传,传统栏目在短视频平台也获新流量。在2021年12月疫情防控全面收紧期间,制作防疫短视频13条,从日常防控、平安出行、安全过节等多方面普及防疫知识,在电视、手机端同步推送,浏览人数超过20万。

2.1.1.4　建德市融媒体中心

采编紧扣中心大局做好报道宣传。一是主题宣传浓墨重彩。紧扣党史学习教育、庆祝建党100周年和市委、市政府工作重点,开设专题栏目50余个、专版80余个,相关报道5000余篇;拍摄制作专题片、宣传片、短视频400余个。其中,《县委书记说党史》阅读量10万次、短视频《市委书记在严中上思政课》阅读量7万次。二是舆论监督精准有效。做好《重点关注》栏目,积极跟进疫情防控、重点项目进度滞后、餐饮店铺污水直排等27个问题的曝光整改,并多次得到市委主要领导批示。完成3期电视问政节目,在社会各界引起强烈反响和好评。三是对外宣传有声有色。杭州市级以上媒体刊播报道2960余篇,其中中央级媒体累计323篇,省级媒体1317篇;"献礼建党百年"建德城市形象宣传片《建德故事》,累计播放量超3200万次;"学习强国"建德供稿中心累计录用稿件4342篇,其中全国平台720篇,浙江平台774篇。实现全年考核第1名。

深化机制体制改革,媒体深度融合发展。一是积极探索薪酬收入分配体制。在充分参考比较周边先行先试的做法基础上,研究符合自身情况的薪酬考核体系,形成《建德市融媒体中心事业人员薪酬管理办法》等方案,经过多次与相关部门沟通,2021年底,《办法》中所涉绩效上浮标准、班子薪酬、经费来源、考核指标内容等已基本明确。二是强化规范管理提升执行力。按照行政管理、媒体业务管理、财务

概况篇 1
实践篇 2
创新篇 3
人物篇 4
理论篇 5
作品篇 6
展望篇 7
附 录

管理、安全播出四大板块，先后完善修订制度 38 项，加强日常规范管理。着力抓好年轻中层干部"一岗双责"和管理能力提升，实现中心（集团）运行更加顺畅有力。

多管齐下多点发力，做大经营创收文章。一是保存量。抓好服务前置，进一步加强与乡镇、部门的深度合作，争取政府宣传公共资源优先承接政策的落地。二是挖增量。抓住视频化、社交化、传播精准化等趋势，大力挖掘新媒体产品增值服务，把广播、直播、宣传片、户外大屏等媒体资源进行合理分块，探索项目制经营，加强展会经济拓展，提高经营收入。三是做影响。配合全市各类重要活动，加强活动的策划、组织和承办能力建设，配强直录播团队，通过提供策划、导演、布景、直播、宣传等一站式媒体服务，以高效、有序、最优的服务获取最好的传播效果。

不忘初心、牢记使命，全力锻造新闻队伍。一是强化理论武装筑牢思想根基。强化党员干部意识形态的学习教育，深入开展党史学习教育、意识形态教育、警示教育等各类集中学习 20 余次。同时加强党建阵地建设，打造红色书吧营造学习氛围。二是履行主体责任抓好组织建设。进一步完善机关党委和各支部岗位职责，制定《四责协同》清单，强化党支部标准化、规范化建设，着力提升专业能力和水平，确定 4 名党员发展对象。二是常态化开展监督抓好廉政建设。常态化开展有偿新闻、虚假报道、低俗报道、不良广告及其他违反新闻道德行为的监督检查，净化内部环境。培育政治过硬、业务精湛、作风优良的新闻宣传队伍。

2.1.1.5 桐庐县融媒体中心

2021 年以来，在以下方面取得了新成效。

（1）守正创新促融合

组团运营有亮点。组建综合组团、新闻组团、经营组团、安播组团四大组团，建立健全"组团式、模块化"运作模式，实施以"制度化"为基础、"流程化"为重点管理方式。成立中心编委会，实施编委月历工作制、部门"831"晨会制等机制。

业务提升有实绩。全面推进新闻业务改革提升工作，2021 年，《今日桐庐》《桐庐新闻》《桐庐发布》等新闻产品质量明显提升，"潇洒桐庐"App下载量突破7.5万，"桐庐发布""同乐汇"微信公众号合计订阅人数超50万。新推出《早安桐庐》《"桐"一周》《大眼睛》等特色视频栏目。

绩效改革有突破。实施具有首创性的融媒体绩效考核办法，从2021年7月试行以来，很好地发挥了考核指挥棒作用，激发了员工特别是一线采编经营人员的工作积极性。

分中心建设有成效。完成8家乡镇分中心和2家微型融媒站的建立和挂牌，打通信息传播"最后一公里"，该项工作得到省、市领导批示肯定。

（2）紧扣中心抓主业

主题报道如火如荼。围绕庆祝建党百年、党史学习教育、桐庐县第十五次党代会、桐庐县"两会"、共同富裕等重大主题发挥各媒体平台优势同步发布，全年推出各类主题系列报道2000余篇。

对外宣传提质提量。全年在市级以上媒体刊播桐庐新闻2000余条次，其中18条新闻在央视播出，8条新闻在央广网中刊播。全年"学习强国"市级平台录用2760篇，省级平台录用706篇，全国平台录用317篇。

创优争先有声有色。全省广播电视对农服务建设工程考核继续获得双优。"高清播出系统改造"项目获浙江省广播电视科技创新项目金潮奖评比基层优秀科技创新奖二等奖。"潇洒桐庐"客户端天目号入选20强。《大眼睛》新闻舆论监督栏目入选县党史学习教育"民呼我为：办实事、解难题、减负担、共富裕"专题实践活动十佳实事项目。

（3）多措并举抓党建

稳步推进党史学习教育。扎实推进党史学习教育，成立"融媒记者宣讲团"开展党的十九届六中全会精神宣讲，并制作宣讲微视频进行云展播。

大力提振员工队伍士气。相继举办揭榜晒绩大赛、职工双向选择、中层选聘培训、新人业务培训、短视频比赛练兵等活动，邀请专业教

概况篇 1

实践篇 2

创新篇 3

人物篇 4

理论篇 5

作品篇 6

展望篇 7

附　录

师及媒体专家上网课、开讲座。

（4）精细管理抓保障

抓好广电播出安全。开展重要保障期安播检查，梳理完善相关应急预案 13 个，强化安全隐患排查和日常监督检查。安播工作得到了省广电局检查组的充分肯定。

管控新闻生产安全。细化落实宣传任务，强化宣传协同、效果评价、闭环管理，确保新闻宣传导向不出偏差，对重大主题宣传策划、执行、总结等环节进行全程纪实监管。

实现内部管理安全。规范并出台各组团生产流程及中心各项规章制度，加强对效能、会议学习、垃圾分类等工作检查。常态化做好疫情防控管理，全力做好后勤保障。

2.1.1.6　淳安县融媒体中心

2021 年是"十四五"起始之年，也是淳安县级媒体融合深化改革之年，淳安县融媒体中心大胆改革，以强弩之势破旧立新，于变革中寻求发展良机，服务县委县政府工作大局；抓实抓紧抓好，推动服务共同富裕示范区和淳安特别生态功能区的建设。

（1）坚持"党媒姓党"，守正创新

2021 年，融媒体中心全面抓好县委主要领导的新闻报道和时政新闻的报道，坚决守牢新闻宣传安全底线，强化安全播出各个环节，严格按照审稿审片流程层层审核把关，层层压实责任，激励广大干部职工从新闻实践中感悟县委重大决策部署，激发广大党员干部在新闻品鉴中汲取奋进力量、争当先行者、领头雁。开设《奋斗百年路 启航新征程》《携手千岛农品 推进共同富裕》《创全国文明城市 建美丽和谐淳安》等新闻栏目，全方位报道全县干部群众在淳安特别生态功能区建设上的生动实践；以"民呼我为小事快办"为宗旨，做强《焦点时分》舆论监督栏目，推动一大批民生问题的解决。

（2）坚持移动优先、快活准美

严格落实每周一编委会制度，集全中心之力，打造移动端宣传平台，精准推送最新资讯。"淳安发布"发挥品牌优势，第一时间做好权威发布，推出一系列叫好又叫座的新媒体精品，其中，《请严格执行！

淳安县疫情防控办发布紧急通知》《重要通知！淳安加强来淳返淳人员健康管理》等推送拿下 10 万＋的阅读量，受到了粉丝们的一致肯定和广泛转发。"视界千岛湖"App 及时刊发时政快讯，第一时间传递权威声音。先后完成"百名村书记话共富"主题峰会、《沿着高速看中国》等 62 场互动直播。创新开展抖音就业招聘会、主播晒秋行活动，实现县域内外、大屏小屏、广播视频的融合式互动直播，视频直播正向体验互动式、微型生动化、电商服务性等方向转型拓面。"学习强国"淳安供稿中心向上级平台报送稿件 5100 余篇，共录用 3326 篇，其中国家级 334 篇。

（3）坚持策划为王、精准对接

积极和央视、《人民日报》、新华社、中新社、《浙江日报》、浙江卫视等中央、省、市级媒体通联，主动对接，抢抓重要外宣时间节点，将中央台等高端平台的选题需求落实到每周编委会中研究和谋划，并围绕县委、县政府的中心工作开展采写，实现高端外宣持续突破。2021 年在央视播出 38 条次（央视《新闻联播》13 条次），浙江电视台 202 条（浙江卫视 80 条，《浙江新闻联播》43 条），杭州电视台 191 条（《杭州新闻联播》108 条）；《人民日报（海外版）》2 篇，新华社 3 篇，中新社 4 篇，《浙江日报》15 篇（头版 2 篇），浙江新闻 95 篇，《杭州日报》15 篇（头版 1 篇）。广播中心共在中央、省、市级媒体播出新闻 297 条。《杭州"85 后"第一书记的除夕夜：奔波 600 里回派驻村》新闻在中新网首页刊发，当天点击率就突破 1000 万次并登上热搜；《百名村书记淳安下姜村话共富 亮出金点子 收获"金果子"》等新闻纷纷在"浙江新闻"客户端等新媒体头条推送，极大提升了宣传效果。2021 年 9 月 5 日，在新华社新闻信息中心、音视频部与百度 App、百家号、好看视频联合举办的《小康中国·千城早餐》视频创作活动中，淳安县融媒体中心创作的短视频《千岛湖鱼肉小笼包》凭借 358.4 万的点击率，获得最佳传播奖。

（4）坚持岗位练兵、锤炼队伍

3 年来，新招聘播音主持、摄影、录音艺术等事业干部 14 名，在融媒体人才培养方面，以师傅带徒弟、骨干记者带年轻记者的方式，

概况篇 *1*

实践篇 *2*

创新篇 *3*

人物篇 *4*

理论篇 *5*

作品篇 *6*

展望篇 *7*

附　录

以老带新，做好传帮带，为年轻记者的成长开好局，起好步。坚持人才在一线锻炼、一线培养，一线成才。用足、用好浙江传媒学院培训资源，定期开展业务新闻、业务创新创优培训。全年共有近 20 件作品和个人荣获省、市级奖项。新媒体作品《防汛抗洪我县连夜转移受灾群众》荣获杭州市新媒体短视频类一等奖。广播长消息《"千岛湖·大下姜"扩编 向乡村振兴和共同富裕再出发》获得杭州市 2021 年度创新重大主题报道优秀新闻作品一等奖。淳安县融媒体中心与中央广播电视总台浙江站合作的融媒体直播《千岛湖踏浪渔歌》和广播作品《山中青年》分别获得"浙江新闻奖"创新奖和一等奖。2021 年 7 月，在 2020 年度浙江省广播电视播音主持奖评比中，广播中心林男和新闻中心何善民合作的《淳广新闻》广播作品获广播播音类全省二等奖，实现了省级播音奖项新的突破。

2.1.1.7　钱塘新区新闻文化传媒中心

2021 年，钱塘新区新闻文化传媒中心以构建全媒矩阵、推进媒体融合为抓手，全力打造国家级新区融媒体中心第一方阵、杭报集团深度运营区县融媒体中心样板示范。

2021 年是"十四五"开局之年，也是钱塘区"区政合一"、打造"智涌钱塘·现代星城"、建设共同富裕示范区时代样板的起步之年。新区传媒中心以"365"工程为抓手，务实稳步推进"两项改革"，以改革添动能、以提质强采编、以增量拓经营、以管理提效能、以融合促发展，各项工作取得显著成效。

（1）聚焦长远发展抓改革提升

加快明晰发展定位。新区传媒中心历经两年多的发展，已真正跨越钱塘区业务"从 0 到 1"的创业 1.0 阶段，正在进入"从 1 到 100"的创业 2.0 发展提升期。围绕这一定位，新区传媒中心结合集团"三个年"行动，适时提出中心发展"365"工程，即发挥三种作用、干成"六件事"、紧盯"12345"，作为做好全年工作的总纲领，奋力投入创业 2.0 阶段，以实绩推动中心实现新一轮快速发展。

务实推进"两项改革"。中心分阶段推进融媒发布机制改革和三大片区采编机制改革，整合原官网强国工作室和新媒发布工作室为融媒发布工作室，新设媒资品宣部，梳理优化适应融媒体发展需要的考核制度体系，围绕项目制形式探索试验小分队工作机制，组建融媒报道小分队、民生报道及媒体监督小分队，以及图片报道小分队等跨部门"阿米巴式"团队，融媒体采编和经营能力进一步提升。2021年累计出品各类新闻短视频60余个，推出地铁8号线开通等各类融媒体主题策划8个。

（2）聚焦融合发展抓采编质量

坚守阵地，唱响主旋律。新区传媒中心紧紧围绕区委、区政府中心工作，修炼党报"耳目喉舌"基本功。截至2021年12月31日，《钱塘新区报》共出刊154期，刊发报道6000余篇，完成了建党100周年、党史学习教育、区第一次党代会、第一次区两会、地铁8号线开通等重大主题报道，全面提升融媒体中心宣传阵地的传播力、引导力、影响力和公信力。此外，"观点立报""言论立报"，"钱唐平"系列评论已刊发30余篇，高举观点旗帜、阐明本报立场、服务中心工作，《钱唐平》已成为《钱塘新区报》的权威和拳头栏目，也得到了区有关部门的肯定和支持。

讴歌善举，传播正能量。通过对"救人英雄"陈位伟多个角度、多篇文章的详细报道，人物形象越发立体，这个仅在新区上班1个月的年轻人成为"我们都是钱塘人"最生动的代表，他也被追授为"杭州好人"；《消失的风油精味儿》让区交通局副局长陈利平爱岗敬业、蜡炬成灰的钱塘干部形象立体而丰满；《驰援河南48小时 爱与信念不被辜负》让读者认识了这群由外来务工人员组成的"蓝天救援队"，获杭州市2021年度创新重大主题报道优秀新闻作品二等奖，充分发挥了媒体作为弘扬正能量主渠道的作用。

新媒运营提升覆盖面。一是官网微信等合作全面开花，优化完善以钱塘发布两微一端为龙头，21个街道、部门代维微信号为网格的新媒体矩阵。二是短视频宣传片业务快速拉升，承接行政审批局、大创小镇、白杨街道、下沙街道、义蓬街道等单位"学习强国"短视频约220条及宣传片12部。

概况篇 1
实践篇 2
创新篇 3
人物篇 4
理论篇 5
作品篇 6
展望篇 7
附　录

2.1.1.8　富阳区融媒体中心

2021 年，富阳区融媒体中心立足服务杭报集团发展、服务地方党委政府中心工作两个大局，凝心聚力、实干破题，高质量推进"三个年"年度重点项目，媒体融合加快推进，报业经营平稳发展。

（1）围绕中心，做好重大主题报道

做好建党百年和党史学习教育宣传报道。把庆祝建党百年宣传作为贯穿全年的主题主线，持续做好党史学习教育宣传报道，推出"奋斗百年路 启航新征程·富春红色故事""永远跟党走""先锋力量·对话百年""我的入党故事""图说富阳党史""党旗下的诵读"等专栏专题与融媒体策划，实现线上线下相结合，纸媒新媒共发力，刊发稿件 500 余篇，为全区上下庆祝建党百年和学党史、悟思想、办实事、开新局营造浓厚的舆论氛围。

做好重大主题报道。紧贴中心工作，组织开展了全国和省市区级两会、区委全会、疫情防控、数字化改革在富阳的实践、"迎展行动"宣传、《富春山居图》合璧十周年、"现代版富春山居图"理论研讨会、高质量发展建设共同富裕示范区、"十四五"规划开局起步、昼访夜谈、重大项目建设、防台防汛、美丽乡村、产业转型等重大主题报道，不断增强党报的吸引力、感染力，影响力、辐射力，不断提升党报的核心竞争力。

（2）主动引领，把握舆论引导主动权

舆论引导不断加强。以《民生议事厅》栏目为抓手，关注健身卡"七天冷静期退费"富阳能否参照实行、富阳地铁口被电动自行车"围堵"、回春路停车难等民生热点，实践民呼我为，体现媒体社会责任。《聚焦一线》栏目持续发力，用新闻的力量推动城市进步。

媒体融合加快发展。重点推进"富阳新闻"App 系列新产品的开发与运营。其中，日更产品《Hi，富阳你早！》（现更名为《速读富阳》）定位为轻量速读，以音频、图片、文字实现信息的集锦式呈现，每天上午发布，目标是以"日更"形式培养用户阅读习惯。在"可视化"方面，重点打造《视频矩阵》《图说富阳》两个产品阵地，让新闻报道动起来，用设计吸引眼球。

（3）实干破题，实现报业经营平稳

紧盯政务市场存量。一是抓重点项目。紧紧抓住建党100周年契机，超前策划，做精产品，推出建党100周年大型系列特刊，守住年度项目存量；还为部门、国企、乡镇策划执行建党100周年专题宣传、活动近10项。二是抓策划创新。千方百计深挖内容生产，提升服务形式，通过专题、专栏、专版、系列策划等，实现新闻＋政务＋服务的效益最大化，创造资源整合和服务融合乘数效应。

紧盯会展活动一体化服务。会展活动一体化服务建设继续按"四有三化"（策划有料、活动有融、执行有序、效益有果；系列化、特色化、专业化）横纵结合有序推进。全年策划执行、组织承办会展论坛、农事节庆、演艺晚会、形象主题、赛事评选、品牌推广六类活动50余个，实现活动办一个、成一个、叫好一个。

（4）夯实基础，加强采编经营队伍建设

开展党史学习教育。坚持学习党史与学习新中国史、改革开放史、社会主义发展史、中国共产党新闻思想史和杭报集团发展创业史相贯通，教育引导全体党员守好红色根脉、奋力争先创优，高标准、高质量开展各项工作。

开展"昼访夜谈"活动。根据富阳区委开展的"昼访夜谈"调查研究活动安排，由班子领导带队，全体采编下沉到农村第一线，访农户、走企业、摸实情，充分发挥媒体作用，服务地方党委政府中心工作。此外，还深入开展"走转改"活动，持续推进"总编走一线""新春走基层""我在社区当助理"活动，采写了一大批鲜活、接地气、来自群众的一线报道。

2.1.1.9　临安区融媒体中心

临安区融媒体中心积极拓展媒体矩阵，牢牢把握客户端集聚效应，做优"政务＋新闻""政务＋服务""政务＋商务"。2021年9月，"爱临安"App作为"智慧美丽城市"的智慧窗口，整合平面新闻、电视新闻、智慧社区、网络问政等核心资源，正式上线。截至2021年底，"爱临安"App已完成看电视、听广播、读报纸功能，使得分散的三大传统媒体集聚在同一平台，供用户选择。入驻平台的临安文化、"五

概况篇 1

实践篇 2

创新篇 3

人物篇 4

理论篇 5

作品篇 6

展望篇 7

附　录

水共治"临安公众护水平台等政务平台，已上线运行，"五水共治"平台和"爱临安"App，实现了用户共有、积分共享、信息互通，具有宣传范围广、吸粉能力强、功能使用便捷、问题闭环处理、"绿水币"灵活应用等特点，问题发现、问题交办、问题答复实现定位管理、"一图"反馈、"一端"发布、"一屏"完成，有效使政府的护水工作理念、护水工作要求、护水工作方法向大众进行传达，也极大地方便了大众参与护水。入驻的对口协作天桥平台，是临安区结对帮扶项目的数字化平台，捐款捐物、闲置转让、消费帮扶等功能不仅实现了和白玉县的数字帮扶，更在平台上实现了农产品销售的商务服务。

2021 年，临安区融媒体中心以"盯牢外宣方向，顾牢报道质量、守牢选题资源"为工作目标，通过建立完善外宣工作机制，落实外宣发布责任，借助入驻上级主流媒体线上平台优势，生动讲好临安故事，外宣报道数量和质量稳中有升。"五一""十一"黄金周期间，中心选送的高虹镇龙门秘境、太湖源镇指南村乡村游、短途游火爆市场，先后三次被央视《新闻联播》栏目录用，作为县级融媒体中心，"临安台"首次登上央视联播字幕条。据不完全统计，截至 2021 年 12 月，上级媒体录用稿件 976 条，其中央视 47 条（《新闻联播》4 条），央广 8 条，浙江卫视 225 条，浙江之声 291 条，杭州电视台 405 条。又如，中心入驻了"中国蓝新闻""天目新闻""浙江新闻"3 个客户端，负责向杭州发布微信、微博、视频号、抖音号、浙江政务短视频联盟（省网信）等 5 个平台供稿，2021 年又相继入驻"韵味杭州"App、"杭州你好"抖音视频号、"东风"App 杭州推特号、浙江新莓汇网站、"杭加新闻"App 等 5 个平台，新增了杭广集团新媒体外宣报送，平均每天向 14 个平台报送 10 条以上稿件。

2.1.2　宁波市

2.1.2.1　海曙区融媒体中心

（1）重大主题报道浓墨重彩

紧紧围绕高水平全面建成小康社会这条主线，精心策划共同富裕、数字经济、东西部协作等重大主题报道,广泛宣传学习贯彻上级各项重大决策部署的海曙实践,大力宣传高水平全面建成小康社会的海曙成就,生动展现推进城乡统筹发展、迈向共同富裕的海曙经验,2021年在市级以上主流媒体发稿2500余篇,其中,在央媒发稿550余篇(《人民日报》35篇,央视92条),在省级媒体发稿220余篇(《浙江日报》头版20篇),在市级媒体发稿1200余篇(《宁波日报》头版80余篇、宁波电视台280条)。着力加强经济形势政策宣传,切实做好海曙区统筹推进党史学习教育、新冠肺炎疫情防控和经济社会发展工作的新闻报道,在市级以上主流媒体发稿400余篇(央媒100余篇),在区级媒体发稿4600余篇,凝聚了强大正能量。

(2)媒体融合红利持续释放

创新实施每周"融·策划"会商机制,进一步深化"融·采访"机制,深入开展"走遍海曙"大型融媒行动,积极探索"新闻＋政务＋服务"的传播模式,重点打造和提升"海曙新闻"客户端,不断健全"一次采集、多次生成、多元发布、多渠道融合、多平台互动"的全媒体工作格局,先后推出"奋斗百年路 启航新征程"等专题专栏20余个,全年《海曙新闻》报刊出刊147期、编发原创稿件约2790篇,"海曙新闻"电视频道共播出节目276期、新闻2093条,"海曙新闻"客户端注册用户超11万人、发稿6634条,海曙新闻网更新稿件5722条,"海曙发布"推送微博6021条,"海曙发布"公众号发布微信1673条,海曙发布视频号发布视频157条,政务抖音号"海曙最宁波"发布视频150条。"海曙新闻"客户端10月1日当天推出《每日一景·海曙》栏目,通过挖掘人文、历史、经济、地理等优质资源,以图片的形式展现海曙卓越城区形象,得到观众的广泛认同和区委主要领导批示。

(3)新闻工作机制不断完善

建立健全新闻宣传"融策划"、新闻产品"融采访"、新闻推送"融发布"等工作机制,优化资源配置、提升创新策划,推动媒体融合工作向纵深推进,初步实现从"物理捆绑"转向"化学反应"。深化落实《海曙区新闻发布制度》,制定印发《关于进一步加强和改进新闻发布工作的实施意见》,全面实施党委新闻发布制度,2021年共举行

概况篇 1
实践篇 2
创新篇 3
人物篇 4
理论篇 5
作品篇 6
展望篇 7
附　录

新闻发布会 12 场，参与市级新闻发布会 3 场，为海曙区发展营造了良好的舆论环境。举办全区新闻发言人培训班 1 次，培训相关区管干部约 70 人次。妥善应对处置负面舆情 40 余起，2021 全年未发生因处理不当而引发的次生舆情，有效维护了海曙良好形象。固化"新闻学堂"和"新闻沙龙"等平台学习制度，定期邀请资深媒体专家授课指导，提升全区媒体采编骨干人员的政治站位和业务素养，加快推进海曙新闻全媒型人才队伍建设。

2.1.2.2　北仑区融媒体中心

2021 年是北仑区传媒中心媒体融合机构调整后的第一年，中心加快构建网上网下一体、内宣外宣联动的主流舆论格局，各项工作取得了明显成效。

坚持破圈拓质，媒体融合再见成效。"仑传"试运营两年来，总装机数突破 22 万次，特别是通过与北仑区卫健局合作，独家开设"疫苗接种信息"专栏，实现用户数大幅增长，平均每天活跃用户 7000 多人，最高日活用户近 2 万人，活跃用户数居全省前列，这也得到了省委宣传部副部长赵磊的重点表扬，要求各地积极借鉴学习北仑好的经验做法。完成"全媒体指挥中心""融媒体演播室"建设，其中，全新的 180 平方米的融媒体演播室可以进行电视节目录播，2022 年非编系统部署完成，就可以进行全媒体直播。推进机构调整，按照"三定"方案完成内部科室调整，打破以往报纸、电视、广播等各自为政的格局，形成"一室十部五站"的架构，新增人力资源部、新媒体部、经营管理部等，建立人员设置和流程相匹配的工作机制，科室人员通过双向选岗全部到位。梳理制定部室"技能清单"，采用师徒结对等方式推进采编人员的互通互融，交叉学习培训。

坚持内容为王，宣传报道多点联动。做深党史教育主题报道。精心策划"学党史 悟思想 办实事 开新局""奋斗百年路 启航新征程""寻找北仑红色印记"等报、网、台、端联动主题报道，特别是 2021 年 4 月 23 日，中心采制完成的《县委书记说党史》专栏报道，《宁波北仑区委书记梁群：传承红色基因再创发展辉煌》在"浙江新闻"客户端播出，由区委书记梁群出镜，结合北仑"红色根脉"资源和优势，说党史、讲党课。截至 2021 年底，中心共刊播党史学习教育相关新闻 400 余条（篇）。坚持唱响主旋律，在习近平总书记考察浙江 1 周年之际，推出《向总书记报告》7 篇专题报道，介绍这一年间北仑的亮点工作和喜人成绩；结合"建党百年"和"共同富裕"两大主题，启动并完成"寻访北仑'红色印记'""沿着高速看北仑"两大重点主题策划报道；把握自贸区建设的重要机遇，积极对接相关部门，掌握信息时间节点，累计刊发近百条新闻，内容涵盖政务服务、人才引进、项目投产等；围绕区委区政府中心工作，持续开展"三个北仑""'双城'战略""疫情防控""儿童友好城区建设""城市有机更新""精品线打造"等宣传报道。外宣工作增长明显。截至 2021 年 10 月 31 日，由中心采制上送的电视新闻 88 次登上央视，是 2020 年全年的两倍以上，中央广播电台各栏目录用稿件 31 条，数量和质量大幅提升。

坚持共同富裕，民生服务推陈出新。立足北仑实际，自 2020 年起推行实施"北仑区 60 周岁及以上居民用户免缴数字电视基本收视维护费"惠民政策，为更好地丰富老人的业余生活，拓展数字电视减免范围，从 2022 年起，对全区行政村、社区老年协会活动室的数字电视基本收视维护实行减免，费用共计 10 余万元。强化主流媒体的公益属性，连续 8 年举办"记录金婚"大型公益活动，选取全区 100 多个农村、社区为拍摄点，为结婚 50 周年的金婚老人拍摄纪念合照，2021 年共为 4000 多对北仑老人拍摄纪念照，不断彰显"人民为上、公益为先"的社会价值观。

2.1.2.3 鄞州区融媒体中心

2021 年，鄞州区融媒体中心高扬实干激情，迸发担当勇气，汇聚奋进力量，坚持党媒姓党，紧紧围绕中央、省、市决策部署，全区中心工作，学习贯彻落实习近平重要讲话指示精神、十九届六中全会精神和区委全会、区两会精神，不断提高政治意识、政治站位，严格执行上级主管部门的工作部署，严把舆论导向，严守舆论阵地，充分发挥区域主流党媒的作用，为党和政府发声，为民生实事鼓劲，为促进经济社会发展，鄞州区围绕"高质量打造现代化滨海大都市首善之区""七创争先""共同富裕"发挥了新闻宣传的主阵地作用。中心

概况篇 1
实践篇 2
创新篇 3
人物篇 4
理论篇 5
作品篇 6
展望篇 7
附　录

入选"年度融媒体中心20强",是宁波市唯一一家获奖的县级媒体单位,"鄞响"客户端入选全省"年度十佳App"。

（1）讲政治、抓党建

强化党建,整个中心政治氛围浓厚。坚持党媒姓党,讲政治,讲原则,确保主流正确思想占主导地位,加强意识形态工作,筑牢思想防线。多次组织开展由班子成员、支部书记、党员干部参加的集中学习教育,使干部职工增强"四个意识",坚定"四个自信",做到"两个维护"。切实把思想、行动统一到中央及省、市、区委的重大决策部署上来,把政治纪律和政治规矩进一步加强并落实到具体的工作实践中去。

（2）强队伍、补短板

选人用人坚持德才兼备、以德为先,严格把好政治关,在某些重要岗位上采取竞聘上岗,这在干部职工中引起震动。重要岗位宣传工作人员要挑选政治上过关、业务上过硬的事业编、党员骨干员工。合理规划重要岗位的人才梯队培养,保持重要岗位人员的延续性。一是引进年轻优秀人才,在引进事业编的基础上,区政府常务会议于2021年10月底审议通过鄞州区融媒体中心招聘15名企业编人员的计划,2021年底开始实施招聘工作。二是加大对现有人才的"充电",通过省、市平台及广联公司对现有采编人员进行系统的培训。

（3）坚持舆论引导、传播好正能量

紧紧围绕全区中心工作,充分发挥"报台端网微"的主流媒体作用,牢牢把握正确舆论导向,唱响主旋律、打好主动仗。加强主题策划,严格落实上级部署,主要做好庆祝建党100周年、党史学习教育、学习贯彻党的六中全会精神、贯彻区委全会精神、高质量发展建设共同富裕标杆区、打好"五位一体"组合拳（精品线路打造、生态综合治理、城中村改造、未来小城市集成开发、工业土地综合整治）、宣传弘扬新时代鄞州"四先"精神、全面推进数字化改革、创建全国文明典范城市、全面加强疫情防控、防御台风"烟花"和"灿都"、杨倩勇夺东京奥运会首金、打造"精特亮"、艺术振兴村社、东西协作结对支援、打造宋韵文化金名片、迎接区第十五次党代会等方面的报道,服务好中心工作，形成良好的宣传声势。

（4）建章立制树规范、促产业良性发展

通过制度来促进融合，引导管理产业良性发展。截至2021年底，已出台《中心党组议事规则》《会议制度》《部门周例会制度》《员工不良言行处理办法》等制度，通过制度让干部队伍严起来、紧起来、实起来，下一步将继续完善各项制度，并汇编成册。

2.1.2.4　余姚市融媒体中心

余姚市融媒体中心坚持一手抓深度融合，一手抓事业发展，坚守主阵地，唱响主旋律，各项工作平稳有序推进。

在主题宣传上，着力打好党史学习教育和庆祝建党100周年宣传两场主动仗。全媒体联动，全过程报道，推出党史学习教育主题报道，截至2021年底，累计刊播报道900多篇。推出庆祝建党100周年——"百年交响激荡姚江"主题报道，截至2021年底，累计刊播报道60多篇。

在新闻名品建设上，着力做好建设性舆论监督栏目和民生帮扶栏目建设。做好以《电视问政》和《四明聚焦》为代表的建设性舆论监督栏目，出台相关内部运作机制。2021年《电视问政》两次，《四明聚焦》累计发稿100篇。加快公共服务平台建设，利用中国新闻摄影学会县市传媒分会会长单位的优势，投入70多万元用于改造中国县市图片网，建设中国县（市、区）融媒体中心视觉产品共享平台。

在对外宣传上，着力加强通联上送和新闻创优两项工作。截至2021年11月底，仅广播电视新闻在宁波市级及以上新闻媒体录用播出1133条次，其中央视发稿78条次、央广22条次，浙江卫视、浙江之声分别发稿271条次、59条次。在创优培优上，加强策划提升和奖励力度。共有90多件次作品在各类新闻奖评选中获得奖项，其中，一等奖20件次，所获浙江新闻奖数量创近年来新高。

在融合改革上，着力推进机构整合和干部调整两项深化工作。根据《中心改革实施方案》和《传媒集团组建方案》，制定下发《余姚市传媒集团有限公司"三定"方案》，完成集团公司注册，对下属公司进行整合，重组成立姚界文化传媒有限公司；完成拆并乡镇街道广电站，成立10个分中心。余姚市在宁波县市区率先实施全员企业化

概况篇 1
实践篇 2
创新篇 3
人物篇 4
理论篇 5
作品篇 6
展望篇 7
附　录

管理模式，走出实质性融合步伐。

2.1.2.5　慈溪市融媒体中心

（1）守正创新，搭建新闻宣传"主框架"

重点报道有新提升，实现数量质量双丰收。围绕中心、服务大局，推出一大批有影响力的时政新闻栏目。全年报纸要闻、电视慈溪新闻共开设精准扶贫、高水平推进市域治理现代化、三争三拼六大赶超、在重要窗口建设中走前列当标兵等重点专栏20余个，刊播重点专刊稿件200余篇次。《慈溪日报》开设两会特别报道专栏，分别推出"代表委员同期声"、聚焦、解读、参会手记等特别报道；慈溪新闻黄金时段全过程、全时段播出，共采编两会新闻近百篇，及时、准确、深度报道两会动态，引导全市上下真正把两会精神传递好、落实好。围绕"习近平曾来慈考察时提出'围涂、河网、引水、大桥'"四个重点、"八字"重要指示精神，在"慈晓"客户端、"慈溪发布"微信公众号推出"牢记嘱托沧海桑田谱新篇"系列报道，从农业发展、工业文明、生态建设等方面，深度展示慈溪的发展成绩，献礼建党百年。

外宣工作有新突破，实现供稿跨越总目标。充分挖掘新闻资源，加强外宣选题策划，积极与上级媒体沟通联系，外宣工作取得历史性突破。2021年1—9月，宁波电视台共发稿346条，其中头条7条，宁聚455条；浙江卫视共发稿68条，其中头条2条，蓝媒视频130条；央视各频道共发稿85条次，其中《新闻联播》4条。宁波电台发稿40条；浙江之声发稿20条，其中头条2条；中国之声发稿5条，其中新闻和报纸摘要头条1条。尤其在抗击台风"烟花"期间，通过积极对接央视浙江站，在央视新闻频道、中文国际频道等多栏目推出7场现场直播报道，并在央视发稿25条次，创融媒体中心创建以来的最好成绩。新媒体矩阵全面升级，新增入驻"人民日报"新闻客户端"人民号"、"新华社"客户端"新华号"等国家级新媒体集群，放大在互联网等舆论场的声音。2021年在人民日报"人民号"发稿260篇；在新华社"新华号"发稿190条；被"学习强国"平台录用330篇，其中浙江平台录用64篇，全国平台录用6篇；在"中国蓝新闻"发稿437篇，头条录用70条；被"浙江新闻"客户端录用96篇；在新莓汇发稿215篇。

创新创优有新成绩，实现媒体融合精品化。充分利用资源优势，精品创作取得明显成效。共有 15 个作品获得省级奖项，8 个作品获得宁波市一等奖。其中，报纸消息《私企奥博尔 13 年累计招收新疆籍员工 5000 余人次》获 2020 年度浙江省好新闻二等奖；报纸消息《坎墩微网格提升基层治理成效》获 2020 年度宁波新闻奖一等奖；报纸、电视新闻专栏《三争三超、六大赶超》获浙江省县市新闻奖二等奖、2020 年度宁波新闻奖重大主题报道策划创新奖；电视新闻《特殊的年夜饭缺席的消防员》获 2020 年浙江省县市新闻奖三等奖。在浙江省县级融媒体工作年会上斩获"年度融媒中心 20 强""年度十佳广播频率 / 电视频道""年度十佳领军人物"等荣誉。参加 2021 长三角广播电视媒体融合优秀案例（建党 100 周年融媒体宣传案例），并且进入决赛。

（2）成果频出，按下经营创收"加速键"

深挖媒体服务，巩固优势产业。新增完善"用户节目包到期情况""承诺手动账户充值明细"等 12 份自定义报表，进一步完善 BOSS 系统相关功能；组织客服音频会分析典型问题，对不足之处进行批评改正，对特殊需求和没有服务到位的用户做好回访工作，用户满意度得到了明显提升；集客数据专线业务、境外卫视集团用户等均有新增。在继续做好《慈溪日报》排版、印刷和发行的基础上，加大对客户的个性化服务，商务印刷继续保持稳定发展，2021 年 1—9 月份完成营收 588 万元。

推动活动融合，力促经营增收。一以贯之"做品牌化活动，做有含金量的活动"，优质、高效策划完成 2021 慈溪经济风云榜颁奖大会、少儿春晚，举办首届花朝节、"世界水日"节水绘画比赛、正大油菜花春田花花同学会、首届生物多样性亲子科普嘉年华等活动，累计完成视频直播 47 场，点击量约 200 万＋。着重运营"爱慈溪""慈溪发布"抖音号，其中"爱慈溪"抖音号点赞总量 131.5 万，单条最高点赞数 20.6 万。紧盯小记者招募，筹措举办年味营、冬夏令营、建党 100 周年红色营等多条线路活动；举办"我爱写作文"微刊、公益稿件指导课等公益类活动，有效提高知名度和用户黏性，截至 2021 年 9

概况篇 1
实践篇 2
创新篇 3
人物篇 4
理论篇 5
作品篇 6
展望篇 7
附 录

月创收 144 万元左右。《戏韵流芳》安排 7 场折子戏与整场剧目演出，通过"慈晓"平台直播增加中老年观众的黏附性，以独特的方式走出了一条赞助商满意、观众满意、演员满意、中心创收的新路。

拓展创新项目，探索多元经营。主动应对形势发展，加强与政府机关和大商业团体的合作，本土新闻品牌栏目《金黄道地》彰显社会价值的同时，先后与市文明办、市民政局、旺泰宜嘉、博视眼科等单位和商家开展全方位合作，取得了较好的经济效益。借助"笔杆子"优势，依托金融、公安、卫生、教育等版面，达到专刊宣传服务的社会效益和经济效益同频共振。与杭州湾新区管委会签订合作协议，由中心代为运营杭州湾新区电视高清频道，并且实现宁波杭州湾新区高清频道、慈溪电视台新闻综合高清频道在新区、慈溪两地双向落地、同步开播运营，至 2021 年底，该项目建设已接近尾声。

2.1.2.6　象山县融媒体中心

（1）新闻宣传"主动仗"，舆论引导精准有力

主题宣传声势强劲。坚持正确方向导向，切实发挥党的"喉舌"作用，聚焦县委县政府中心工作，围绕十九届六中全会、建党 100 周年、"十四五"规划、数字化改革、海洋经济、共同富裕、全国文明城市创建、扬帆亚运等重大主题，精心策划，开展"丈量最美海岸线"大型新闻行动，推出"聚力一二五 奋力上台阶（走好共富路）""奋斗百年路 启航新征程"等主题报道、典型和系列报道 40 余组，用宣传的力量推进社会治理、经济发展、公民素养等各项工作，精准传递主旋律。同时做好"两会、村大会、交通大会、开渔节、疫情防控演练等重大会议"、农业活动和应急情况的报道和直录播工作，营造浓厚舆论氛围。

舆论监督栏凸显时效。对标国家、省、市级主流媒体，从单一媒体独打到全媒体行动，舆论监督栏目《电视问政》《每周聚焦》《委员视点》《曝光台》等已形成新闻监督合力，推动解决了一批民生热点、难点、痛点问题。其中《每周聚焦》受县委通报表扬，2021 年的栏目聚焦"无废城市创建""安全生产""低散乱""国土空间整治""六大专项攻坚行动""三改一拆"等重点工作，节目播出提前预告，提

升了公众知晓率和节目影响力，相关问题受到县领导的批示和群众的广泛关注，有力推动县委县政府中心工作落地见效。

外宣网络扩容进阶。加强与央视、浙江卫视等上级媒体的沟通联系，对外展示象山作为，讲好"象山故事"。在成立浙报共享联盟、浙广电蓝莓号联盟基础上，入驻"人民号""新华号""央视频"等国家级新媒体平台，推动象山的好做法、好故事传播得更广、更远、更密集。累计在国家、省、市级级广电媒体播发报道2180条次，其中央媒播发102条；累计在国家省市级新媒体推送播发稿件4338条，在"学习强国"发布约300条。在推特（Twitter）、脸书（Facebook）等海外媒体上建立"Insight Xiangshan"认证媒体账号，自2021年10月底开设账号以来，累计发帖1000余条，粉丝5600余人，发帖数量及粉丝量居全省县市区媒体首位。

精品创优实现突破。大力实施新闻创优提质工程，上送作品累计获得全国省市各类新闻奖项68件、省广播电视节目质量奖（金鼎奖）6件，其中《乡村众筹赋能 乡村集体创业》和《创新的力量——宁波象山乡村振兴十大经典案例》分获华夏高科技产业创新奖一等奖和三等奖；24集海洋人文地理纪录类栏目《品读象山》分集《相见》获中国长三角微电影大赛最佳纪录片奖；2020年入围第三十届中国电视金鹰奖纪录片奖的《翩跹》获浙江纪录片丹桂奖。6件对农节目被省级录用，居宁波市第一，2021年全省电视对农节目服务工程建设考核获鼓励奖，取得历史性突破。

（2）公共服务"阵地战"，优化民生与安全保障

一是对最低生活保障家庭、最低生活保障边缘家庭和特困人员分散供养对象实行免收终端基本收视维护费政策，对优抚对象和视言听残疾对象实行免收基本维护费。二是完成营业大厅升级改造，助力象山县社区环境整治提升和全国文明城市创建工作。三是积极落实"建党100周年安全播出季"和"平安护航大会战"专项工作，把安全要求贯穿到采编、制作、传输、播出、网络、维稳、消防等各个环节，及时整改安全隐患和薄弱环节。为确保安全播出，停播象山三四频道，全面做好节目迁移、观众告知和解释工作。四是启动广播直播室改造

概况篇 1
实践篇 2
创新篇 3
人物篇 4
理论篇 5
作品篇 6
展望篇 7
附 录

工程，建设全新电台融媒体直播系统。对全县应急广播系统平台和端点进行检测维护，推进省、市、县应急广播相连相通。五是以数字化改革为契机，积极融合新时代文明实践中心、全县视频资源共享、融媒体中心等平台，推动"媒体＋政务＋服务"稳步发展。

（3）经营拓展"攻坚战"，夯实基础扩展业务

夯实固定收入项目，推进智慧城市建设，拓展县外智慧停车业务。通过开展与联通合作宽带业务等方式，减缓有线电视用户下降趋势。完善广告和经营性部室岗位创业奖考核办法，进一步提升"造血"功能。

（4）队伍建设"持久战"，加强融媒铁军锻造

一是统筹推进文明机关、清廉机关创建，扎实开展党史学习教育、新一轮中层干部聘任工作，抓实意识形态工作。利用中心组理论学习、"周二学习"、主题党日活动等载体，发挥党支部和群团组织作用，加强干部员工专业知识、业务能力、职业素养以及队伍建设，机关党委获"基层优秀党组织"荣誉称号。组织参加马克思主义新闻观、短视频创作、新媒体实务操作、数字电视运营服务、客服等岗位的培训，为打造一支政治坚定、作风过硬、业务精通的"融媒铁军"队伍提供有力保障。二是强化专业队伍建设。完善制定《象山县传媒中心省市通用性广播电视对农节目录用的奖励办法》《自媒体人员网络言行管理办法》《采编播人员从事参加社会活动管理规范》等制度，进一步规范网络传播秩序和新闻从业人员行为，提升职业素养。三是深化人才培养模式，推动校媒融合发展。与宁波财经学院签订《战略合作框架协议》，在中心建立大学生教学实践基地，推动人才与技术双向交流，深耕媒体人才培育，促进象山传媒事业发展。

2.1.2.7 宁海传媒集团

2021 年，宁海传媒集团认真贯彻落实党史学习教育活动，以高质量发展为目标，以改革创新为动力，扎实推进媒体深度融合，做大做强新型主流媒体，全力打造新时代文化高地。2021 年，舆论引导精准有力，媒体融合深入推进，产业发展与时俱进，队伍建设日趋加强，基层党建不断夯实，各项工作成效显著。集团入选全省县（市、区）"融媒中心 20 强"，《今日宁海》入选全省县（市、区）"十佳报纸"，

"看宁海"客户端入选全省县（市、区）"十佳 App"。

（1）"全媒＋全面"，筑牢舆论宣传主阵地

一是重大主题策划及时主动。围绕建党 100 周年、"十四五"开局，紧扣"共同富裕""文明创建""疫情防控""艺术振兴""双抓双比""六中全会""数字宁海"等县委县政府中心工作，积极开展主题策划，推出相关专题专栏 40 余个。其中策划的《大艺术"＋"》，实现网络新闻深度访谈类栏目零的突破，平均阅读量在 3 万＋。二是建党百年报道声势浩大。精心策划"奋斗百年路 启航新征程"主题宣传，开辟《学党史 悟思想 办实事 开新局》《红色印迹》《百名党员话党史、谈体悟》《为无名烈士寻亲》《党史上的今天》《我是党员》等 10 余个子栏目，各平台尽锐出战、协同作战，全方位、多角度宣传好党的百年辉煌历程及宁海党员干部接续奋斗的精彩故事。截至 2021 年 11 月底，已发布各类报道 1000 余篇。三是媒体舆论监督持续深化。进一步整合《全媒聚焦・全民问政》《主播帮帮帮》《百姓事马上办》等品牌栏目，重点推出《全媒聚焦》栏目，播出的 10 期节目社会反响良好。同时，以"百姓事马上办"平台为枢纽，组建"帮忙团""监督团"，畅通民意疏通渠道，主动回应民生关切，共帮助解决群众问题和困难 1100 余个，举办民生热线现场活动 11 期，真正做到解民忧、暖民心。四是新闻外宣创优争先进位。电视新闻被央视录用 81 条，比 2020 年同期增加 11 条；浙江卫视录用 74 条；宁波电视台录用 240 条，居全市各县市区前列。网络直播实现新突破，登上省级以上平台 12 次，其中新华社、人民网等央媒 4 次；"学习强国"平台录用近 500 条，位居全省前四，被评为 2021 年度"学习强国"浙江学习平台优秀供稿单位；"浙江新闻"客户端录用稿件 120 余篇，11 月浙报・县级融媒体合作传播力榜居全市第一，全省第三；"中国蓝新闻"客户端录用稿件 200 余条，位居全市第二，全省前十五；"天目号"用稿量排名全市第一，全省前七，2021 年 10 月入选天目新闻"十佳融媒体中心"。广播新闻被宁波台录用 320 条，稳居全市各基层台前三。节目创优再获佳绩，共有 64 件作品获奖，其中一等奖 12 件，省级获奖 5 件，《新农家》获全省对农节目服务工程建设考核优秀，

概况篇 1
实践篇 2
创新篇 3
人物篇 4
理论篇 5
作品篇 6
展望篇 7
附　录

专题节目《守望乡村儿童赋能乡村振兴》获全省对农节目奖一等奖。

（2）"创新＋优化"，做深媒体融合大文章

一是绩效改革初显成效。"试水"干部绩效考核，通过把干部的"优、劣"与"奖、惩"进行有机结合，建立起多劳多得、少劳少得、按绩取薪的符合融媒特点的薪酬分配制度，并制定相应的创新激励机制，对工作成绩优异和在某一领域有创新突破的人员给予奖励，进一步激发了集团的内部活力，人人谋工作、事事显担当、处处展风采的干事创业劲头成为新常态。二是网络平台不断壮大。坚持移动优先，全力打造渠道丰富、覆盖广泛、传播有效、可管可控的新媒体传播矩阵，加快"主力军"向"主阵地"挺进。新开通"宁海新闻"视频号，发布视频 600 多条，单篇阅读量最高超 12 万次。"看宁海"粉丝量从 18 万余人增加到 21 万余人；"宁海发布"粉丝量从 15 万余人增加到 18 万余人，"宁海新闻"粉丝量超 28 万人；"直播宁海"粉丝量从 12 万余人增加到 15 万余人，各网络平台"10 万＋"爆款作品达到 70 多个。三是栏目融合创新发布。实现"大屏""小屏"联动，传统媒体与新媒体同频共振，通过对电视节目再策划、再制作，推出符合移动客户端"小屏"发布的短视频，发布的《阿明讲××》系列和《太阳花开》《乐游宁海》等节目短视频，点击量高，传播效果明显，为电视节目的转型闯出了新路径。《芳姐在现场》《遇见宁海》等新媒体节目被搬上电视《宁海新闻》"今日融媒"板块后，节目的传播影响力进一步扩大。四是融媒技术优化升级。根据"频道专业化、栏目品牌化、行业领先化"的要求，建成融媒体高清演播中心，实现多种信源采集接入、多景别互动、多景区空间共享、多系统配合联动播出、多平台传输分发等功能，带给观众耳目一新的视觉享受。谋划与融媒体指挥中心技术贯通，数据共享，挖掘媒体融合效力。同时对广播直播平台进行全面升级改造。

（3）"项目＋服务"，激发产业拓展新动能

一是数字赋能，智慧广电建设全面推进。借着数字化改革的东风，全面推进"智慧广电＋公共服务"。在圆满完成智慧停车一期项目建设的基础上，继续承接二期项目，智慧停车项目的顺利建设，为集团

承接重大项目积累了丰富的经验，扩大了宁海广电在宁海信息化项目建设的影响力。不断探索数字经济创新模式，积极与各乡镇街道、部门合作，向智慧广电未来社区、智慧党校、智慧乡镇等领域延伸，实现共赢发展。二是拓宽路子，文化产业发展稳中求进。充分发挥文化公司龙头带动作用，持续巩固全媒体宣传、活动策划执行、视频制作、户外旗幡广告、职业技能培训等多元化经营模式，不断拓宽经营渠道。围绕各类文化活动，用好宁海特色文化资源，推动线上线下融合发展，打造综合性文化服务平台。2021 年以来共策划承办庆祝建党百年系列活动等各类文化活动 20 余场次，拍摄完成《生态宁海绿色足迹》等视频片 13 个。同时，传统媒体宣传广告努力推进，户外旗幡广告走向利好，教育培训步入正轨。

宁波市的镇海区融媒体中心、奉化区融媒体中心，也在融媒体中心的建设上取得了进展。

2.1.3 温州市

2.1.3.1 鹿城区融媒体中心

2021 年，鹿城区融媒体中心围绕建党百年主线，紧扣"首善十区"关键，兑承诺、下硬功、出实招，以排头兵姿态推进"融媒发展标杆区"建设。团队收获省共享联盟最具传播力奖、市传承弘扬温州人精神突出贡献集体、市融媒体新闻协作金奖等省、市级荣誉 38 项，为开创鹿城高质量发展新局面贡献了融媒力量。

（1）在"提"字上动真格，做强舆论宣传阵地。

立足"内容为王"理念，紧跟热点，精心策划选题，全方位提升采编和产品质量，稿件刊播量再创新高。一是紧扣中心工作。深入开展"五大城市品牌"、共同富裕、疫情防控、数字化改革等各类专项工作宣传，全面展示区委区政府执政理念和鹿城发展成绩，实现刊播发稿件 7290 条，发稿量领跑全市各县（市、区）。市级以上媒体录用稿件 1014 篇，央视亮相 8 次，外媒录用工作位列全市第一梯队。

概况篇　1

实践篇　2

创新篇　3

人物篇　4

理论篇　5

作品篇　6

展望篇　7

附　录

二是优化宣传阵地。"报视微端"不断完善,《今日鹿城》增设《今日鹿城》"跨越百年"特刊,推出专栏 68 个,专版 154 个。采编发电视新闻 1440 条,发布各类原创视频 2377 个,上送天目新闻 386 条。持续扩大"温州鹿城发布"影响力,在全市政务号排名稳居发布前列,入选 2020 年度温州"清朗"指数政务类榜单。迭代升级"掌上鹿城"客户端,推出积分商城,丰富直播业态,对阅读体验、用户互动、内容呈现、技术应用等进行全方位优化。引进智能纠错系统,提升新闻编写纠错能力,平安护航建党百年意识形态领域主阵地。三是提质融媒产品。推出以鹿城美食和鹿城文化为探索主题的"花 young 鹿城"系列视频,联合温州市海外传播中心摄制并向全球以中英文双语的形式播出视频节目《话里话外说鹿城》,推出外籍主播故事系列短视频等各类新颖优质内容。聚焦"党史百年""疫情防控""全民反诈"等重要主题以及重大节庆日和各类民俗节气,设计和制作海报、长图、H5、短视频等新媒体产品共计 578 个,直播 97 场。

（2）在"实"字上下功夫,做深党史学习教育

充分发挥报、网、视、微、端等全媒体融合立体传播优势,探索开启"党史＋融媒"党史学习教育的新模式。一是营造学习氛围。挖掘党史学习教育的特色亮点,以"掌上鹿城"App 为宣传主阵地,截至 2021 年底,推出党史学习教育主题报道超 670 篇,制作海报及小视频等新媒体产品 200 余件。开设《习近平在浙江》《奋斗百年路 启航新征程》等专题专栏,提振党员精气神,增强阵地辐射力。二是创新宣传形式。为丰富村社党员每月主题党日学习内容,《今日鹿城》推出 7 期《跨越百年·今日鹿城》党建特刊。推出"百部优秀短视频作品献礼建党百年""打造城市五大品牌献礼建党 100 周年"等 18 个党史学习教育系列短视频 787 个,转载、编发、推送图文类稿件 623 篇,视频类稿件 245 篇。制作《百年辉煌千秋伟业》小鹿动画视频,发起"唱支歌儿给党听"全民征集活动,开展党史知识问答,营造"红动鹿城"的浓厚氛围。三是学史力行见成效。发挥"阳光融媒"党建品牌优势,做好"三服务"文章,如助力解决藤桥岙底山茶油滞销,为重症菜农急销茄子等。聚焦疫情防控、燃气安全等社会热点和难点

问题，推出《焦点追击》58 期，有效发挥新闻监督作用。全面落实深化数字化改革，率全省之先创新打造融媒体数字化改革应用场景——"掌上鹿城"电视端，有力推动"银发族"跨越数字鸿沟。

（3）在"融"字上求突破，做足人才队伍建设

采取业务人才挖潜、实施绩效考核等举措，建立梯队化人才培养机制，队伍素质不断提高。一是完善内部管理制度。扎实推进巡察整改工作，全力落实 17 个巡察问题整改，制定、完善公务用车、财务报销、外出管理等内部管理制度 22 项，确保巡察反馈意见得到扎实整改、落地落实。完善优化《记者绩效赋分考核办法》，极大地调动了新闻队伍工作积极性、提升凝聚力。实施融媒山海协作战略，在媒介建设应用、干部培训交流等方面实现资源互补。二是提升专业人才素养。深化"部长杯"月度好新闻奖评选活动，增设"金话筒"等奖项，2021 年，共有 265 人次在评选中获奖。组织人员参与全省采编资格证培训，提升一线记者业务素养，100% 通过资格考试获得记者证。严格执行周例会制度，每周二晚上召开周例会与夜学课堂，分享优秀作品，交流业务心得，加强科室内部沟通和管理，提高融媒团队凝聚力。三是打造全民记者队伍。壮大通讯员队伍，截至 2021 年底，已建立小记者、作家、诗人、书法家、画家、摄影家、民俗专家等 600 多人的全民记者队伍。建立"明达说事""好学妈妈""E 家学堂"等融媒体工作室 11 家，形成"融媒体中心＋融媒体工作室"两级创作模式。

2.1.3.2 龙湾区新闻中心

主流舆论阵地建设情况：响应中央关于加快推进媒体深度融合发展和省委数字化改革要求，遵循移动优先原则，精准梳理媒体融合核心业务，建成"温报云一体化采编平台"及新媒体官方移动平台"阅龙湾"客户端，重塑"一体策划、内容共享、协同生产、全媒传播"的生产流程。龙湾区已经形成了以《今日龙湾》报纸、"阅龙湾"App、龙湾新闻网、"龙湾发布"微信公众号、龙湾新闻网官方微博、"龙湾融媒"视频号、"龙湾融媒"抖音号等宣传媒体平台为主的宣传矩阵。

政务服务等综合服务情况：在"阅龙湾"客户端开设"龙服务"板块，下设"网络问政""政务办事""交通气象""生活服务""教育服务"

概况篇 1
实践篇 2
创新篇 3
人物篇 4
理论篇 5
作品篇 6
展望篇 7
附　录

等子板块。搭建政府与群众交流平台，该平台可直接留言问政、投诉建议、预约办理等，充分发挥群众参与权、表达权和监督权。2021 年 10 月，上线龙湾区新时代文明实践中心平台，进一步增强了龙湾融媒中心基层政务服务能力，扩大了服务覆盖面。下一步，将积极寻求与区机关事务局的合作，谋划在"阅龙湾"上线"智能门禁""智慧大院"等功能，进一步提升县级融媒体中心服务能力。

客户端建设和推广情况："阅龙湾"客户端是龙湾区融媒体中心原官方客户端"龙湾新闻"的优化提升项目。2019 年 11 月 8 日在各大应用市场全面升级上线，2020 年 11 月，"龙拍客"板块全新上线，实现了图、文、短视频多元发布，为广大"阅龙湾"用户群体提供了一个掌握热点、发布信息、社交互动的平台阵地。2021 年 4 月，"阅龙湾"联合中广有线开发上线"阅龙湾电视端"，打通技术壁垒，实现小屏到大屏的拓展，借助电视端的用户资源，将龙湾宣传触角延伸到广大电视受众，并入选省县市区新闻奖"十佳 App"。"阅龙湾"以"龙新闻""龙区域""龙拍客""龙政务""龙发现"五大板块为主线，秉持"内容为王、用户至上"的宗旨，强化本土化、可视化、互动化的新闻宣传定位，开设时政、图集、专题、发布、生活、人文等栏目，为关注龙湾发展的热心人士推送热点新闻、生活资讯及便民办事等服务，打造龙湾本地宣传第一平台。同时，以数字化改革理念，深化"新闻＋服务""新闻＋政务"，打通群众直通部门办事的"最后一公里"。自上线以来，龙湾区融媒体中心充分结合如"龙湾区两会""新中心大未来龙湾未来城区发布会"等区重大会议、重大活动及记者节等特殊节日，通过机关内部发文、策划推出《党史学习教育知识问答》等线上答题、抽奖活动，组织进社区、进企业进行宣传推广等系列举措，对客户端进行全方位的推广，截至 2021 年底，客户端总用户数达 20 万＋。

短视频业务创新做法："龙湾融媒"视频号、"龙湾融媒"抖音号于 2021 年 2 月开通，是龙湾区融媒体中心全新推出的短视频宣传平台，遵循移动优先、快速传播的规律，通过大众更喜闻乐见的短视频呈现方式，记录龙湾日新月异的改革发展，快速推送贴近生活的热点新闻、生活资讯等内容，记录龙湾好故事，传递龙湾好声音。

队伍教育与培训情况：修订完善了《龙湾区融媒体中心进一步规范内部管理制度》《龙湾区融媒体中心新闻发稿"三审"制度》《进一步规范新闻信息管理办法》《全媒体新闻报道把关防错五十条》《记者跑线制度》等制度内容，同时完善中心政治学习、轮流值勤和日常谈心等制度，强化作风效能建设，深化新闻战线"走转改"活动，实现重心下移接地气，新闻服务解难题。依托"记者学堂"，从记者最需要的技能着手，辅以新的技术、新的领域，让人人都能做到理念更新、业务更精、技能更全。推行每位记者外宣任务的机制，每人每月必须有两条外宣内容在市级以上媒体见报。每周三上午准时召开编前会，对本周掌握的线索内容进行报题讨论，更邀请《浙江日报》《温州日报》等上级媒体驻线记者参与"解题"讨论，更好地推进龙湾新闻内容在省市媒体见报。

2.1.3.3 瓯海区融媒体中心

2021 年，瓯海区融媒体中心在区委宣传部的正确领导下，积极推进媒体融合发展，"移动优先"成为共识、"用户意识"深入人心、"爆款产品"多次刷屏。中心先后获得《浙江日报》先进集体、《温州日报》突出贡献奖等 9 项集体荣誉，31 件新闻作品获全国和省、市级新闻奖，5 个重大主题报道获区委红榜激励，交出了新闻助力发展的高分答卷。

（1）紧扣中心，主题报道精彩纷呈

一年来，中心紧扣区委区政府中心工作，主动谋划、创新形式，先后推出"浙南火种·红动瓯海""共同富裕瓯海新路径""优势产业看瓯海""感动瓯海·最美防疫人"等系列主题报道 16 个。

重磅谋划视频监督类栏目，对美丽瓯海全域行动进行监督，每月开播 2 期瓯视聚焦——《请你看电影》，以"百姓呼声＋问题曝光＋责任单位回应"倒逼环境整改提升，使播出的 80% 以上的问题得以解决，该做法获市长批示肯定。

（2）多点发力，对外宣传提质增效

一年来，被市级以上媒体采用的新闻稿件 2801 条，再创历史新高。其中，全运会龙舟决赛登上央视《新闻联播》，中国寓言文学馆落户

概况篇 1
实践篇 2
创新篇 3
人物篇 4
理论篇 5
作品篇 6
展望篇 7
附　录

消息获新华网、光明网首屏推送并创下超百万流量，瓯海数字改革事项两度上《浙江日报》头版栏目稿。2021 年，中心在《温州日报》头版和《温州新闻联播》发稿数，在温州四区排行中均列第二。

借力《浙江日报》，深化内容生产联发机制，在"浙江新闻"客户端联合推出"瓯海产业行"系列报道 8 篇，集中展示瓯海产业优势和营商环境，每篇阅读量达 30 万＋，其中 4 篇获浙江日报总编辑"好稿奖"。这是地方融媒体中心品牌走向全省的一次有益尝试，这一经验做法登上了浙江日报《传媒评论》杂志。

（3）深度融合，传播矩阵火力全开

融合发展按下快进键，2021 年中心共拥有 15 大平台，总用户突破 300 万，同比增长 50%，居全市县级融媒体中心前列。在"掌上瓯海"客户端推出《看瓯海》栏目，同步推进天目号、抖音号、视频号等短视频平台运营，单条视频最高播放量突破 170 万。"瓯海新闻"天目号荣登 2021 年度传播力指数榜单，成为温州唯一入榜的县级融媒体中心。

2.1.3.4　洞头区融媒体中心

一是量质并举，强化舆论主导权。紧扣主题谋划建党百年、党史学习教育等重点新闻报道；率全市之先制定出台《关于人大、政协宣传报道的若干意见》；策划推出《奋斗百年路 启航新征程》《共同富裕美好生活》《六五争先·六比竞赛》等新闻专栏 63 个。电视屏、户外屏、手机屏三屏联动。《"共同富裕美好生活"系列报道》等电视新闻被中央电视台、新华社、"学习强国"、浙江卫视等平台采用，《算好生态账 不负山与人》在央视一套《焦点访谈》中播出，实现 2021 年度主官亮相央视主频道的任务要求。

二是守正创新，夯实宣传主阵地。多方协作，联动组织、宣传、档案等部门完成"党史微口述"系列、"寻红色旧物 讲党史故事"、"红色百年行"等系列短片，精心创作采制《海天传奇》《女子民兵连连歌》《洞头好所在》《望海楼》原创 MV，不断提高媒体生产、传播和服务的能力。2021 年 10 月，经中宣部舆情控制中心审核批准，成功注册"学习强国"平台"洞头融媒号"，为温州市唯一一家入驻

"学习强国"的融媒体。2021年发布内宣33361条，外宣1974篇。其中国家级媒体230篇，省级467篇，市级1277篇。"百岛洞头"、微信发稿12298条，阅读量超882万次；洞头新闻网刊登16920篇，页面访问量达6761余万次。文艺副刊《半屏山》刊出40期52个版面。播发广播专栏1999期，公益广告18400分钟。制作专题约80个。融媒体时评18篇。

三是贴近民生，凸显媒体监督力。采制播出12期事关民生实事、聚焦社会热点的新闻报道。以实际问题为切入口，坚持"曝光必有反馈"，有效助推洞头区重点工作的落实，成为区委区政府发现问题的"眼睛"和百姓解决问题的"利器"。

四是移动优先，转化生产新动能。依托"百岛洞头"App首发、先发、抢发新闻资讯、最新动态。常态化直播东海烟花音乐节、妈祖节等22场活动，不断提升社会对洞头的关注度和美誉度。采制播发《林忠民：渔海牧歌中的"船老大"带领渔民走上共富之路》等一批先进典型人物和案例；开通《海霞直播间》，直播带货助力渔农企业打开销路；利用广播、电视、网站、新媒体、户外大屏等优势广泛刊播疫情防控、安全生产、防诈骗、勤俭节约、控烟等公益视频、海报、标语，营造平安洞头舆论氛围。

2.1.3.5 瑞安市融媒体中心

2021年，瑞安市融媒体中心全力推进媒体深度融合发展，推动媒介、产业、机制等"三大"转型，实现社会效益、经济效益"双效同考""双轮驱动"双丰收，省级新闻一等奖获奖数和营业收入均占温州县级融媒体中心一半以上，交出高分答卷。

一是率先创新"媒体＋公司"架构重塑。面对挑战，瑞安市融媒体中心攻坚破题，起草出台"三定"方案和"媒体深度融合"政策文本，组建传媒集团公司，顺利完成人员、机构、机制三大融合，实行"媒体＋公司"一体化发展，破解人员多重身份、体制机制不畅等弊端，实现事业单位企业化管理转型。中宣部专家组成员宋建武评价瑞安融媒改革在全国具有典型意义。中国报业全媒体在"县市样板"首篇专题介绍了瑞安经验做法。

概况篇　1

实践篇　2

创新篇　3

人物篇　4

理论篇　5

作品篇　6

展望篇　7

附　录

二是率先创新"大部制＋专班化"机制重建。加大内容供给侧结构性改革，统筹采编力量，打通业务边界，在大部制下创新成立工作专班，推行专班化内容生产和运营转型。出台新闻创优、业务创新、内容管控等系列奖惩制度，通过全方位整合，大力度再造，推动实现"报台网端微屏"全面开花，打造融媒发展新格局。

三是率先创新"新闻＋政务＋服务＋商务"平台重组。成立数发、文发、农发等"经营独角兽"，深度参与数字化改革、智慧城市等板块业务，承接重大数字化改革项目 10 个，全省首创智媒应用 10 个，在传媒业界被称为数字化研发"北安吉、南瑞安"现象。圆满承办中国儿童文学动漫周，获得省委常委、温州市委书记刘小涛批示肯定。由品创团队设计并承建的科创瑞安展厅、农村"三位一体"改革展示馆和马屿"三位一体"为农服务中心都获得瑞安市委书记麻胜聪、瑞安市市长秦肖的批示点赞。玉海历史文化街区团队 3 个月完成近 140 间店铺青春业态招引工作，国庆开街人流爆棚达 21 万人次，社会各界好评如潮。项目获评第二批"浙江省高品质步行街"，系温州第二条高品质步行街。

四是主流舆论再攀"高峰"。坚持正确舆论导向，创新宣传理念方式，发挥专班团队作战优势，强化好作品奖、新闻 top 奖、短视频奖"三个百万"激励效应，开设《党史学习教育》《三位一体》《安全生产8＋1》《数字化改革》等专题专栏 80 余个，推出全媒报道 1 万多篇。2021 年温州县级融媒体中心共获 7 项省级新闻奖一等奖，其中瑞安占了 4 个，超过半数。

五是新闻外宣再夺"高分"。围绕"传播平台全媒化、外宣内容精品化、党史宣传特色化"，讲好瑞安故事，宣传社会正能量，提升瑞安美誉度。2021 年，在国家级媒体刊登各类报道 300 余篇（条），省级媒体刊发 900 多篇（条），温州市级媒体刊登 1300 多篇（条），实现从地方到中央、传统媒体到新媒体全方位覆盖发布录用，新闻外宣稳居温州榜首，获全省一等奖。

六是新媒矩阵再造"高端"。按照主力军全面挺进主战场要求，构建报、台、网、端、微、屏协同联动的全媒体传播矩阵，重点打造的"瑞安发布"粉丝数超 46 万人，被腾讯列为全国典型案例，阅读量突破 550 万次，连续 4 年稳居温州市前列；"瑞安新闻"App 被省委宣传部列为最佳案例，全省仅 3 个。鼓励创新的短视频呈现爆炸性增长，月产出 300 余个作品，总阅读量超 5 亿次。短视频创新工作被省委宣传部选定在全省媒体融合工作会议作典型发言交流。

2.1.3.6　龙港市融媒体中心

2021 年，龙港市融媒体中心全力抓好"内容、平台、产业"三大融合，成功打造县域媒体深度融合的"龙港样板"，成为全省 90 个融媒体建设的示范标杆。

一是同频共振，汇聚新闻宣传合力。紧扣党史学习教育、建党100 周年、设市两周年、高质量改革发展等重大主题，全力做好党代会、两会、疫情防控、征迁攻坚、环境综合整治、城市精细化管理、交通秩序整治等市委、市政府中心工作的宣传报道，持续开设《龙城聚焦》《曝光台》等新闻监督专栏，为龙港改革发展增加原动力、凝聚正能量。一年来，《龙港新闻》自采播发 1500 多条，《今日龙港》报编辑出版 99 期 170 多万份，"龙港发布"发布信息 1100 多条。共有 21件作品获全省和温州市表彰，其中 6 件作品获浙江新闻奖和温州新闻奖，13 件作品获浙江省县市新闻奖；14 件作品在"学习强国"刊发，228 条新闻被中央、省级媒体录用，299 条被温州市级媒体刊播。

二是持续创新，打通深度融合经脉。广播电视台获国家广电总局批复，成功纳入县级广播电视播出机构管理；新增"龙港在线"App 和"龙港融媒体"视频号，应建尽建、快速做强 13 个融媒体矩阵元素；新建融媒体指挥中心、应急广播体系、高清电视播出系统、DVB 前端系统二期改造工程等 16 项主流设施设备，并与浙江广电中国蓝云、浙江日报天目云、省市应急广播管理平台接轨，实现资源共享、共融互通。

三是聚力突破，拓展传媒产业空间。基本完结原苍南遗留的 200多项未验收、未结算广电工程及与苍南华数 BOSS 收费系统的切割工作，有效解决农民工欠薪问题；免费为 501 户低保家庭安装数字电视，提前 4 个月完成年度民生实事任务，做到全市广电惠民工程全覆盖。抓牢融入龙港改革发展新格局的突破口，持续在公共服务上提质增效，

概况篇 1

实践篇 2

创新篇 3

人物篇 4

理论篇 5

作品篇 6

展望篇 7

附　录

把应急广播、智慧城市建设、智慧广电工程确立为产业培育的重点，着力打造新的经济增长点。

2.1.3.7　永嘉传媒集团

2021 年，永嘉县融媒体中心围绕中心工作，讲好永嘉故事、凝聚发展正能量，以内容建设为根本，先进技术为支撑，创新管理为保障，构建全媒体传播体系，致力打通舆论建设"最后一公里"。

（1）围绕中心工作，突出主题报道

始终以"党的喉舌和主阵地"的政治自觉性，坚守主责主业，强化外宣外联，充分发挥平台作用，围绕中心工作、重大节点、重大事件，加强主题策划、专题设置，切实形成一体化传播宣传攻势，全力扩大宣传影响力。推出或继续做好"共同富裕聚力打造县域样板"、重点工作补短板"百日攻坚"行动、全域环境整治、疫情防控、平安永嘉、清廉永嘉、最美永嘉、人才强县等主题报道 30 多个，为县委县政府中心工作鼓劲造势。

（2）践行移动优先、构建传播新格局

面对信息传播的新趋势，中心进一步优先建设移动媒体，加快形成载体多样、渠道丰富、覆盖广泛的移动传播矩阵，牢牢占据舆论引导、思想引领、文化传承、服务人民的传播制高点。2021 年，新媒体各平台总发稿 33540 条。其中，"永嘉发布"发稿 1835 条，总点击量 652.8 万次；"中国永嘉"发稿 2519 条，总点击量 1251 万次。永嘉网发稿 16465 篇，总访问量 905 万次。"今日永嘉"客户端发稿 12721 篇。完成县两会、重走红军路、楠溪江古村落保护与发展高峰论坛、楠溪江第二届桐花节等大型直播 30 多场。

（3）外宣多点发力、讲好永嘉故事

为在更大平台讲好永嘉故事，发出永嘉好声音。中心积极"借船出海"，加强新闻外宣工作，入驻"天目云""中国蓝新闻""快点温州"等上级媒体平台。截至 2021 年底，被"学习强国"平台录用累计总数（条）290 多条，全市排名第二。在《浙江新闻联播》播出《浙江网格化管理 织好农村防疫网》等报道 338 条，保持全省县级台第一阵营。加强和浙江日报温州分社的合作，配合开展永嘉县"践行重要批示精神、追访非公党建红色印记"主题报道活动，在《浙江日报》、浙江新闻客户端刊播《乡村振兴要"土"里有"新"》等100篇报道。

（4）加强技术赋能，促进融合传播

媒体融合，技术先行，通过运用新方法、采用新技术、借助新媒体，发出新声音，亮出新特色。进一步加大技术投入，为全媒体平台提供支撑。打造广播可视化工程，与浙江广电中心官方广播App"喜欢听"合作开通FM102.2永嘉人民广播电台可视化直播间，推行可视化访谈类节目，加强与受众互动，提升广播影响力传播力。2021年6月实现了电视高清播出，同月在"中国永嘉"公众号上实现永嘉电视台综合频道在线直播。打造全新融合媒体制作系统。结合各个系统的优势，打通了文稿、非编、报纸、电视、广播及新媒体等相关功能模块各个节点的互通，实行本地和云端制作实时同步服务，实行多种模式制作，极大地提高了工作效率，打造出了全新的融合媒体制作系统。

2.1.3.8　平阳县传媒中心

2021年，平阳县传媒中心求真务实，开拓创新，努力提升新闻宣传水平，奋力打造新媒体平台，大力实施融媒体"移动优先"战略，持续推进传媒事业健康发展。

一是坚持"内容为王"，推进新闻内外宣提质。以正面宣传为主的方针，把握正确的舆论导向，开展各项宣传工作，重点打造问政类和舆论监督类栏目。内宣方面，重点围绕庆祝中国共产党成立100周年、学习贯彻县委十三届七次全会精神、建设共同富裕示范区26县标杆，庆祝中国共产党成立100周年、党史学习教育、谱写"重要窗口"的平阳篇章、深化拓展三服务、数字化改革、疫情防控等县委县政府中心工作，共推出新闻报道4.6万余条；推出《踏访红色地标》《共富探路争当标杆》《奋进争先勇创新局赶超发展争一流》《学习贯彻县委全会精神》《学精神抓落实当标杆》《基层党建巡礼》《百秒云说浙南红都》《跟着总书记学思维》《红色堡垒续辉煌》《民生幸福看项目》《推进数字化改革》等主题报道和各类专栏共130余条，营造了浓厚良好的舆论氛围。在做好内宣工作的同时，外宣工作积极开拓、精心谋划，创作出了一批质量优、社会反响好、思想性艺术性

概况篇 1
实践篇 2
创新篇 3
人物篇 4
理论篇 5
作品篇 6
展望篇 7
附 录

强的外宣作品。《浙江日报》头版刊发了《平阳 3 年落地亿元以上产业项目 87 个招引有力度服务有温度》《"乡村大脑"赋能湖屿治理》《浙南山乡绿映红平阳以党建红引领生态绿,带动革命老区群众增收》《科技赋能全面激发山区县产业发展活力温州念好科创"山"字经》《一手抓招引一手促投产温州百亿元项目一年内拿地投产》等一系列有深度、有温度的优秀稿件,头版见报稿件 11 篇,同比增长 80%。《温州日报》的头版见稿量达 68 篇,同比增长 50%。此外,其他各主流新媒体平台的成绩也均有所进步。中央电视台 8 条、浙江电视台 41 条、温州电视台 282 条;"浙江新闻"客户端 41 条、"温州新闻"客户端 206 条、今日头条 95 条。

电视对农栏目获 2021 年全省对农服务工程考核优秀,并获电视栏目省政府奖三等奖,两项排名均为全省第八。

二是实施"移动优先"战略,推进"融媒+政务+服务"体系建设。平阳县传媒中心通过优化新媒体平台版面设置、完善新媒体平台内容设置、加大短视频制作力度等行之有效的具体举措,推动"融媒+政务+服务"体系建设,实施融媒体"移动优先"战略。一是优化新媒体平台版面设置。增设公共服务、党务政务公开公示、监督反馈渠道板块;重新排版及优化"爱平阳"客户端的 V 客板块;创新发布方式、推出缩略图动图、快讯滚动条等方式,丰富"爱平阳"客户端的多样呈现效果。至 2021 年底,"爱平阳"客户端总装机数 1.7 万次,注册用户数 1.96 万名。二是完善新媒体平台内容设置。根据时间节点在微信公众号、"爱平阳"App 开设专题专栏,加强重点工作宣传报道力度;截至 2021 年底,微信公众号"平阳发布"及"平阳第一时间"粉丝数分别超 24 万和 25 万。三是坚持"短视频优先"导向。在微信公众号创新推出视频号,提高关注度增加粉丝量。将短视频优势有效转化成主流报道的崭新动能,将重大主题报道以短视频报道的新形式进行媒体宣传,营造广泛浓厚的舆论宣传氛围。

三是精心策划,大型活动顺利推进。大力实施"活动兴业"战略,丰富群众文化生活。成功策划并举办了"2021 平阳县暑期大学生招引暨大学生创新创业大赛""机关党建品牌培树擂台赛"等大型活动,出色完成了"2021平阳擂台·六比竞赛"乡镇项目专题片的摄制任务。所有活动均根据实际需要和特点实行图文直播或微信、网络视频直播甚至全媒体直播，极大地丰富了媒体节目内容和群众文化生活，同时也强化了自我"造血"功能。

四是加强管理，不断强化自身建设。在做好新闻宣传报道工作、积极推进传媒事业发展的同时，不断加强领导班子建设、新闻工作者队伍建设和管理制度建设。一是不断加强领导班子建设。中心领导班子始终坚持民主集中制，认真落实党风廉政建设责任制，坚持原则，秉公办事，勤政廉洁。凡事关全局的重大问题都经党组会集体研究决定，集体讨论决定重大事项。二是队伍建设注重培训锻炼。开设了"记者讲堂"，以培养"全媒体"记者为目标，制订了详细的培训计划，文字、摄像、摄影等业务骨干轮番在"记者讲堂"上开课，互相交流互相学习，提升业务水平。三是不断完善管理制度。将原有制度进行完善，使之更加科学、规范。持续推进作风建设，规范内部控制，提升队伍管理科学化水平。

2.1.3.9　苍南县融媒体中心

2021年以来，苍南县融媒体中心传播正能量，讲苍南好故事，为加快新苍南建设营造良好的舆论氛围。

宣传主业做优做强。一是充分发挥主流媒体主阵地、主力军的作用，2021年1—12月，先后播出电视新闻2370多条，摄制播出电视协作专题160多期。相继推出30多个专栏。二是成立外宣专班，加强与浙江卫视、《浙江日报》、《温州日报》等省市主流媒体沟通协作，实现外宣数量和质量双提升。2021年1—12月，共有3360多条（篇）新闻报道在省市媒体平台刊发（播），其中，央视用稿8条、《人民日报》用稿5条，国家级媒体用稿共13条；省台电视新闻用稿110条，《浙江日报》用稿32条；苍南县的美誉度和知名度进一步提升。2021年还获得温州日报"新闻宣传优秀奖"、市广电"融媒报道先进集体"，省广电"新媒体新闻协作三等奖"、浙报"最佳视频报道奖"等荣誉。

新媒体平台质量升级。健全完善"苍南发布"新机制，2021年累

概况篇 1
实践篇 2
创新篇 3
人物篇 4
理论篇 5
作品篇 6
展望篇 7
附 录

计推送新闻资讯 1600 多篇，粉丝数量持续增长，截至 2021 年底，粉丝量达 12.29 万人，2021 年阅读量超 10 万的作品有 2 篇。"看苍南"App 不断迭代升级，入驻乡镇和部门单位达 106 个，粉丝量达 7.8 万人，每月审核推文达 900 多条，成为全县又一个权威资讯平台，获得新华社点赞。"苍南县融媒体中心"抖音号自 2019 年创建以来，短视频制作推送紧跟苍南民生热点，同时顺应时势，融媒体中心又推出"视频号"，2021 年以来微信"视频号"，发稿 287 条，累计点击量 616 万次。2021 年新媒体新闻协作排名进入全省前 30 名。

舆论监督持续发力。《玉苍焦点》自 2014 年 5 月 5 日开播至今，共播出节目 494 期，2021 年已摄制播出 44 期，大部分节目播出后，责任单位在第一时间落实整改，树立县级主流媒体的权威形象。

安全保障不断加强。对节目采编、节目管理、变电供电、前端服务器系统等进行改造升级，启动电视频道高清化改造项目，确保安全播出。已完成电视节目数字化转换 10000 条以上，实现节目制作信息化、数字化。

2.1.3.10　文成县融媒体中心

一是围绕中心开展舆论宣传。围绕全县重点工作，2021 年共采编各类广播、电视新闻 7000 余条，刊发网报、新媒体新闻 8250 余条，制播专题节目 118 期，推出 30 余个主题系列报道，开设 20 多个专题专栏，摄制 15 个宣传片，播出舆论监督节目 20 期。二是对外讲好文成故事。共有 266 条电视新闻报道在国家、省、市权威媒体播出，分别为央视 4 条，浙江卫视 96 条、《温州新闻联播》166 条；有 82 条广播新闻报道在浙江之声、温州之声等媒体播出；有 12 件作品获省市新闻奖。三是积极推进"媒体＋政务＋服务"。以数字化改革为契机，改造提升"指点文成"客户端综合服务功能，上线客户端"看电视、听广播、读报纸、观文成、文成豆、学党史、华数服务、职工之家、文成旅游、文明超市"等功能板块，并做活做深带货直播，策划开展"小火柴公益助农"公益直播 8 场。四是筑牢意识形态主阵地。认真履行好五方面职责：一是履行把好方向、管好导向之责；二是履行思想引领之责；三是履行加强阵地管理之责；四是严格节目审核播发之责；

五是严格执行各项安全播出规章制度，确保广播电视节目安全播出。

2.1.3.11 泰顺县融媒体中心

同频共振，掀起主题宣传新热潮。紧紧围绕中心、服务大局，全面开展"十大主题宣传"，融媒体各平台共播发主题报道3000多条，其中"党史学习教育"1000多条、"老雷讲故事"等系列原创短视频57条，总播放量超2000万次。发挥媒体舆论监督作用，完成《聚焦》栏目播出32期。完成专题片拍摄制作15个，直录播活动23场，总观看量200多万人次。

内外联动，拓展宣传协作新格局。中央和省、市级媒体全年刊（播）发有关泰顺报道1535篇，其中中央级媒体138篇，省级媒体397篇。泰顺新闻宣传协作斩获10多个省、市级奖项，创历史最好成绩。

探索改革，推动媒体融合新发展。完善新闻采编制播系统建设，再造"策、采、编、播"流程，创新打造"咔咔采编"新闻生产传输技术应用，"5G智慧电台"全新亮相，"5G背包"直播突破地域限制，"两个中心"融合项目获浙江省媒体融合创新案例。

2.1.3.12 乐清市融媒体中心

2021年以来，乐清市融媒体中心积极践行党媒职责使命，通过聚心谋划、聚能融合、聚力创新，精心打造"正能量、高品质、视频化"的新闻产品，涌现出了大批原创精品力作。

至2021年底，已有86件作品获2020年度全国、省、市等各类新闻奖，其中《贴钱百万给口罩机生产气动配件》《乐清新冠肺炎孕妇产子连续报道》《H5致敬赖小东，感谢生命中有过你》等3件作品获2020年度浙江新闻奖三等奖；乐清市融媒体中心入选2020年度浙江省县（市、区）"年度融媒中心20强"；《乐清日报》入选"年度十佳报纸"；FM99.5乐清人民广播电台入选"年度十佳广播频率"。

（1）聚心谋划，打造新时代重要传播窗口

聚焦中心，精准发力。2021年，乐清市融媒体中心紧紧围绕乐清市委重大决策部署，聚焦建党百年、党史学习、共同富裕、疫情防控、文明城市创建等重点工作，"报台网端微视"全媒体平台开设了60多个专栏专题，重磅推出一系列中心工作主题报道，为乐清争创浙

概况篇　1
实践篇　2
创新篇　3
人物篇　4
理论篇　5
作品篇　6
展望篇　7
附　录

江共同富裕示范区高质量发展县域标杆提供强大舆论支持。

庆祝中国共产党百年华诞是 2021 年宣传报道的主旋律，融媒体中心提前谋划、精心策划"雁山红遍·献礼建党百年"全媒体主题系列报道。3 月 23 日开始，通过"报台网端微视"全媒体矩阵，重点推出"雁山红遍·献礼建党百年""学党史 悟思想 办实事 开新局""写一封信给党听""重走来时路党史耀乐清""初心往事——乐清革命故事展播""赏名画学党史"等 20 余个特色专题专栏，已刊播 2300 余篇（条）报道，并研发"红色地图""网上重走万里长征路"等产品，吸引 30 余万名网友参与，在全市上下大力营造共庆百年华诞、齐心协力开创新局的浓厚氛围。

创新传播理念，首次协同播报两会，连续 5 天全方位推出 21 个专版，300 余篇（条）报道，奏响融合播报最强音；在市第十五次党代会期间，首次启用 5G 直播车，多屏联动创新宣传，全方位传播"党代会"好声音，共刊发各类稿件 300 多篇，累计播放阅读量 1000 万余次，获乐清市委书记徐建兵的肯定和批示："很好！向全体新闻工作者表示感谢和慰问！望再接再厉，进一步讲好乐清故事、发出乐清好声音，特别是在文化升华中做出更多更大的贡献！"

（2）聚力创新，打造融媒传播新矩阵

好风凭借力，送我上青云。好内容、好产品、好声音，需要好的平台去推广和传播。2021 年，乐清市融媒体中心整合资源，做优做强《乐清日报》、FM995 乐清人民广播电台和乐清电视台新闻频道、生活频道及以"乐音清扬"App 为龙头的"一端二网四微"等全媒体平台，通过差异化、个性化定位，打造新型传播矩阵。其中"乐音清扬"App是融媒体中心自主打造的"媒体＋政务＋服务"的重要平台，获得市民群众的认可和喜爱，截至 2021 年底，用户数近 13 万名，并被列入乐清市数字化改革任务。"乐音清扬"App 还推出了"乐音号"，这是为乐清的乡镇街、部门、学校、企业等打造的一个特色宣传渠道，已有多个镇街部门入驻，未来乐清市将构筑起新的 App 政务宣传矩阵。

2021 年以来，乐清市融媒体中心出品的系列爆款产品被广泛传播，向全国传播乐清好故事，展示乐清新形象。其中，原创推出的《月色中秋浪漫全城》30秒短片在中秋当晚刷屏朋友圈，播放量达108万次，点赞数3.3万次；原创全媒体报道《从"趴桌睡"改为"舒坦睡"！新学期，乐清3.3万名学生每天安心午睡一小时》播放量达130万次，点赞数4.5万次，并被《人民日报》、《浙江日报》、新华网等上级媒体转发；精心策划推出乐清跳河救人"F4"、坚持四年给满分学生奖烧饼的烧饼哥、因公殉职民警陈源凯等一大批影响深远的正能量报道，引发国内多家主流媒体关注，将乐清正能量传播到全国。其中，原创的乐清跳河救人"F4"事迹报道被央视、《人民日报》、新华社、新华网、光明网、中青网、《浙江日报》等数十家媒体转发，在全国范围内引起强烈反响。"救人F4"还获评"最美乐清人·乐清好人"荣誉。

（3）聚能融合，构建品牌传播新格局

融之有道，聚力前行。在疫情冲击和经济下行双重压力下，融媒团队直面困境，转变思路，发挥"新闻＋服务＋政务＋互动"特色优势，构建融媒品牌传播新格局。

借助网络优势，发挥媒体职能，重点打造了乐清传媒政协委员会客厅、"e点爱"公益平台、长一工作室、刘丫工作室、民生995阳光行动等"新闻＋服务"平台，助力社会，服务民生。做强做大智慧政务，相继承办了乐清市建党100周年文艺演出、乐清市庆祝中国共产党成立100周年合唱大赛、"乐见文明"1＋N系列直播、"金牌讲师"微党课大赛、"诗画浙江·百县千碗"乐清十碗评选、第四届智仁竹文化旅游节、第二届淡溪生态文化旅游节、2021年乐清（湖雾）葡萄云文化节等一大批活动，通过内外联动、全媒互动，融媒报道与特色活动交相辉映，实现社会效益和经济效益双赢，打亮了乐清特色融媒品牌。

2.1.4 嘉兴市

2.1.4.1 嘉兴日报南湖分社

2021年是建党百年，也是"十四五"开局之年，嘉兴日报南湖分

概况篇 1
实践篇 2
创新篇 3
人物篇 4
理论篇 5
作品篇 6
展望篇 7
附　录

社作为红船起航地南湖区的主流媒体，责任重大。南湖分社攻坚克难，以实际行动践行"四能战士"，提早谋划，围绕建党百年、丰收节、共同富裕等重大主题，以小特刊等形式推出特别报道，浓墨重彩记录重要时刻。大胆改革，加速传统媒体向融媒体前行，新闻宣传从报纸延伸到新媒体平台，视角从平面转向航拍"俯瞰"，使报道更具立体感。将创优、创收紧密结合，努力将报道做深做透做精彩，策划了一批紧紧围绕重大主题的专栏、系列报道，实现了双赢。

（1）紧扣重大节点浓墨重彩

2021年，随着建党百年的到来，嘉兴市迎来了高光时刻。作为嘉兴市的主城区、中国革命红船起航地的南湖区，吸引了世界更多关注的目光。围绕党建百年的重大节点，《南湖新闻》重点策划，做到了浓墨更出彩。

在做好《南湖新闻》报道的同时，2021年，南湖分社还在《嘉兴日报》头版发稿近40篇，积极向央媒投稿，其中4篇稿件被《人民日报（海外版）》录用，另有多篇稿件被新华网、人民论坛等央媒录用转载。2021年，分社记者的10多篇作品，被评为2020年度中国地市报新闻奖、浙江省县市新闻奖、嘉兴新闻奖等一、二、三等奖。

（2）加速融合，提升"四能战士"战斗力

在各媒体竞争日益激烈的情况，提升记者的业务水平，是使新闻报道在竞争中胜出的重要因素。

为更好地践行集团党委提出的"四能战士"要求，2021年，南湖分社深化新媒体融合发展，通过记者自学、请老师教等办法，较好地学习并掌握了视频拍摄、剪辑、无人机航拍等新技能。同时，在集团各分社中首家购买了大疆无人机、手持云台等设备，试水作品推出了《沿着公路"瞰"南湖》融媒体航拍系列报道，实现了创收和报道质量提升的双赢。

为提升记者业务水平，从2021年3月开始，南湖分社坚持利用每月最后一周的周五中午时间，开设各类实用技术分享课。至2021年底，已就手持云台使用、微剪辑、无人机航拍、新闻论文写作、党报版面语言、纸媒标题等方面进行了学习。

创优向来是分社需要强化的短板，南湖分社紧扣共同富裕、生态环境，重点打造了两个创优作品。面对区交通部门的宣传需求，南湖分社大胆尝试，购来无人机，请来老师，很快掌握了航拍技术，整个《沿着公路俯"瞰"南湖》航拍系列，创优作品历时 3 个多月时间，作品受到了专家的一致好评。

（3）在守土把关上下功夫

为确保办报安全，杜绝差错尤其是重大政治性差错，南湖分社进一步细化和完善内部纠错及相关奖惩等制度，严格遵守《读嘉》三审制。

2021 年以来，南湖分社为了提升党报公信力，始终坚守每周报题制度、稿件审核制度，明确要求重点报道必须落实分社领导审阅、相关部门审查、区委宣传部领导审核的"三审制"，确保《南湖新闻》出报安全。

顺应 2021 年《嘉兴日报》各项改革，分社积极贯彻落实执行并参与，在差错减少、办报质量提升等方面，取得了良好成效。2021 年，无出现重大差错情况。

2.1.4.2　海宁市传媒中心

2021 年，为加快推进传媒中心媒体深度融合发展，完善全媒体传播体系，海宁市传媒中心制定了加快推进媒体深度融合发展项目清单，围绕内容高质量、管理高水平、经营高效益，设定 10 大类 29 小类的目标任务。

内容高质量：加快主力军挺进主战场，集中精力将"大潮"客户端打造为"新闻＋政务＋服务＋商务"的平台。自客户端改版上线以来，中心立足海宁本土，精做新闻资讯，优化用户体验，牢牢黏住目标人群，在"千端一面"的新闻类客户端中，打造了自己的可辨识度。截至 2021 年 12 月 31 日，"大潮"客户端下载量为 286282 次，月均活跃用户数 30396 名。除深耕本土新闻外，海宁传媒中心主要做了以下四件事：一是加速与传统平台融合。在纸媒端，不断加大报纸和新媒体平台的融合力度，尝试推出"报纸头版"App 导读 230 多条次，丰富拓展纸媒端内容的同时做到报纸端的互联网呈现常态化。二是做优用户体验。"大潮"客户端不仅是一个新闻资讯平台，也是一个社交

概况篇 1
实践篇 2
创新篇 3
人物篇 4
理论篇 5
作品篇 6
展望篇 7
附　录

平台。据统计，"大潮"客户端全年举办各类线上活动36个。三是壮大 UGC 服务。"大潮"客户端的融合有对内、对外两个层面。对内，就是与报纸、电视等传统平台实现深度融合。对外，是与用户、平台等进行融合。如结合城际铁路开通试乘契机，组建"大潮拍客"队伍，制作推出"你好，海宁"每日卡片，在《海宁日报》开辟"爱海宁，看大潮"全新视觉板块。四是加快技术创新。2021年共完成技术服务项目247个，直播160场，点击量10万＋新媒体产品24个。在此基础上，技术团队也积极创新。

此外，建立重大主题"专班"策采机制，注重培育媒体品牌，围绕市委、市政府中心工作，重点打造"潮乡时评""海报观察"，其中，2021年全年刊发潮乡时评63篇，海报观察49篇。围绕民生服务，重点打造《海视广角》《家有喜事》《潮帮办》等品牌栏目，《潮帮办》栏目以一条热线，辐射海宁市域，全年刊发88期，解决群众急难愁盼。我们也注重发挥党委政府的参谋作用，全年报送15期内参，获得市领导批示10次，其中市委书记批示5次。

2021年，在嘉兴媒体舆论引导在线指数排名（包含五县二区传媒中心及嘉报、嘉广集团）中，海宁市传媒中心媒体指数、媒体融合指数、微信指数，均列嘉兴市第一，客户端指数列嘉兴市第二。"大潮网"微信公众号在全国县级媒体微信百强榜中稳居前三。

2.1.4.3　平湖市传媒中心

2021年，平湖市传媒中心以内容建设为根本、先进技术为支撑、创新管理为保障，为打造"重要窗口"最精彩板块的新崛起之城提供有力舆论支撑和强大精神动力。

做优报道，唱响主旋律。围绕建党百年、党史学习教育、数字化改革等重大节点、重要活动、重点工作，全媒联动开设《奋斗百年路 启航新征程》《唱支赞歌给党听——奋斗百年·十全拾美》《学党史 悟思想 办实事 开新局》等大型主题专栏、系列报道近100个，推出新闻报道7000多篇。开展"讲百物故事 学百年党史"系列活动。以短视频＋H5的形式，邀请百人讲百物故事，推出相关内容100篇，总阅读量近百万，结合数字化改革，开设线上展馆，展示主题活动成果。

数字赋能，拓展新阵地。升级完善"今平湖"客户端2.0版本，完成"南湖初心讲堂""智慧食堂""慢直播""文明吧""社区"等功能模块的建设和上线，进一步丰富客户端的政务、服务功能。"今平湖"客户端下载量超4.8万次，开展地推活动20多场。乐享直播间开展直播超百场，粉丝总量突破48万人。2021年，累计发布抖音短视频280个，总播放量达1500多万次，其中播放量百万级以上作品17个，千万级以上作品1个。"今平湖"视频号累计推送视频105个，浏览量1500多万次，点赞量30余万次，最高一条播放量1100多万次，点赞量22万次。

做精品牌，提升影响力。外宣工作有声有色，截至2021年底，浙江卫视用稿超过110条，"中国蓝新闻"客户端蓝媒头条120多篇，"浙江新闻"客户端头条20多条，浙江之声用稿109件。截至2021年9月底，在嘉兴台电视录用篇数和得分均居嘉兴第一。6—10月，先后三次邀请中央广播电视总台国际频道前来采访农开区外国农业专家、西瓜灯文化节、棒球村等内容，并通过外国主持人安泽的视角，展示平湖城乡建设新貌。其中《农业硅谷里的洋专家》和平湖西瓜灯文化节的节目分别于9月19日和11月7日在央视国际频道播出。创优工作再创佳绩。2021年共获省一等奖作品1件，省二等奖作品1件，省三等奖作品5件，获嘉兴市级新闻奖一等奖作品7件，获奖数量及名次在全省县级媒体中名列前茅。平湖市传媒中心在浙江省2021年对农节目服务工程建设考核中广播、电视双双获得优秀，是嘉兴地区唯一一家。

提升素质，锻造硬队伍。围绕党史学习教育、党风廉政建设开展"传媒学堂"，开展"光合计划"业务知识培训活动，提高队伍专业素养。全年组织开展节目、版面抽查，开展好新闻评选活动，实施"差错减量、提质攻坚"行动，促进提升节目版面质量。2021年通过组织记者、主持人参加嘉兴重大主题新闻、广电和新媒体新闻创优等各类业务培训，提高全媒体记者采编业务能力。

2.1.4.4　桐乡市传媒中心

2021年，桐乡市传媒中心以党史学习教育为主线，以深入推进媒

概况篇 1
实践篇 2
创新篇 3
人物篇 4
理论篇 5
作品篇 6
展望篇 7
附　录

体融合为主轴，锚定"全国上游、全省一流"建设目标，加快打造县级融媒体中心发展的"示范窗口"。在确保安全刊播的前提下，实现新闻主业、产业经营、队伍建设的长足发展。

（1）沉谋研虑，精益求精讲好桐乡故事

2021年，围绕新闻宣传积极探索实施"采编一体"改革，在做好重大主题报道集中策划的基础上，重点突出平台"二次策划"，打造新媒体、广播、电视、报刊相互引流、协同推进的融媒体宣传矩阵。一是做好建党百年宣传报道。推出了"奋斗百年路 启航新征程"大型融媒体主题报道。开设《百年荣光桐心向党》专栏，累计刊播报道50多篇次；推出《百年党史天天看》《万名党员话初心》等专栏；开设《学党史 悟思想 办实事 开新局》专栏，就桐乡各地开展党史学习教育的典型做法进行集纳，各平台累计推出报道200多篇。开设《日访夜谈 桐心为民》专栏，把办实事、解难题、增强群众幸福感作为检验党史学习教育成效的第一标准，累计推出报道40多篇。二是做好文明城市创建宣传报道。开设"创建全国文明城市桐乡在行动"大型融媒体主题报道，各平台总计推出报道500多篇次。三是围绕中心做强主题报道。贯彻落实市党代会、三级干部大会、两会精神，开设《唯实惟先、善作善成争先创优大比拼》《项目为王实干为先》《数字赋能，改革争先》等专栏或系列报道100多组，为经济高质量发展积蓄动能。同时，新推出《凡人故事》等民生专栏，传递媒体正能量。截至2021年12月，各平台累计刊播各类原创稿件10000多篇。

（2）同心戮力，多端发力传播桐乡声音

融媒体产品开发持续创新。紧盯技术前沿，利用数字技术手段，推出多维度数字媒体新闻产品。在市党代会上，原创开发"AR看桐乡'十三五'"终端产品；市两会期间，策划推出《天眼看桐乡》《跃然纸上读报告》两组数字媒体产品，创新探索数据类新闻报道模式，先后被新华社、"中国蓝新闻"、"浙江新闻"等平台录用，总点击量突破50万次。还制作推出了《华灯璀璨这样的桐乡令人心潮澎湃》《坚守决战夜》《众志成城迎战"烟花"》等高流量短视频，单条视频最高点击量达到"百万＋"。全年各平台共制作推送各类短视频

1000多条。推出乌镇西栅、凤凰湖等慢直播点位，获得"央视新闻""中国蓝新闻"等客户端拉流。

平台传播数据持续提升。对重大活动实行全程直播，包括《桐乡市三级干部大会》《桐乡市经济工作大会》《桐乡市创建全国文明城市（国卫复查）动员大会》等，各平台总观看量突破60万人次。《永远跟党走同唱一首赞歌》总观看量达到25万人次。在迎战台风"烟花"过程中，利用融媒体指挥云平台，首次开展多点位融合直播，打通了大屏现场直播、摄像头慢直播、广播可视化直播、电视连线直播、手机端直播、客户端图文滚动直播等6个模块，实现了多场景直播样态的呈现和统一调度，直播观看量突破20万人次。据统计，2021年，传媒中心共组织开展各类直播活动110多场次，总观看量达到1300多万次。

2.1.4.5　嘉善县传媒中心

2021年，嘉善县出台《关于支持嘉善县融媒体中心建设的若干意见》（善委办发〔2021〕1号），通过优化资源配置、扶持传媒集团推动产业发展、开展人才引育和财政支持保障发展活力等方式，不断建强用好县级融媒体中心，推动媒体深度融合发展。

（1）加强基础设施建设，打好主流舆论平台坚实基础

推动平台技术"融合"。依托"中央厨房"技术平台，实现了各业务系统的互联互通，相关的媒体素材资源共享，明显提高了信息交换效率，为采、编、审、播等管理一体化服务提供支撑。接入"天目云"技术平台，实现在新闻采集、生产、分发、接收、评估、反馈等环节的智能化全流程应用，将电视、广播、报纸及新媒体汇聚一体，形成了包含报、台、网、端、微、视等形态的媒体融合体系，打造形成了统一管理、统一运营、统一发声的综合媒体矩阵。升级"IN嘉善"客户端作为"云上嘉善"平台建设的市民客户端项目，整合政务服务、交通出行、医疗教育等便民服务资源，开展新闻资讯、学习教育、商务娱乐等民生服务，打造智慧城市的综合服务平台。

加强融媒体人才队伍建设。在现有政策框架内，按照岗位设置、经营需要，同步引进新闻采编播等技术人才、引进影视、短视频等产

概况篇 1
实践篇 2
创新篇 3
人物篇 4
理论篇 5
作品篇 6
展望篇 7
附 录

业人才，加强全媒型人才培养，丰富人才培育途径和机制，打通编外人才的成长通道，推行首席记者、首席编辑、首席主持人、首席创意师、首席工程师等首席制和导师制。

（2）发挥融媒体作用，凝聚推动经济社会发展力量

做好主题主线宣传。精心策划、创新手法，充分利用融媒体平台优势，发挥采编播和新媒体力量，通过专栏、系列报道等，切实做好党的十九届五中全会、市委全会、县委全会主题宣传，全面推进党史学习教育、"双示范"建设、共同富裕先行典范、全国文明城市创建、疫情防控复工复产等重要宣传报道，力争做到宣传有"广"度、内容有"深"度，形式有"亮"度。

推动"媒体＋"延伸服务。探索建立融媒体中心与政务大数据中心协助机制，借力阿里巴巴城市智慧大脑建设，全面升级以"IN嘉善"客户端为主要载体的综合服务平台功能，打造"指尖上的政务服务中心"，打通融媒体安民便民惠民利民的"最后一公里"。创立公益品牌"爱心助农帮帮团"，通过直播、广播电视对农节目、《嘉善版》刊登等方式，协助农民做好产品销售，彰显媒体公益力量。常态化舆论监督，发挥电视问政、文明巡访团、"新闻聚焦"等作用，以舆论监督促进经济社会民生等各相关问题的解决，进一步融洽党群、干群关系，提升政府执政形象，提高政府公信力。

（3）彰显融合发展成效，营造良好舆论氛围

稳步有序推进媒体融合，积极打通嘉善县建设媒体矩阵关键节点，进一步放大全媒体矩阵的效能，加快构建全县大宣传格局。展现新媒体矩阵成效。2021年累计发布《县级规划上升视为省级规划编制！一体化示范区首个片区系列重点规划发布》等相关报道4.8万条（篇），实现点阅量2.17亿余次，共录用相关报道4500余条篇。2021年新媒体矩阵用户数超过180万名，2021年至今，"嘉善发布"微信公众号阅读量3次突破10万，"IN嘉善"客户端"100万＋"的报道有1条，最高点阅量超150万次，"地嘉人善"抖音号"100万＋"的视频作品5个，均创历史新高。

2.1.4.6　海盐县传媒中心

2021 年，海盐县传媒中心全力打造有传播力、引导力、影响力、公信力的新型主流媒体，为海盐县经济社会发展提供强大的宣传舆论保障和精神文化支撑。

聚力融媒新语态，"原汁盐味"抖出新盐值。2021 年，传媒中心发力短视频，"原汁盐味"抖音号攻下一块新的舆论阵地，在省委宣传部对县级融媒体中心数据的排名中居全省县级第一。一是开局即奔跑，用户数从 0 到 30 万名，增速居嘉兴全市第一，总用户数在同行业中处于领先地位。二是流量实现从千万到亿的蝶变，"原汁盐味"抖音号总流量超 20 亿，海盐地理标签展示超 13 亿次。三是立足本地、辐射长三角，围绕中心工作、社会热点，打造爆款短视频。2021 年全年发布短视频作品 2000 余部，百万以上流量的爆款作品 172 部。现象级作品《天安门前的朗诵女孩冯琳》在"海盐发布"视频号获得近500 万流量，点赞、转发量 15 万次左右。海盐首发，引爆全网，全网传播 10 亿次以上。台风"烟花"过境期间开展"原汁盐味"抖音号实况直播，单场在线人数近 1700 万人。浙江疫情期间，"原汁盐味"45条作品流量超 500 万次，单条最高 3797 万次。推出"Dou 出新盐值"短视频公益活动，累计视频播放量 1.9 亿次，获赞 155.7 万次。

瞄准大台大网大端大平台，争取"大稿件"。2021 年，内宣氛围浓厚：以庆祝建党百年为主线，全年策划推出了《牢记嘱托　蝶变跃升》等 83 个专题专栏，刊发稿件 11000 余篇，同比增长 10%。其中党史学习教育、党的十九届六中全会等主题报道共刊发刊播相关稿件 1100 余条。外宣创新高：全年市级及以上外宣用稿 2836 篇，创历史之最，其中央媒体 149 篇次。在"学习强国"平台实现突破，获评2021 年度"学习强国"浙江学习平台优秀供稿单位，成为嘉兴地区唯一获奖单位。广播连续剧《步鑫生》获评县级融媒体优秀作品。

数字赋能，成立大数据公司。深入贯彻省市县数字化改革的决策部署，成立海盐县大数据运营公司，为海盐县构建既符合上级工作要求又具有海盐鲜明辨识度的数字化改革体系，实现在全省数字化改革赛道上领跑快跑、走在前列，贡献传媒力量。一是对自然灾害综合风

概况篇 1
实践篇 2
创新篇 3
人物篇 4
理论篇 5
作品篇 6
展望篇 7
附 录

险普查成果应用平台、数字门户建设等县级的重点系统开发任务。二是对接重大应用项目共计7个，包括法小督、浙企有数、平安e骑项目、老兵码、幸福河湖、浙无舆、耕保一件事。

技术为核，发展传媒特色智慧信息产业。依托"盐津豆"电商平台，设计开发"工会会员盐粒子""疗休养支付通""云上食堂"等模块，发放政府消费券。积极推动职工疗休养数字化改革，联合县总工会、县文旅局上线"疗休养云超市"多跨应用场景，获评2021嘉兴市文旅消费创新案例。

2.1.5 湖州市

2.1.5.1 德清县新闻中心

2021年，德清县新闻中心发挥媒体深度融合和聚合共振效应，推进各项工作取得新进展。先后获2021年度浙江省广播电视安全播出先进集体荣誉称号、2021长三角广播电视媒体融合优秀案例网络人气奖、"学习强国"全国县级融媒体中心优秀作品双月赛三等奖，获浙江省政府新闻奖一等奖2次、二等奖2次、三等奖6次。作为全市唯一挂牌省新闻道德建设基层联系点，先后承办了中国记协中西部协作交流公益项目浙江分会场启动仪式、浙江广电集团共同富裕看"浙"里大型融媒行动启动仪式、长三角县市（区）数字乡村赋能广播融媒体活动。

一是融入中心、服务大局，舆论引导精准有力。围绕主题主线推出了《打造双一流全国文明城市》《奔向共富路打造示范县》等20多个栏目6000余篇报道。外宣方面在中央、省、市等各大媒体共刊发2000余条。其中，《人民日报（海外版）》头版3条，《光明日报》头版1条，新华每日电讯头版4条，新华社内参一件。中央电视台《新闻联播》25条（头条3条、单条1条），中国之声《新闻和报纸摘要》《新闻联播》9条，央视专题片11条。

二是借智借力、创优创新，加快构建智媒传播新体系。首期投入6000万元完成融媒体中心改造提升，引入自动拆条、智能校对等多款媒体机器人及 6 个沉浸式演播场景，新闻采编效率得到有效提升。加大短视频、可视化等新闻产品制作，累计创作发布 500 余条，其中《杭州二绕德清段免费》系列短视频在抖音平台播放量突破 860 万次。

三是立足本土、克难攻坚，加速培育产业品牌见成效。积极承接第四届莫干山会议、全县科技创新大会、游子文化节等各类大型会议活动 50 余场。"德清云豆"项目自 2021 年 5 月上线，已签约机关、企事业单位 108 家，开户数 6785 人。平台已入驻可消费商户 165 家，250 多个门店。改造启用德清县少儿艺术培训中心，开设《出彩少儿星》栏目，播出 70 余期。

四是革新管理、项目为王，全面保障阵地发展硬实力。有序推进车联网工程建设，顺利完成第一阶段 166 千米工程验收，高效完成 2000 路雪亮工程监控头更换等重点工程。成功开展大数据局视频共享平台、博物馆文物监控项目、治安小区一期建设等建设。更换新一代加密卡系统的央视卫星接收机，投入 30 万元建设乾元山无线发射台围墙，构建安全播出屏障，顺利完成了建党 100 周年活动重要保障期广播电视安全播出各项工作。

五是内外联动、靶向发力，锻造高素质媒体队伍。与浙报湖州分社联合成立"融媒共享"党建联盟。围绕宣传贯彻十九届六中全会精神"六讲六做"大宣讲活动，建立记者宣讲团，在访谈互动中践行使命担当。全年共派出 8 名年轻记者到杭州等地进行短视频、主题新闻策划等方面的培训。派出 3 名骨干分别到浙江日报湖州分社、央视浙江记者站挂职锻炼，提升业务能力素质。加强对各项制度落实情况的监督检查，2021 年，在制度落实情况专项检查中运用第一种形态 8 人。

2.1.5.2 长兴传媒集团

2021 年，长兴传媒集团以数字化改革为引领，以媒体融合为核心驱动力，勇于创新，加速打造全国一流区域互联网信息服务提供商。

紧扣中心，主题宣传有声有色。策划推出《奋斗百年路 启航新征程》《大抓落实比学赶超》《共同富裕新征程》等 32 个重大主题报道，为全县中心工作营造了比学赶超的浓厚氛围。强化移动端首发，累计发布短视频 10492 条，长兴发布累计推送 2461 条，在建党百年、

概况篇　1
实践篇　2
创新篇　3
人物篇　4
理论篇　5
作品篇　6
展望篇　7
附　录

疫情防控、长兴两会、党代会、防汛防台等重要节点，发挥积极的宣传作用。

完成《长兴榜样颁奖典礼》《传奇中国节端午》等大型主题活动180场，完成《逆风飞扬》《跨越5000公里的爱》《嗨长洽会》等专题片87部，特别策划《你好，南太湖》网络文化宣传季系列活动，《融媒体直播：太湖不再倾斜》等直播活动超20万人次观看。

找准路径，突出重点，融媒向智媒全面转型。持续推进移动平台建设，完成"掌心长兴"客户端4.2版本迭代升级，"掌心长兴"客户端下载量118万次，注册用户数36.28万名。全年新闻总发稿量40979条，日均阅读量18004次，日活66088人。"掌心长兴"客户端社区新闻板块通过用户激励、话题策划、关系维护等方式，坚持引导用户发帖和互动，日活量逐月上升，最高达202593次。抖音粉丝数180.6万人，快手粉丝数63.5万人，"掌心长兴"视频号粉丝6881名，单条最高阅读量30.1万。同步以智行、世相两大工作室为主力军，打破传统横屏制作方式，首推竖屏拍摄、竖屏剪辑、竖屏成篇，共完成《两会面对面》《优秀党员》《早餐长兴》等短视频300多个。

突出政治，狠抓党建，队伍活力全面彰显。始终牢记"党媒姓党"政治责任，全面落实新时代党的建设总要求，强化人才队伍建设。中心全年开展理论中心组集中学习12次，党性党纪教育一刻钟117次，周一夜校学习200多次。

2.1.5.3　安吉县融媒体中心

2021年，安吉县融媒体中心在县委、县政府正确领导下，在县委宣传部精心指导下，秉持"融合、创新、跨越、共生"发展理念，以"新闻＋政务＋服务＋商务"发展定位，通过推动县级媒体在加强基层舆论引导、便利群众生活、提升社会治理等方面更好地发挥作用，县级融媒体建设持续走在全国前列。

2021年中心共获得17项国家级荣誉、40项省级荣誉、57项市县级荣誉。2021年5月，中央深改委专题介绍安吉县媒体智慧融合经验；中宣部确定"爱安吉"客户端为全国7个示范项目之一（全省唯一）；2021年获评全国广播电视媒体融合先导单位；在省委宣传部委托第三方考核中获全省县区政务新媒体综合实力第一名。广播新闻专题《安吉有个"矛盾终点站"》获评第31届中国新闻奖；广播消息《抱团抱出个金娃娃 20村分红千万元》获2019—2020年度中国广播电视大奖；连续14年广播电视均获浙江省对农节目考核优秀；连续3年是浙江新闻奖（广播电视类）一等奖唯一获得县（共获得14个一等奖）；2020年度首次实现浙江广播电视新闻协作双双特等奖；电视纪录片《三官》在第五届（2020年度）浙江省纪录片"丹桂奖"评选中获优秀微纪录片奖；获得2021长三角广播电视媒体融合先导单位。

（1）精耕细作重主业，持续提升主流舆论引导力

推出《贯彻全委会开启新征程——我和我的团》《贯彻全委会奋战开门红》《咱们村社有力量》等主题报道超过50个、4000余篇次，营造"十四五"开局之年凝心聚力干事创业的浓厚氛围，不断提升高质量赶超发展的内生动能。围绕建党100周年、数字化改革、"白叶一号"帮扶和乡村振兴等主题，借助央视、中国之声、卫视、浙江之声等中央、省级媒体，讲好安吉故事。在浙江卫视、蓝莓号、浙江新闻App等省级以上主流媒体刊发稿件500条（篇）以上，在央视发稿180条，其中央视《新闻联播》26条，专题超过20档。全链条打造曝光追踪平台，开设监督专栏《新闻观察》，开展跟踪式追击、图文式反馈，形成监督闭环报道手段，倒逼解决一批难点问题，助推相关工作提质增效。

（2）融合创新强突破，加速培育新兴产业添动力

全年承办《2021中国·安吉白茶开采节》《2021年全省文化和旅游系统应急演》等各类直录播活动138场，平均点击量都在10万以上。推出穿越机拍摄技术、VR全景视频业务，完成各类宣传片短视频128部。积极与省广电局、省广电集团、省学会开展全方位培训合作，全年培训人次数千。少儿培训取得了很好的经济效益与社会效益，开展活动近百场。全力做好广播、电视、报纸、有线网络、微视频、"最安吉"抖音号、"爱安吉"App、安吉发布与"最安吉"微信公众号等各个平台。打造"十分"海报、"遇见安吉"vlog、"源"视频、"算术"直播等一批本土知名文创品牌，成立播客联盟，发送"安吉发布"

概况篇 1
实践篇 2
创新篇 3
人物篇 4
理论篇 5
作品篇 6
展望篇 7
附 录

推文 2270 篇，总阅读量 853.1 万次；发送"最安吉"推文 1491 篇，总阅读量 178.8 万次。

（3）夯实智创提发展，对标业内一流激发创造力

构建便民服务掌上办。截至 2021 年底，"爱安吉"客户端下载量超 100 万次，注册用户 20.8 万名，日活跃度 25.2%。同时，整合全县 20 余个部门数据，上线安吉天气、5189000 民生服务热线等 20 余个生活服务应用，基本覆盖民生需求。集成全县 3 万多个视频监控，开发上线"瞰安吉"应用，上线"云工益""两山智选"等应用。在常规购销基础上，开展农产品在线预约、直播带货等活动，助力本地优质农产品实现"内循环"。2021 年全县共 221 个工会 18522 人通过"云工益"平台购买对口帮扶礼包，实现帮扶资金 555.7 万元。

构建数字赋能新平台。整合全县数字资产，谋划设计方案，启动数字精细化运营模式，建设多个智慧数字化应用场景，做大做强数字产业。以 1 + 3 + N 建设模式（1 即数字乡村数据仓，3 即数字乡村一张图、一窗受理、一窗办公，N 即代表智慧旅游、居家养老、智慧农业、垃圾分类等多个应用场景），正积极推进天荒坪未来社区、灵峰街道全域和孝丰五村联创智慧旅游和数字乡村项目建设，逐步实现县域全覆盖。

构建智慧网络显新效。在全国有线行业趋势整体下沉的背景下，通过网格化考核、服务入村入户、网络质量精细管理，采用大力办节办会等异业合作，开展智慧校园、智慧旅游、雪亮工程、灵峰湖智能化等一系列项目建设，以及不明线路的整治，实现了新发展高清电视用户 1652 户，新增互动用户 5194 户，新增宽带用户 4028 户，实现网络全年营收 1.6 亿元。

（4）多措并举组合拳，改革赋能考核管理强实力

突出人才强基。坚持事企分开，组建安吉新闻集团有限公司，实行现代企业管理制度。打破行政级别、实行职位聘任，打破身份界限、实行全员聘用，打破平均主义、实行绩效考核，解决职务能上能下、待遇能高能低、人员能进能出的问题。立足内部挖潜，创造干部发光发热平台。注重对外引智，与武汉大学、浙江大学等双一流高校建立

合作基地，常年开展产学研合作。创新人才引进方式，以邀请实习、年薪制、柔性引进等多种形式，加大对软件研发、新媒体等紧缺岗位人才引进力度。坚持以绩效考核导向为主、基本待遇为辅，实行全员绩效考核。改"身份管理"为"岗位管理"，改"主观评价"为"量化考核"。绩效坚持向一线倾斜，实行行政岗位和业务岗位双通道管理，通过合理公平的绩效考核制度，留住人才、吸引人才，2021 年，融媒体中心聘有各级星级记者 16 名，建有拔尖人才工作室 5 个。

2.1.6 绍兴市

2.1.6.1 上虞区融媒体中心

上虞区融媒体中心建立了"1＋3＋10＋N"媒体传播平台，旗下有《上虞日报》《新商都周刊》《教育周刊》和"新闻综合频道""文化影视频道""新商都频道"，以及上虞广播电台等传统媒体，运营"百观"App、上虞新闻网、"上虞发布"、"百观新闻"、"上虞融媒"、"上虞之声"微信公众号、"看上虞"抖音号、"百观新闻网"视频号等 10 个新媒体平台，全媒体用户数超 100 万名。区融媒体中心着力加强外宣外联，据不完全统计，2021 年在央媒刊播新闻 230 余件（篇、幅），在省级媒体上刊播的作品超过 700 件（篇、幅）。在 2021 浙报·融媒共享联盟合作传播力月榜中，5 月、12 月均居绍兴市第一。

"百观"App 于 2020 年 5 月 28 日成功上线，其集聚了本地新闻、热点视频、民生服务、全媒体矩阵等内容，实现了"报刊、电视、广播"新闻资源在"百观"App 同步阅读观看。上线 7 个月后，"百观"客户端用户数超过 7.7 万名，通过线上线下的互动，用户黏性和活跃度持续增加，App 知晓度与参与度持续提高，客户端月活跃度超过 4%，最高点击阅读量破千万。"百观"App 获 2021 年度浙江省县级融媒体中心优秀天目号。

按照"业务倾斜、精简归并、移动优先、融为一体、资源整合、绩效激励"六大原则，融媒体中心加快深化融合的改革步伐。依托融媒体平台，通过采编播流程和组织结构的优化和重构，推进报、台、

概况篇 1

实践篇 2

创新篇 3

人物篇 4

理论篇 5

作品篇 6

展望篇 7

附　录

网深度融合。打破报纸、广播电视、新媒体等采编框架壁垒，将采编人员聚合在一起进行"统一报道部署、统一策划主题、统一组织采访、统一编发稿件"，实现集约化、全媒体化运作。上虞区融媒体中心已完善"三定方案"，重新研究制定和完善内部管控制度和绩效考核管理办法，并完成传媒集团的组建方案。同时进行组织优化，完成了区融媒体中心领导班子的分工安排，并拟定部室架构和中层干部调配方案，待"三定"方案批复后一同实施。

以内容优势赢得发展优势，强化精品创优意识，2021年围绕建党100周年系列宣传报道，重点做好"百年光辉耀亮娥江——大型融媒宣传行动寻访红色印记"专栏，围绕探索建设具有上虞辨识度的共同富裕美好社会，策划推出"共同富裕新征程"专栏，探索多角度报道，推出"六中全会精神在基层"专题报道，把学习宣传贯彻十九届六中全会精神与党史学习教育等主题紧密结合，报道全区学习热潮。聚焦民生热点，以《每周一问》《民生一线》等民生栏目品牌的打造为抓手，做强民生新闻服务内容，打通新闻宣传"最后一公里"。以技术创新适应变化，积极运用新技术、新手段强化表现力，短视频、慢直播、vlog、定格动画、H5图文等新形式使人耳目一新，提升用户黏度、传播力度。经过前期的准备改造，2021年12月，电视高清频道开始试播，通过实现电视高清演播室和转播车、非编媒资、其他融媒体平台等系统的互联互通，在技术层面有力支撑起媒体融合发展的多元需求。

上虞区融媒体中心充分发挥全媒体平台的内容资源、用户资源和影响力资源优势，增强线上线下全面结合的互动传播，以"本土化新闻，本地化服务"为目标，积极探索"新闻＋政务＋服务"运作模式，承接文化、演艺、庆祝、庆典等各类活动，与各个单位联合开办专栏专版等，多样化提供政务服务、生活服务、社交传播、教育培训等综合服务，多渠道拓展经营，工作开展有力有序，经营创收平稳增长。

通过业务培训、技术比武、岗位练兵、金点子征集等，有效促进全员业务技能的提升。中心搭建红色课堂、融媒学堂、岗位比武等三大载体，着力提升人员专业素养。邀请多位浙江新闻战线上的资深编辑、记者开讲授课，为广大干部职工提供了开拓媒体视野、交流沟通共促融合的平台。以点带面，加快培育名记者、名编辑、名主持人、名评论员，组织开展第一期师徒结对的青苗计划，开展采访报道、拍摄、制作、播音等六项专业技能比拼，营造比学赶超的良好氛围，提振干事钻研、精进技艺的积极性。

2.1.6.2　嵊州市融媒体中心

2021年，融媒体中心发挥绍兴地区首家成立的县级融媒的先发优势，整合新资源，创造新供给，满足新需求，在媒体融合上半场以"一融"带"多融"，打出了制度重塑、流程重建、服务拓展等为一体的"组合拳"，以绷紧弦、拉满弓、铆足劲的精气神，逐步打开县级媒体融合发展的新局面。

（1）制度建设"有破有立"

破除融合屏障：坚持以制度抓人促事的理念，对机构管理制度进行重新梳理，确立36项规章制度，形成《制度汇编》和《风险防控实施手册》，完善绩效考核体系，塑造全新的管理流程，推进中心架构、人员调整融合，实现人员集中、管理统一、指挥一体。

破除采编藩篱：根据媒体融合发展现状，梳理完善宣传管理机制，确立《审稿（审片）制度》《新闻宣传差错处理办法及应急预案》《全平台改版实施方案》等一系列制度，完善新闻采编流程，明确职责分工，提升传播力、影响力和引领力。

（2）重点工作"担当有为"

精心策划"七个一"建党百年主题宣传，报纸、广播、电视、微信公众号、视频号、App等多平台联动，持续形成全年宣传热潮。紧紧围绕贯彻党的十九届六中全会精神、推进共同富裕、打造县域样板等中心工作，开设专题专栏，累计推出报道1000多篇，着力营造浓厚的发展氛围。持续关注疫情防控系列工作，迅速推出直播，将新闻综合频道改为防疫频道，第一时间播发各类防疫信息，切实加强宣传引导。改版推出《今日关注》，强化舆论监督。

加强对外宣传，"电机厨具""核桃树之恋""家乡至味"等一批作品在央视、新华网等国家级主流媒体刊播，宣传了嵊州正能量。截至2021年11月，在央视、中国之声播出共计37条，在浙江卫视、

概况篇 1
实践篇 2
创新篇 3
人物篇 4
理论篇 5
作品篇 6
展望篇 7
附　录

浙江之声的播出量排名居全省各县（市、区）前列，完成"天目新闻""中国蓝新闻"客户端大型直播活动7次。

（3）媒体融合"走在前列"

进一步完善编务会议常态化运行机制，整合采编力量，运行"中央厨房"体系，打通"信息孤岛"，实现"一次采集、多种生成、多元传播"全链条融媒采编传播体系，广播、报纸、电视和"爱嵊州"App、系列微信公众号、视频号集结发力，开展差异化竞争和合作，全面占领舆论引导制高点，传播力指数居绍兴市前两位。

上线启动"天天有直播"，常态化开展活动直播、新闻直播、商业直播和慢直播，探索推出广播节目视频化、异地直播、12小时直播等多种直播形式，打响直播品牌，全年各平台累计推出直播150场，总围观量达350万余次，由此带来收益130万元。抓住"短视频"这一新型传播手段，全年共推送短视频1000多条，有效扩大传播影响力。

（4）产业发展"双轮驱动"

全面调整广告经营体制，推动融合运作，广告经营从单一的刊发逐步转型为"媒体品牌＋全案策划＋广告宣传"的综合营销，通过优质服务和创新手段，推动传媒产业深度融合、转型升级、做大做强。充分发挥传媒优势，拉长产业链，积极培育会展、文创等新兴产业，取得较好收益。

每两月召开一次经济分析会，加强对经营创收工作的分析研判。成立产业发展工作专班，抽调精干力量，融合开展智慧类、平台类、数字类等业务拓展工作。依托App开发的"大食堂"项目有序推进，备受青睐。抓住数字化改革契机，致力推进各类智慧项目建设，承接实施公安三期视频监控项目、农村家宴中心"阳光厨房"监控项目、智慧礼堂项目、杭绍台高铁沿线监控项目、"城市通"App项目、乡镇户外电子宣传屏项目等，积极向智慧工程服务商转型。

（5）人才梯队"特色鲜明"

制定12项技能业务清单，将技能成效作为考核的重要指标，推动采编播人员主动转型，成立主持人品牌发展中心，深化播音主持融合管理。加强干部挂职锻炼，选派优秀年轻职工到综合部门挂职学习。

以赛代训,组建团队参加省、市各类比赛,取得优异成绩,两名职工被授予"全省广播电视技术能手"称号。在中心内部开展全员创作年赛活动,形成争先竞优的浓厚氛围。

强化正向激励,开展首席职务评聘工作,聘任首批8名业务首席,并成立工作室,让拔尖人才有荣誉、有待遇、有地位,切实发挥业务骨干引领作用,创新人才梯队培育模式。

积极谋求外部合作共建,聘请特约记者,引导社会力量参与宣传工作。通过"社区"引入全市各界"大咖"和各级各部门信息员参与打造越剧、教育、健康、美景、美食、互助等各个模块,共建共享融媒大平台,逐渐形成舆论引导优势。

绍兴市的柯桥传媒集团、新昌县融媒体中心也在融媒体中心的建设上取得了进展。

2.1.6.3 诸暨市融媒体中心

(1)坚持一体化发展方向,推进媒体融合向纵深发展

进一步完善制度建设。2021年,中心先后出台《诸暨市融媒体中心采编播发审核制度》《诸暨市融媒体中心特约记者、通讯员稿酬及报料奖发放管理办法》《诸暨市融媒体中心影视业务外包采购工作流程及规范》等采编相关制度,坚持制度管人、制度管事、制度管权,对报台网微端实施标准管理,完善覆盖新闻生产全流程的分层分级采编播发审核制度。以制度化推动全平台统一使用天目云系统,推行日报题、周督查"报题机制",切实推动全媒体平台运行机制顺畅、安全、有效。

(2)强化舆论引导能力建设,巩固拓展新闻宣传主阵地

2021年,中心以报台网端为依托,围绕市委、市政府中心工作,积极打造优质融媒产品,用更浅显易懂、喜闻乐见的形式弘扬主旋律,掀起全方位、立体式宣传热潮,彰显了主流媒体的责任与担当,有力提升了融媒矩阵的传播力和影响力。

做精做强主题报道。2021年以来,中心紧扣党史学习教育、共同富裕精神文明高地试点、数字化改革、新时代文明实践全国示范区、全国文明典范城市、疫情防控等主题主线,做深做精重大主题宣传,

概况篇 1
实践篇 2
创新篇 3
人物篇 4
理论篇 5
作品篇 6
展望篇 7
附　录

弘扬主旋律、提振精气神、传播好声音。相继开设《展望'十四五'奋力开新局》《文明实践　好美诸暨》《全面推进数字化改革》《党史学习教育"三为"专题实践》《推进共同富裕　打造诸暨范例》《奋斗百年路 启航新征程》《我们的奋斗》《建设重要窗口　展现诸暨风采》《一起学习》等重点栏目，为诸暨市打造"杭绍同城"新高地，推动招商引资新突破，擦亮"枫桥经验"金名片，不断巩固拓展疫情防控和经济社会发展成果，提供了坚强的舆论保障。

（3）拓展媒体经营渠道，构建媒资经营新格局

2021 年，中心旗下各平台充分发挥文化创意特色优势，创新设置载体，先后开设《健康公开课》《荷花朵朵》《诸暨普法》《法润诸暨》等联办节目，进一步拓展合作模式，从短视频、长视频、H5、直播、会展、商务等多方发力，与多个部门、镇街建立了战略合作关系，实现多方共赢。首次尝试与国家级媒体合办联营的模式，让大型活动做出新意。庆祝建党 100 周年大型情景朗诵剧《诗意中国 红色诸暨》在线观看数 70 多万人次，得到了中宣部、中国教育电视台相关领导的高度评价。绍兴市委常委、诸暨市委书记沈志江和市委常委、宣传部部长王孔羽分别做出批示肯定。同时，集团不断拓展线下活动，《夜读的萤火虫》《童声读书会》已形成了较强的品牌优势，2021 年以来成功推出 46 位嘉宾的访谈节目，其中文学界嘉宾 9 人，书画界嘉宾 37 人，推出相关微信 230 多篇。春季及端午车展、房产家装类新媒体宣传、山下湖珍珠产业工程师协调创新中心设计布展等活动为中心拓宽营收渠道的同时，也赢得了市场的认可。中心预计完成经营收入超 4000 万元，毛利润约 3000 万元，营收目标完成率超 130%。与 2020 年相比，营收及毛利润均有一定幅度的增长。

2.1.7　金华市

2.1.7.1　婺城区新闻传媒中心

2021 年，婺城区新闻传媒中心围绕"高水平推进'双城'战略迭代升级、奋力建设'五大名城'"的工作总目标，充分整合婺城融媒

各平台资源，以新闻宣传的力量聚焦全年任务落实，讲述婺城好故事，传递婺城好声音，把握正确舆论导向，筑牢意识形态主阵地，融媒事业取得跨越式发展。

重点围绕"攻坚争先在一线""学史力行·实事我来办"掀起建党百年宣传热潮，按照统一部署，全面动员，全面发声。在各媒体平台先后开设《百年传承·寻访红色地标》《百年风华·红色婺城》《百年辉煌·党员干部话图强》《百年印记·党的光辉照我心》《百年影像·礼赞新时代》《百年新征程》《党史宣讲》等10多个栏目，共推出原创新闻1000多条。

围绕"四攻坚四争先"、全面小康建设、数字化建设做好宣传报道。聚焦共同富裕宣传，推出专题、专版，聚焦贯彻省委全会精神，报道各部门、乡镇贯彻落实省委全会精神。围绕高质量发展建设共同富裕示范区，全媒推出宣传专题10个，报道30余篇。重点做好区委全会精神宣传，提前谋划，积极营造氛围，打造多媒体宣传矩阵，第一时间对全会的召开进行深度报道，并配发评论员文章4篇，推出一图读懂全会重点报道策划，围绕区委全会，策划《一张高分的半年"成绩单"！小布街采"听"婺城蝶变》专题，聚焦婺城在"双城"战略实践中的变化，开设百姓热议全会专栏，同时，派出新闻小分队，采写各地贯彻落实区委全会的具体举措。

抓住短视频快速发展的有利时机，整合力量，组建短视频联盟，做强做优短视频团队。2021年年初，《抗严寒保民生寒潮下护水人："听漏"修管守护每一滴水》在央视《第一时间》栏目播出，《三江六岸灯光璀璨 绚丽多彩年味浓厚》的新闻先后在央视《新闻直播间》和《共同关注》栏目播出，留婺人员的《五湖四海年夜饭》也在浙江卫视《浙江新闻联播》栏目播出。电视外宣在新年伊始实现开门红。在2021年的"两会"宣传报道中，中心充分运用"婺城发布"视频号、婺城融媒等多个平台，制作发布了10个短视频，为整个"两会"的宣传工作加分不少。在接种新冠疫苗的宣传中，制作了7个短视频，获得了较多的关注，在推进全面接种新冠疫苗工作中发挥了积极作用。

2021年，"婺城融媒"客户端进行了"白沙八景"落成典礼暨

概况篇 1
实践篇 2
创新篇 3
人物篇 4
理论篇 5
作品篇 6
展望篇 7
附　录

歌曲《闻着花香回故乡》全球首发式、婺城短视频联盟成立暨"建党百年幸福婺城"短视频大赛启动仪式、婺城区攻坚争先大比拼暨 2021 年第一批百亿项目集中开工等多场图文滚动直播，区领导做客浙江电视台《法治的力量》、2021"花满婺城·幸福生活"第五届雅畈杜鹃花节、"箬阳龙珍"国家地理标志品牌发布会暨婺城区第三届茶文化节、2021 金华·南山第六届竹文化节暨第三届婺城区农民网络文化节、第十二届中国茶花博览会"茶花产业发展论坛"等融媒直播，总阅读量达 530 万。

2021 年截至 10 月底，婺城在国家、省、市级主流党报党台、网站、新媒体见稿 5976 篇，其中：《人民日报》（含海外版）10 篇（比 2020 年同期增长 66.7%）；央视 38 次（含重复播放 13 次，除去重复播放量，比 2020 年增长 66.7%），其中央视《新闻联播》5 次（1 次登上央视《新闻联播》头条），均创历史新高；《浙江日报》85 篇（比 2020 年同期多 2 篇）；浙江卫视 69 次（含《浙江新闻联播》30 次，浙江卫视比 2020 年同期增长 43.8%，《浙江新闻联播》比 2020 年同期增长 50%）。

2.1.7.2　金东区融媒体中心

2021 年，金东区融媒体中心切实抓好新闻业务、队伍建设等各领域工作，在深度报道和重大事件报道中用心、用情、用力，为"高质量建设和美金东，高水平打造希望新城"提供更强的舆论支撑，为"争创高质量发展建设共同富裕示范区县域样本""勇当高质量发展生力军"交出高分新闻答卷。

同心同向，同频共振。围绕中心紧跟热点，全方位报道金东经济社会发展。主题报道浓墨重彩，节庆报道有声有色，用多个专稿＋专版的形式，多媒体、多角度呈现"和美金东，希望新城"。

移动优先，从优趋强。全媒矩阵纵深拓展，2021 年 1—11 月，"掌上金东"客户端发稿近 3000 篇；"金义新区"发布发稿上千篇；"更金东"发稿上百篇。2021 年，继续发力微信视频"金义新区"发布视频号浏览量超 1 万次的视频 26 条，超 10 万次的视频 4 条。其中，金义东轨道交通短视频浏览量超 100 万次。

强化组织、做强外宣。在上半年揭晓的 2020 年度金华新闻奖、浙江省县市区域报好新闻评选中，共有 20 件作品获奖。其中，金华新闻奖有 7 件作品获奖、省县市区域报好新闻奖有 13 件作品获奖。作品《经典重温·金东之春》系列获得浙江新闻奖三等奖，这也是金东区新闻界和区融媒体中心成立至今浙江新闻奖"零的突破"。

2.1.7.3　兰溪市融媒体中心

主题报道氛围浓厚。2021 年，兰溪市融媒体中心策划推出《聚力"三个年"奋进"十四五"》《胸怀千秋伟业 恰是百年风华》《习近平在浙江》等专栏。实施纺织智能织造、城市环境发展、李渔文化周、共同富裕的兰溪样板、创建全国文明城市、旅游发展大会、乡村振兴等重大主题报道 40 余个，呈现多角度、全方位、立体化的全媒体宣传阵势。

红色宣传浓墨重彩。围绕建党百年这一重大主题，精心策划组织"奋斗百年路 启航新征程"重大新闻行动，点面结合、全媒联动，红色主题氛围浓厚。党史学习教育宣传实现天天有画面、有文字、有声音，周周有亮点。《兰溪打造"流动微课堂"服务"两新"组织党员红色大巴开进物流中心》以及红色印记《严汝清——铁骨铮铮好男儿》、红色基地《莲塘岗：耀眼浙西的红色基地》、红色故事《九旬老人寿烈英："我的孩子出生在国民党监狱里！"》等一批重点稿被上级媒体采用。推出《唱支山歌给党听》网络 PK 大赛 MV21 期，全市近 40 家单位超 3000 人参赛。

重大活动保障有力。圆满完成全省防洪兰溪教学专题片的摄制工作，受到副省长刘小涛批示肯定。全力做好"兰溪日子有戏有味"兰溪文旅上海推介会、兰溪文旅品牌 IP 宣传等工作。全年承办追赶奋斗者颁奖晚会、建党百年信仰之光文艺晚会、"三月三"畲族风情节、枇杷节、杨梅节、企业家活动日、劳模颁奖晚会、李渔文化周、陈军艺术馆开馆等重大节庆活动。与浙江广电集团开展"一杯水"公益活动，承办蓝媒学院第五期培训班，全省百家媒体记者走进兰溪，聚焦、推介兰溪。

概况篇 1
实践篇 2
创新篇 3
人物篇 4
理论篇 5
作品篇 6
展望篇 7
附 录

2.1.7.4 义乌市融媒体中心

义乌市融媒体中心为庆祝建党百年营造浓厚氛围，为锻造高质量发展建设共同富裕示范区成功案例和高水平建成世界小商品之都凝聚强大精神力量。

紧紧围绕义乌市委、市政府中心工作，全力抓好建党百年、"义乌发展经验"15周年、十九届六中全会精神贯彻落实等重大主题宣传；聚焦数字化改革、共同富裕、"十四五"开局、重点工程建设、自贸区建设等重大主题，推出重点专栏专题50余个；圆满完成"义乌发展经验"理论研讨会、东义同城、人口发布、义乌两会、市委全会等重大报道任务；全面报道文交会、义博会、森博会、进博会等重大展会；全力做好抗风雨、抗寒潮等极端天气全方位宣传，彰显主流媒体的责任担当。继续打造好《民生深一度》《社区生活圈》《人文》《绣湖》等报纸品牌栏目和版面，办好《义乌新闻》《特别关注》《同年哥讲新闻》等电视品牌栏目。加强与浦江、东阳两地融媒体合作，推进义浦同城、义东同城广电信号资源互通、新闻资源共享。

2021年，在《人民日报》（含海外版）刊发报道22篇，《浙江日报》刊发报道102篇。央视用稿132条，其中《新闻联播》用稿24条，《焦点访谈》5次报道义乌发展经验；浙江卫视用稿415条，《浙江新闻联播》用稿138条；《中国之声》用稿72条，《浙江之声》用稿400条。在新华社、《人民日报》等国家级新媒体平台刊发100万＋作品33条，单条视频最高阅读量2837.7万次；"学习强国"平台用稿420条，居金华市各县市（区）第一，被评为2021年度"学习强国"浙江学习平台优秀供稿单位。

媒体融合纵深发展。以"爱义乌"微信公众号、"爱义乌"客户端、"义乌TV""爱义乌"视频号为主的新媒体矩阵总粉丝数量达到210万人，阅读量超10万次的作品228条，其中微信推文阅读量超1万次的作品每月保持在40条以上，新媒体矩阵影响力不断提升，移动优先的现代传播体系日渐成熟。媒体融合指数义乌市融媒体中心居金华县市级媒体第一名。做强"义乌TV""爱义乌"视频号，推动电视和手机大小屏互动，"10万＋"爆款短视频达到100余条，"义乌

TV"视频号在全省县级融媒体中心官方视频号中排名第一。大力助推数字化改革，完成宾王和鸡鸣山未来社区宣传文化多跨场景建设，推进义乌市"民生小事智能速办"应用升级，建成浙里办"广电在线营业厅"。

2.1.7.5　东阳市融媒体中心

2021年，东阳市融媒体中心围绕进入全省县级融媒体一流方阵的目标，强化党建引领，加强队伍建设，新闻报道亮点纷呈，媒体融合深度推进，产业经营难中求进，各项工作有序推进。

新闻宣传是融媒体中心重中之重的工作。2021年，中心入选浙江省县（市、区）融媒中心20强，并获得浙报集团县级融媒体中心共享联盟合作奖，全省广播电视台新闻协作县级广播、电视三等奖，金华市广播、电视新闻协作先进单位一等奖，浙江在线全省十佳支站等诸多荣誉。

紧扣主题主线。聚焦党史学习教育和庆祝建党百年重大主题，启动"奋斗百年路 启航新征程"大型采访活动，在报纸、广播、电视、新媒体上开设《百年东阳风云人物》《党史晨读》《东阳红色记忆》《党史故事我来说》等特色栏目。组织开展好读党史、听党史、悟思想，寻访飘萍足迹等内容。党史学习教育宣传工作获金华市党史学习教育检查组肯定。

聚焦中心工作。先后策划实施了"四攻坚四争先"行动、"违建整治进行时"解难题优作风百日大会战"等专题活动和花园村主任论坛、第三届世界东阳人发展大会、横店影视节、第七届东阳市道德模范颁奖典礼等重大活动30余个。开设专栏，及时报道东义同城化工作进展。

强化舆论监督。继续办好《行风热线》栏目。从2021年3月份开始，推出《向人民报告》《每日聚焦》专栏。截至2021年10月底，共播发《向人民报告》24期、《每日聚焦》70期。《每日聚焦》栏目多次获傅显明书记、楼琅坚市长批示肯定、督促落实。中心和人大常委会办公室联合开设的《监督在线》第一期节目于12月播出。

做好对外宣传。制定出台《融媒体中心外宣考核办法》；建立外

概况篇 1
实践篇 2
创新篇 3
人物篇 4
理论篇 5
作品篇 6
展望篇 7
附 录

宣联系机制，专人分管，专班运作，讲好东阳故事。据不完全统计，2021年，融媒体中心在《人民日报》等国家级刊发报道超10篇，中央台刊播新闻14条；《浙江日报》、浙江卫视等省级平台刊播新闻300多篇。

根据融媒传播规律，重构媒体策采编发流程，"统一策划、一次采集、多元生成、多平台发布"，融媒体传播新格局已经初步形成。一是实现流程重构。依据策划、生产、制作、发布等流程调整部门设置，完成中层干部聘任和一般干部全员调整。推进全员绩效考核的薪酬体系建设，制订出台了《融媒体中心媒体融合考核方法》《融媒体中心优秀作品奖励办法》等7个考核办法。二是强化策划引领。建立"每日谈版会、一周策划会、每月监评会"工作机制。成立总编室，专门负责新闻宣传策划统筹，监督跟踪传播效果。成立采访中心，整合优化报纸、电视、广播采访力量，统一开展采访报道。三是坚持移动优先。强化"新媒体首发"理念，形成移动端先行播发、网络跟进报道、广播电视报纸联合刊播的发布机制，"1＋4＋X"的新型传播体系初步形成。在短视频领域集中发力，"东阳新闻""东东腔"视频号全年已推送360多个视频。

强化党建引领，强化队伍建设，强化技术支撑，在确保安全的情况下推动事业稳步发展，中共东阳市融媒体中心机关党委上榜2020年度"学习强国"浙江"学习之星"先进组织。一是强化党建引领。牢牢把握党风廉政建设和反腐败工作的新要求，确保党委理论学习中心组常态化、制度化，强化"一岗双责"，对全面从严治党、党风廉政和意识形态工作逢会必讲、常抓常管；成立融媒体中心机关党委，建立健全四个党支部，发挥党组织的战斗堡垒作用；积极参与文明创建和"百局联百村""一户一策一干部"结对帮扶等工作。二是强化队伍建设。省新闻道德基层联系点在中心挂牌。邀请上级媒体专家到融媒大讲堂授课，组织开展短视频、新媒体作品技能比武活动、摄影沙龙，组织采编人员参加《云课堂》、创新案例分享网络培训、融媒工作室创新运营系列直播培训。三是强化技术支撑。牢固树立安全发展理念，开展全覆盖、拉网式安全播出大检查、大排查，确保了播出安全、传输稳定。升级了索贝非编和媒资系统，实现了媒资库的融合；根据东义同城化工作需要，为义乌新闻综合频道在东阳落地提供技术保障；升级改造了虚拟演播室，更新了高清卫星接收器，节目实现高清发射。

2.1.7.6 永康市融媒体中心

一是纵深推进媒体融合。全面完成永康市融媒体中心建设和媒体融合工作，成立永康市传媒集团有限公司；二是聚焦精品工程宣传。推出"融媒零距离"工程，覆盖全市16个镇（街、乡），阅读量超100万次，被省委宣传部推荐参评"全国媒体深度融合发展创新案例"；三是创新建设融媒品牌。"掌上永康"App注册量已达"21万＋"，日活量居全省第五、金华第一；客户端融媒指数居全省第六，并开发了疫苗预约、疫情爆料、"返永通""志愿签到"、智慧医疗等多个模块；四是文艺活动大放异彩。圆满完成第36届"华溪春潮"春节联欢晚会，得到市委、市政府领导高度点赞；五是舆论监督做准做深。坚持办好舆论监督类栏目，播出《焦点时刻》43期、《问政时间》6期，《行风热线》66期，共曝光各类问题200多个；六是外宣工作有声有色。在省级以上媒体发出报道1000多条；与央媒省媒协作开展了10多场大型融媒直播；七是创优工作成绩斐然。数十件作品分别获国家、省、市级别奖项，广播、电视两档对农栏目在全省考核中获评金华市唯一双优单位；八是网络"智慧＋"项目蒸蒸日上。完成智慧党建、绿窗平台、退役军人全生命周期系统、新时代文明实践中心平台、智慧校园等项目建设。九是全年安全生产、安全播出无事故。

获得荣誉：广播、电视双双获省对农节目服务工程建设考核优秀奖（金华唯一）；省广播电视新闻协作县级广播电台一等奖；省广播电视新闻协作县级电视一等奖；省广电新媒体新闻协作新媒体一等奖；2020年度浙报集团共享联盟二等奖；浙江省广播电视节目技术质量金鼎奖三等奖；亮点工作获市政府主要领导批示2次。

2.1.7.7 武义县融媒体中心

开设奋进武义看新事、探寻红色遗址传承奋进基因、富民增收20招等主题报道16期，制作相关短视频200多条；推发党史学习教育

概况篇 1
实践篇 2
创新篇 3
人物篇 4
理论篇 5
作品篇 6
展望篇 7
附　录

报道 5800 多篇（条 / 次），被中央级、省级、市级主流媒体采用 850 多篇（条 / 次）。深入推进媒体深度融合，形成视频号、抖音号、短视频、报纸版面、新媒体 App、广播电视全面覆盖的传播网。2021 年，武义融媒抖音号、"V 视武义"视频号总播放量达 7000 万次，其中疫情相关新闻播放量超 3000 万次。新媒体作品单篇阅读量 2 万次以上的 240 多篇；阅读量超 10 万次的作品 70 多篇，超 5 万次的作品近 100 篇，18 篇作品阅读量过百万。获得国家、省、市级新闻奖 23 个，其中国家级奖项 1 个，省、市级新闻奖 22 个，新闻《杂交水稻之父袁隆平情牵武义 40 年》分别获中国第十四届小康电视节目工程对农专题片最佳作品奖、浙江省"圆梦在路上"小康故事电视专题片优秀作品。

坚持"以外宣带动内宣"工作思路，挖掘武义工作亮点，扩大武义影响力。截至 2021 年 12 月底，中央、省、市主流媒体平台共刊发武义县的相关报道 3701 篇（条 / 次）。其中国家级 508 篇（条 / 次）；省级 1640 篇（条 / 次）；市级 1553 篇（条 / 次）。外宣总排名居金华全市第一方阵。

以党员职工为骨干成立重点报道、对外宣传两支"融媒先锋队"，承担服务县委县政府中心工作和做强对外宣传工作等急难险重的宣传任务。在《浙江新闻联播》头条连续播出下山脱贫 3.0、深化新时代后陈经验两篇新闻。党建对外宣传在金华地区居第一梯队。

2.1.7.8　浦江县融媒体中心

2021 年，浦江县融媒体中心始终围绕"工业强县、乡村振兴、文旅富县、品质名城、融义接杭"五大战略做好宣传文章，先后推出《回眸十三五喜看新变化》《奋力赶超干在今朝》《打造重要窗口全力攻坚争先》《"共同富裕"在浦江》《文明创建在行动》等 20 余个专栏，各平台累计刊发相关报道 700 余条。推出"奋力赶超干在今朝"系列述评 7 篇，并做好后续宣传报道，共刊播相关报道 112 条，在全县上下引发强烈反响。《"共同富裕"在浦江》专栏，专门介绍浦江各地区域合作的共同富裕探索实践，受到县委主要领导的表扬。

发挥短视频特色，宣传效果突出。抖音号"浦江有滋味"到浦江各地挖掘乡村传统美食、民间非遗、特色农产品，已推出短视频 100 余期，作品平均阅读量达 3.8 万次，成为浦江同城头部账号。抖音号"诗画浦江"推送的"浦江街头感人一幕"阅读量达 191 万次。视频号"浦江微讯"共有 21 条阅读量超 1 万次，4 条超 10 万次。新媒体原创系列短视频"你好，浦江 vlog"，已创作 12 条。

始终紧跟上级媒体约稿重点，立足浦江实际，在中央、省、市各级媒体推出了一批有深度、有影响、有特色的报道。2021 年 1—10 月，中央级媒体用稿 12 条，市级主流媒体用稿 400 多条，省级主流媒体用稿 80 多条。如，"稻从何处来"作为考古文化系列报道的首篇在央视新闻频道播出；央视新闻频道于 2021 年 10 月 15 日在上山遗址完成了"丰收中国"的直播，并连续播发 3 条有关上山的片子；2021 年 6 月，中心还参与了浙江卫视庆祝建党百年大型融媒体活动"梦开始的地方"的摄制。

在浙江省青年理论宣讲暨微型党课大赛中，融媒体中心主播参与的宣讲作品《种子》获特等奖。在电视新闻评奖中，融媒体中心选送的作品获 7 个省级广播电视新闻奖、15 个市级广播电视新闻奖，其中作品《生死约定》获第五届浙江省纪录片"丹桂奖"优秀微纪录片奖；作品《壶源江岸抱团记》获 2020 年度浙江省广播电视新闻奖二等奖……

2.1.7.9 磐安县融媒体中心

2021 年，磐安县融媒体中心紧扣建党 100 周年、"十四五"规划开局之年等重大主题，推进改革深化、融合提速，全面展现了融合传播的影响力、战斗力和品牌力。

新闻策划谋出了水平。庆祝建党 100 周年暨"党史学习教育"大型系列报道共计五大栏目 158 篇，分别从政治维度、历史维度、党员感知维度、典型维度、乡镇维度策划，跨度之大、篇目之多、历史纵深感之强，在磐安县新闻史上前所未有。决战决胜全面小康系列报道结集为《山水回响——磐安小康建设之路》一书，成为磐安县新闻史上第一本正式出版的新闻汇编，并由国家发改委推荐参评"十四五"重点出版图书。各平台开设新闻栏目 30 个，累计刊播 550 余篇；外宣发稿 1960 篇，其中省级以上平台 530 篇；29 件作品获省、市新闻

概况篇　1
实践篇　2
创新篇　3
人物篇　4
理论篇　5
作品篇　6
展望篇　7
附　录

奖项，其中浙江新闻奖、浙江省纪录片"丹桂奖"实现零突破。

活动宣传干出了气势。紧密配合党委政府，主动服务乡镇（街道）部门，配合县"两会"摄制《磐安，跨越在望》等专题片 18 个，承办"浙江磐安抽水蓄能电站工程现场施工启动仪式"等活动 11 场，完成"2021年浙江省中药材博览会开幕式"等活动直播录 64 场次。特别是 2021年浙江省中药材博览会、磐安发展大会，融合传播效果显著：《磐安报》精心策划会前 6 个专版和会后 36 个专版；电视拍摄制作《瞰磐安》系列短视频，点击量超过 50 万人次；新媒体创新建立融媒报道快速反应机制，内外宣发稿 80 余篇；两场活动直播即时收看量分别达 238万人次、445.5 万人次，连续刷新直播收看纪录。

队伍建设抓出了成效。党史学习教育突出融媒特色，在重大主题报道采访中实行"班子带队、小组作战、党员参与"，活化党史学习，压实队伍责任，促进能力提升。平稳推进中层干部选拔任用工作，进一步深化队伍融合、工作融合。通过师徒结对方式引导新入职人员快速适应岗位，建立临时作战机制完成重大活动及重大事件宣传报道任务。如疫情防控期间，成立抗击新冠疫情报道突击队，每晚召开疫情防控宣传报道分析会，明确报道方向和报道任务，实行"前方记者即采即报、后方编辑即编即发"的快速反应机制，一周时间滚动刊播疫情防控相关报道 200 余篇。特别是面对急难险重的隔离点蹲点报道任务，30 余名记者志愿请战，书写了融媒人的责任与担当。

2.1.8　衢州市

2.1.8.1　柯城传媒集团

2021 年，柯城传媒集团先后开设"奋斗百年路 启航新征程""学党史 悟思想 办实事 开新局""六抓六比八大竞赛""数字化改革在柯城""疫情防控""学习贯彻党的十九届六中全会精神""聚焦柯城区第九次党代会"等专题专栏，采编播大量有影响、有分量的新闻报道，为全区重点工作和项目推进提供了强有力的舆论支撑。

2021 年，柯城传媒集团先后获得 2021 年度"学习强国"浙江学习平台优秀供稿单位、2020 年度浙报集团共享联盟·合作奖、2020 年度浙报集团先进报道组、2020 年度全市广播电视新闻协作特等奖等荣誉，并被区委区政府列入"十条军规"典型予以通报表扬。在 2021 年开展的省、市新闻奖评选活动中，柯城传媒集团新闻作品获浙江新闻奖三等奖 1 个；浙江省县市新闻奖一等奖 4 个、二等奖 1 个、三等奖 9 个，一等奖数与衢江并列衢州县（市、区）第一；衢州新闻奖二等奖 5 个、三等奖 6 个。作品《衢州柯城余东村：乡野毕加索》在 2021 年第 3 期全国县级融媒体中心优秀作品双月赛上获二等奖，是衢州地区唯一获奖单位。传媒记者郑晨获评 2020 年度浙报集团优秀报道员；编辑陈岚获全省防台宣传报道先进个人荣誉称号；摄像记者叶剑亮被评为 2021 年度"学习强国"浙江学习平台优秀供稿员，并被聘为新华社浙江分社首批特约摄像师，全省仅 9 名。

一年来，柯城区融媒体中心组织各区级媒体平台积极发出好声音，《柯城新闻》电视栏目播出新闻 151 期、播出新闻 934 条；《柯城新闻》广播栏目播出新闻 240 期、新闻 598 条；《今日柯城》报纸刊出 146 期、584 版，采编稿件 3500 余篇；"柯城发布"微信公众号发稿 1333 篇，总阅读量 169 万余人次，其中单条阅读量超 10 万次有 1 篇，超 5 万次有 2 篇，超 2 万次的有 9 篇，超 1 万次的有 29 篇；"运动柯城"App 发稿 6400 余篇；"柯城区融媒体中心"抖音号推送各类短视频 280 个，总浏览量 130 多万次，点赞量 2 万多次，其中 2021 年 10 月推出的反诈骗抖音单条阅读量超 50 万次，创 2021 年区级媒体平台稿件最高阅读量纪录。

扎实推进党史学习教育宣传。充分运用"运动柯城"App、"柯城发布"微信公众号等新媒体平台，开设"奋斗百年路 启航新征程"专题，全年谋划推出"学党史 悟思想 办实事 开新局""百年瞬间""听 8090 讲党史""'五个我为'专题实践活动"等 10 个专栏，共刊发 800 余篇稿件，广泛宣传报道党史学习教育相关内容。及时转载推送中央、省、市媒体的重要新闻稿件和视频，与此同时，积极组织记者深入基层一线，广泛报道各乡镇、街道、部门单位开展党史学习教育的具体行动、热烈反响和进展成效。创新形式，融合音频、图文等内

概况篇 1
实践篇 2
创新篇 3
人物篇 4
理论篇 5
作品篇 6
展望篇 7
附 录

容，推出"听8090讲党史"专题，结合区8090宣讲品牌，调动全区8090宣讲员讲党史，在"柯城发布"微信公众号上持续刊发41期，让党史课堂"飞入寻常百姓家"，营造了浓厚的学习氛围。

第一时间推出重大活动直播报道。在重点活动宣传中，注重提前谋划，创新形式，融媒协作，成功完成柯城区委八届九次全体（扩大）会议、2021年重大项目集中开工活动暨"六抓六比·八大竞赛"第四次会议、柯城区庆祝中国共产党成立100周年系列活动启动仪式、"画·未来"中国·余东乡村未来社区开放仪式、2021柯城人发展大会、柯城区乡村振兴大会、柯城区卫生健康发展大会、百家塘片区集体土地房屋征收集中签约仪式、浙江时代锂电材料国际产业合作园项目（黄家片区）集体土地房屋征收集中签约仪式、"感恩共产党描绘新时代"庆祝中国共产党成立100周年余东农民画展等20多个重要活动的图文直播报道，营造了全区中心工作浓厚的宣传氛围。

围绕区中心重点、亮点工作，加强与上级平台对接，加大对外宣传力度，实现了发稿数量和质量同步提升的突破。2021年以来，柯城区在省级以上外宣报道超过650篇，特别是在央视、浙江卫视等主流媒体宣传上取得了新突破。在央视发稿23篇，其中8次登上央视《新闻联播》，宣传了余东未来乡村、碗窑碗东未来乡村、8090新时代理论宣讲等柯城亮点。在"学习强国"平台发稿237篇，其中12篇登上"学习强国"全国平台。34次登上浙江卫视《浙江新闻联播》。《细菌战受害者89岁截去双腿：希望离世时可以干干净净》在"新华社"App刊发后，仅两个小时阅读量就突破百万次，随后新华网微博进行了转载，阅读量超过1.2亿人次，登上当天的微博热搜榜，同城榜排名第一。此外，在《衢州日报》发稿316条、《衢州新闻联播》发稿215条。

2.1.8.2 衢江传媒集团

2021年，衢江传媒集团坚持内容为王，正面宣传为主，"衢江声音"更响亮。

（1）内宣紧扣中心，浓墨重彩做好主题宣传

2021年，电视《衢江新闻》共播发稿件1753条，广播《衢江新闻》播发稿件2442条，刊发《今日衢江》101期，"衢江发布"公众号发

布内容 940 条，其中点击量超 10 万次的有 9 条，总点击量 413 万次，粉丝数 68618 人，新增用户 816 名。

2021 年策划推出 "8090" 信仰对话活动、《忆峥嵘传担当　凝聚时代力量》《追寻红色记忆　踏上逐梦之旅》系列片各 5 集，拍摄制作了专题片《一封红色家书传递信仰的力量》，为衢江区经济社会发展营造了浓厚的舆论氛围。

（2）外宣提质增量，为四省边际枢纽港建设营造氛围

在省级以上各类媒体刊播报道逐年上升，央视 23 条、中国之声 11 条、浙江卫视 124 条、浙江之声 135 条，"学习强国" 442 条（其中全国平台 20 条）名列全市第一，在《浙江日报》发稿 60 余篇，《衢州日报》120 余篇。在 "中国蓝新闻" 客户端累计上稿 121 篇，在 "浙江新闻" 客户端签发 545 篇，在 "美丽浙江" 上推送 41 条，在 "天目新闻" 平台上推送稿件 178 条。

（3）媒体融合渐入佳境，全力建设全媒体平台

实现 6 次改版更新，开辟教育板块，增加 App 日发新闻信息量。截至 2021 年 12 月中旬，"e 览衢江" App 全年发布稿件 12170 篇，点击量 180 余万次。

衢江传媒集团官方抖音号粉丝总数达 8.9 万人，2021 年共发布短视频 267 条，总点击量 1999.5 万次，点赞量 23.8 万次，其中百万点击有 4 条，最高的为 375 万次，10 万点击 22 条。衢江传媒集团视频号于 2021 年初开通，共发布 250 条短视频，总浏览次数超 644 万，总点赞次数超 6.5 万，总分享次数超 3.4 万，单条最高的浏览量破 190 万。

（4）大型活动能力增强，提升主流媒体影响力

新媒体直播次数较 2020 年频次增加，2021 年共开展各类直播 23 场，其中图文直播 8 场，视频直播 15 场。月偏食直播在浙江卫视新媒体平台上播出，共计 60 万人在线观看，取得了全网热搜第一名的好成绩。

2.1.8.3　江山传媒集团

2021 年，江山市融媒体中心深化媒体融合，为 "十四五" 发展开好局、起好步，深化建设江山大花园、全力打造 "一地三区"，争当 "全

概况篇　1
实践篇　2
创新篇　3
人物篇　4
理论篇　5
作品篇　6
展望篇　7
附　录

省山区 26 县跨越式高质量发展建设共同富裕排头兵"提供强大的舆论支撑。

（1）媒体融合发展加快推进

一是优化机构设置。成立编委会，围绕市委、市政府中心工作以及新闻舆论监督、社会热点关注、社情民意传达、社会正气弘扬等，加强对新闻宣传工作的宏观指导、管理和组织协调，综合掌握整个融媒体新闻宣传的方向、内容、方式、节奏，并评价宣传效果。二是健全运行机制。按照"舆论宣传主阵地、综合服务新平台、社区信息总枢纽"的目标定位，高标准、高起点建设融媒体采编中心，建立定期会商研判机制。三是整合媒介资源。突出移动优先，着力办好"多娇江山"App、《今日江山》报纸、江山电视台、江山电台及江山传媒门户网站等重点平台，努力实现受众群体全覆盖、传播效果最大化。

（2）舆论引导水平不断提升

一是做强对内宣传。注重立体化、饱和度，发挥各平台的特色优势，综合运用评论、新闻报道、专题片、短视频等形式，做大做强主题主线宣传，确保市委、市政府中心工作宣传保持强大力度、热度和声势。二是做优对外宣传。2021 年有 6 条新闻被中央电视台录用，21 条被新华社、《人民日报》、"学习强国"等新媒体平台录用，140 多条（2021 年 1—10 月）稿件被浙江卫视录用，117 条（2021 年 1—8 月）稿件被《衢州新闻联播》录用。三是做新融媒宣传。"多娇江山"App 共推送发布阅读量超 10 万次的新闻 2 条，微信公众号发布破万次微信作品 30 余条，"学习强国"通过稿件 160 条，抖音作品播放量超 100 万次的有 1 条。其中，"多娇江山"App 的《万名师生向党说》系列总点击量 170 万多次。"江山新闻网"视频号推出的《雨中的陵园一位 8 岁少年的敬意》上线仅 3 小时，阅读量就突破了 10 万，截至 2021 年底，总阅读量达 45.3 万次、点赞量 1.1 万次；当天，该新闻冲上微博热搜第 7 名。经过后期发酵，中国之声、《中国日报》、中国青年网等 10 多家国内主流媒体的微博转发，总阅读量达到 1.5 亿次，获赞 9 万多次。

（3）宣传基础保障有效夯实

一是队伍建设强化人才支撑。按照打造"两专"队伍目标和新时代媒体融合发展的工作要求，大力开展员工业务素质大提升行动，实施"师徒结对"工作制度，优化员工绩效考核机制，进一步激发员工工作的积极性和创造性。加强与上级媒体和高等院校、专业机构的合作，通过"请进来"和"送出去"等方式，加强员工业务培训，培养一批"提笔能写、对麦能讲、举机能拍"的全媒型采编播人才。二是制度建设强化安全支撑。利用"周一夜学"等形式，集中开展内容安全、播出安全、安全保障等制度培训，不定期举行安全播出应急演练，及时整改不规范问题，避免安全事故的发生。不折不扣地执行新闻安全管理、采访工作纪律、新闻宣传出错责任追究办法等制度，严格责任追究，提升员工安全责任意识。

2.1.8.4 常山传媒集团

2021 年，常山传媒集团在做好常态的新闻信息发布的前提下，扎实开展一系列重点宣传报道。

（1）建党百年报道浓墨重彩

开展"三百"行动。宣传报道常山 100 位老党员、100 位"金钉子"党员、100 位优秀党务工作者，用身边党员干部的事例，宣传党的光荣历史、奋斗历程、辉煌成就。推出专栏专题。刊播党史知识，报道学习动态信息，开设《常山好故事》栏目；推出《奋斗百年路 启航新征程》专栏，下设《红色印迹》《初心之路》《走在前列》三个子栏目。开展建党 100 周年常山县重要事件评选，连载 40 件候选事件，反映常山在革命、建设、改革、发展等历史时期取得的辉煌成就。大力宣传典型模范。聚焦老英雄胡兆富获"全国优秀共产党员"称号，报道大型现代京剧《战士》在杭首演以及来常演出等情况，刊载长篇报告文学《人民英雄胡兆富》。推出《"两优一先"风采》专栏，刊播县级以上优秀共产党员、优秀党务工作者、先进基层党组织的先进事迹。推出"薪火相传、与党同生"系列短视频报道。报道 20 世纪 30 年代至 90 年代于 7 月 1 日出生的党员代表的故事，他们诉说与党的缘分，抒发对党的感情，表达对党的祝福。

（2）"八大行动"报道深入开展

展示"八大行动"阶段性工作成效。2021 年初推出"八大行动"

概况篇 1
实践篇 2
创新篇 3
人物篇 4
理论篇 5
作品篇 6
展望篇 7
附 录

半年工作综述，年中谋划采编"实施'八大行动'一周年回顾"的相关报道，重磅宣传，重锤落地。开展常山变化的宣传报道。推出"十三五"成就巡礼报道，分"常山十变""常山十新""常山十干"三个系列，重点围绕"常山在变"主题，从心暖了、路畅了、夜美了、灯亮了、景火了、劲足了、礼新了、村靓了、民富了、赞多了10个角度展开。开展共同富裕的宣传报道。推出《共同富裕未来可期》栏目，进行"我心目中的共同富裕"海采活动。

（3）房屋征收报道提神提气

聚焦狮子口片区、东淤片区、西门片区、江滨片区的旧城改造房屋征收工作。以动态信息、典型人物宣传、评论、图片、视频、公告等方式跟进报道，体现征收工作阳光透明。重点推出《奋战100天决胜东淤片》专栏报道。做好政策解读，宣传干群合力推进工作、党员干部及财政供养人员主动参与、带头签约、带头腾空、带头拆除等正面典型，推出"奋战100天决胜东淤片"系列评论，为未来社区建设打下良好基础。同时，进行危旧房改造的看房、选房、领钥匙等相关报道。

（4）党代会报道重磅落地

营造县第十四次党代会召开的良好氛围。主要推出两个系列：一是《喜迎党代会·透过热词看变化》专栏，提炼出"八大行动""两山银行""大综合一体化"等14个反映常山县经济社会发展的热点词汇，细说"热词"背后的故事，展示近年来全县高质量发展的特色亮点和成效。二是《喜迎党代会·我是党代表》，以短视频方式，展示各条战线党代表的期待、祝福、愿景。会中进行重磅专题报道。直播党代会开幕报告，便于各单位、村民以及党员干部收听收看。运用报纸、广播电视各载体对党代会进行全程报道。会中主要围绕"聚力共同富裕奋力跨越赶超"的主题，分别推出6篇重点报道。通过评论、解读等形式宣传大会主题。拍摄3期主播探会的会议花絮短视频：党代会防疫、红红火火的党代会、党代会感谢有你。会后全面报道学习贯彻的情况。

（5）城市品牌报道渐入佳境

把"百变U"和"共富情"进行结合，从"两柚一茶"、文旅融合、共建共富等方面进行宣传，让U出圈，提升其品牌知名度。对常山城市品牌形象公益代言人、奥运冠军杨倩来常山的活动进行重点推送，单条转发点赞评论11134人次。2021年底全网推送《在常山遇见U》常山城市品牌形象宣传片。持续关注余依婷赛情，策划了青石镇和尚弄村余依婷亲朋好友齐聚观看直播的新闻，用好奥运会常山元素，形成焦点。做好奥运健儿余依婷回到常山老家的新闻报道，增强家乡自豪感。《胡柚最好吃的季节》单条转发点赞量为2371次，App单条点击量超10万次，"新华网"客户端粉丝数达34.9万人，全网阅读量超50万次。

2.1.8.5 开化传媒集团

2021年，开化传媒集团履行"举旗帜、聚民心、育新人、兴文化、展形象"的职责使命，加快推进媒体深度融合发展，打造"开化模式"政务新媒体矩阵，构建全媒体传播体系，不断提升县域媒体传播力、引导力、影响力和公信力，讲述好开化故事、展示好开化形象、传播好开化声音。

围绕中心，精准发声。主动对标对表县委县政府中心工作，突出选题策划，创新传播方式，以新闻力量助推开化县高质量发展。重点围绕全国文明城市创建、党史学习教育、数字化改革、未来社区建设、开化水库征迁等开设专题专栏，全方位、多角度展现全县上下干部群众争先创优、实干创新、担当作为的良好风貌。截至2021年底，累计开设专栏近30个，刊播原创稿件5000余条次。拍摄《电视问政》2期，常态化开设《直击》等节目，以舆论监督凝聚发展之力。

创新形式，多元发声。2021年4月28日，集团策划开展"烈火英雄丰晨敏魂归故里"大型融媒行动，对"迎接丰晨敏烈士英灵回家和安葬仪式"进行全程直播，多屏多端融合播发，抢占"信息流""传播流"主阵地。当天，全网直播在线人数超1500万人次，全网短视频播放量超3亿次，省、市级主流媒体客户端及抖音、快手、微博等主流直播平台，均登上社会实时热榜第一，被《浙江宣传》新闻阅评

概况篇 1
实践篇 2
创新篇 3
人物篇 4
理论篇 5
作品篇 6
展望篇 7
附 录

第 2186 期作为典型案例分享。以 10 个工作日开设一档广播节目的"传媒速度",开设全省首档党史学习教育广播节目——"铁军源之声",得到县委书记鲁霞光的批示肯定。截至 2021 年底,共推出党史学习教育广播类节目 78 期,讲述红色故事 382 个,让印刻在钱江源头的红色知识"动"起来、"活"起来、"亲"起来。被《浙江宣传》工作信息第 61 期作为典型经验分享。

对接高端,联动发声。高频高质与高端媒体互动,借力其宣传矩阵资源,实现宣传成效最大化。联合浙江广电集团开展"开化日"活动,直播专访县委书记鲁霞光,向广大网友推介开化,全网点击量破 200 万次。主动对接浙江广电集团,争取"畅行中国·献礼建党 100 周年'钱江潮涌·100 小时行走的浙江'"——"全国百城百台"大型融媒新闻行动落地开化,2021 年 4 月 13 日当天直播在线观看超 1000 万人次,14 家央省级媒体播出专访稿件 46 篇,传播量超 3000 万人次。主动对接都市快报,在 8 月 16 日,时任浙江省委书记习近平到金星村调研提出"人人有事做,家家有收入"15 周年之际,策划推出 8 个整版的《快报 15 年·再看钱江源》,该报道同步在其官方微信、微博、"橙柿互动"App 等 10 多个新媒体平台推出,累计阅读量超 3000 万次。联合浙江卫视开展共富宣传,在浙江卫视"中国蓝新闻"的小屏传播中,以 41 分钟的时长实时直播了《开化县委书记鲁霞光说"共同富裕"》,同时还发动全民参与"共同富裕我来问""共同富裕圆桌会""我身边的小幸福"等特色专栏的开化站互动,通过搭建交流平台,拉近需求端与政策端的距离,做到共同富裕"民有所呼,我有所应",为促进共同富裕提供了强有力的舆论支持。2021 年,集团以苦干、实干加巧干的精神,开创了一天三上央视、两天三上《浙江日报》重要版面、一周七上卫视、六上蓝媒号头条、四上《浙江日报》深读版面、一个月三上《浙江日报》头版、5 篇稿件登上《人民日报》重要版面等外宣的好成绩,让开化"好地方"的声音越传越远。

2.1.8.6 龙游传媒集团

2021 年,龙游传媒集团整合媒体资源、理顺体制机制、强化内容生产、拓展服务领域、做强队伍建设,扩大主流价值影响力版图,让党的声音传得更开、传得更广、传得更深入，着力打造县域媒体深度融合"龙游样本"。

（1）深化体制机制融合，激发创新力

以"融媒无界龙媒有情"服务品牌为引领，实施"五融行动"，打破部门壁垒，持续完善适合融媒体业态的岗位设置、员工管理、宣传流程管理、绩效考核管理等制度。继续深化探索"融媒体＋基层治理"模式，《传媒评论》杂志刊发龙游县经验做法，被省委宣传部推荐参加中宣部遴选全国县级融媒体发展重点研究课题典型案例，在第二届天目美好节中入选"十佳融媒体中心"。

（2）强化内容融合，提升传播力

重大主题报道成效显著。主题宣传有氛围。紧紧围绕县委、县政府中心工作，主动策划、主动喂料、主动发声，开设"县乡一体条抓块统""党史学习教育""国土整治大会战"等专栏专版，大力开展成就宣传、形势宣传、典型宣传，摆出阵势、形成态势。对外宣传有成效。融媒爆款产品频频出圈。坚持移动优先战略，强化"新媒体首发"理念，以制度为保障，形成移动端先行播发、网络跟进报道、广播电视报纸联合刊播的发布机制，持续提升自有新媒体平台的影响力。"龙游通"用户数26.8万，"微龙游"关注用户数22.5万名，"龙游传媒"关注用户数6.9万名，"10万＋"产品达到9条，单条阅读量最高320万次。全年共推出全媒体图文直播、视频直播50余场次，总点击量超100万次。推出各类专题专栏10余个、H5爆款产品2件。

（3）强化队伍融合，增加战斗力

定期开展业务交流，每周一次编委会，每周一次业务骨干分享会，每月一次分管领导业务指导会，每两月一次业内大咖培训会，着力提升采编播一线人员的专业水平。通过请进来、走出去、科室轮岗、基层记者站挂职交流等实战锤炼，苦练内功，增强"四力"，实现"转型升级"。队伍培养制度化。实行扬帆优才计划，修订完善《龙游传媒集团总编辑领衔制度》，全面优化采访、编辑、新媒体等各中心考核办法，健全《采编播人员绩效考核办法》《新闻创优奖励办法》《外宣考核办法》等制度，推进策采编发流程优化管理，拉开绩效考核差

概况篇 1
实践篇 2
创新篇 3
人物篇 4
理论篇 5
作品篇 6
展望篇 7
附　录

距，完善广告经营人员、网络营销人员激励机制，推行采编播首席制、全员外宣制、好新闻评选奖励制、视频制作"揭榜挂帅"制度、"青蓝工程"师徒结对等制度，大力营造激情干事、创新创优的良好氛围。

2.1.8.7　衢州智造新城融媒体中心

2021 年是中国共产党成立 100 周年，也是"十四五"规划开局之年，在这个承前启后、继往开来的时间节点上，衢州智造新城融媒体中心唱响主旋律，打好主动仗，对内营造了凝心聚力的良好发展氛围，对外扩大了智造新城的知名度和美誉度，助力智造新城高质量发展。

2021 年，按照园区整合提升要求，新闻宣传中心被撤并成立综合保障服务中心，并对机构、人员、职能等进行了调整。同时，按照党工委会议要求，停办了《绿色新区报》，在《衢州日报》上开设"智造新城版中版"。

一是突出重点，主题报道找"亮点"。紧扣智造新城打造千亿级规模、百亿级税收高能级战略平台，初步奠定"四省九地"城市群制造业龙头地位这一目标，围绕招商引资、项目建设、企业服务等方面的新闻"亮点"，及时提炼精心策划，进行重点宣传报道。"智造新城"微信公众号、抖音、微博共同发声，开设《到项目一线去》《高质量发展》《打造"三服务"2.0 版》《数字化改革》等栏目，刊发报道上百余篇次；针对党史学习教育，开设了《党史学习教育》《猎猎党旗下的企业服务》《党史学习教育·"智"说百年》等专栏，推送报道 80 条。

2021 年，微信公众号发布 1029 条，"智造新城"抖音、微博官方账号共发布 195 条，取得了显著成效，既鼓舞了新城上下士气，也增强了凝聚力、战斗力。

二是把握方向，对外宣传显"特色"。作为全市工业经济的主战场、主平台，深入挖掘先进典型、特色亮点工作，以强有力的新闻宣传，塑造一批可借鉴、可复制的先进经验，推动智造新城高质量发展，为衢州打造四省边际共同富裕示范区、四省边际中心城市凝聚强大精神力量。截至 2021 年 12 月底，在《浙江日报》上刊发报道 18 篇；在《衢州日报》《衢州晚报》《掌上衢州》等刊发稿件 245 篇，其中头版头条 12 篇，"智造新城版中版"有 15 篇；与衢州广电联办栏目《智造新观察》，共播出 58 期，其中新闻头条 31 条，央视《新闻联播》和央视新闻直播间各播出 2 条。

三是实干担当，队伍建设强"素质"。按照市委提出的"两勤""两专"要求，强化责任意识，把握发展方向，着力打造一支政治过硬、有战斗力、实干争先的高素质专业化宣传队伍。每周一固定谈版会，谈版会上谈读报体会、读书体会、学习体会和写作体会，同时回顾总结上周工作，对下周工作作具体安排。

2021 年以来，新闻工作者落实习近平总书记"不断增强脚力、眼力、脑力、笔力"的要求，每周深入企业一线，搜集鲜活素材，多篇作品在 2020 年度全省县市区域报好新闻奖评选中获奖，其中获今日系列报刊类通讯与深度报道二等奖 1 篇，新闻摄影二等奖 1 件，消息稿三等奖 3 篇，新闻版面三等奖 1 件，新媒体类文字消息三等奖 1 篇，并获《衢州日报》报道组一等奖。

同时，强化"人人都是外宣员、人人都是外宣形象"的外宣责任意识，培养一支通讯员队伍，组织举办一期以新媒体摄影为主题的通讯员培训班，有效提升园区通讯员业务水平。

2.1.9　舟山市

2.1.9.1　定海区融媒体中心

2021 年，定海区融媒体中心坚持"政治是灵魂、融合是方向、质量是生命、人才是根本"的原则，加快推进媒体深度融合，大力建设融媒体记者队伍，加强重大主题报道，守正创新，壮大主流舆论声音，为定海奋力打造高质量发展建设共同富裕示范区港城范例提供坚强有力的舆论保障。2021 年，中心获得了定海花园式国际人文港城建设突出贡献集体、平安定海建设突出贡献集体奖、区直机关五星级党组织等荣誉。

（1）守牢意识形态主阵地，坚守党媒姓党

高质量全面落实意识形态工作。建立中心意识形态工作领导小组，

概况篇 **1**
实践篇 2
创新篇 **3**
人物篇 **4**
理论篇 **5**
作品篇 **6**
展望篇 **7**
附　录

将意识形态责任制的落实覆盖到各媒体平台。全面把牢新闻报道的政治方向、价值取向和舆论导向，加强各平台内容发布的审核把关和责任追究制度，2021 年没有发生新闻侵权事件和违反意识形态责任制的情况。强化记者队伍政治理论学习，引导记者树立正确的价值观和新闻观。

（2）贯彻全媒体理念，加快媒体融合向纵深发展

聚焦主旋律，以建党 100 周年大型融媒体报道为总抓手，全力做好"奋斗百年路 启航新征程""共同富裕定有你""加快打造新时代文化高地""数字化改革定海实践""乡约定海·净零碳""从严从紧打好疫情防控战"等重大主题报道，2021 年全媒体已累计刊播重大主题报道近 5000 篇，切实发挥了主流媒体的舆论引导作用。

新闻宣传"双循环"同频共振效应明显增强。2021 年，中心牵头做好"定海共融·共享·共赢报题平台"，加强与浙报集团等上级媒体的合作联系，及时呈现定海经济社会发展中的新亮点、新成就，截至 2021 年底，已在《浙江日报》发稿近 30 篇，在"浙江新闻"客户端发布的融媒体稿件超 400 篇。2021 年初，中心被浙报集团授予共享联盟·最具传播力奖、最佳合作奖两个最高荣誉奖，系全省唯一县区获奖单位；2021 年继续保持全省前列，已 3 次摘得全省融媒体合作传播力榜首。"学习强国"录用稿件近 300 条，被"学习强国"浙江平台评为 2020 年省"学习之星"，系舟山市唯一获奖单位。2021 年 10 月 12 日，中心与中国新闻社浙江分社签署"中国新闻社浙江分社融媒体联盟"战略合作协议，共同推动媒体深度融合发展。

（3）全面进入数改跑道，围绕需求初见成果

重大任务梳理基本完成。中心在 2021 年底已基本完成核心业务拆解工作，梳理完成 4 项一级任务、8 项二级任务和 9 项三级任务。"三张清单"谋划方面，从落实推进县级融媒体中心建设服务中心大局的需求，完善民生诉求解决机制，增进群众获得感、幸福感、满意感的需求，重塑制度打通新闻服务监督痛点堵点的改革需求三大需求出发，谋划了以"侬呼我应"民情在线作为多跨场景的应用内容，推进及时有效解决民生高频实事，破除"信息孤岛"畅通新闻信息，中

心品牌栏目《引领群众、服务群众》效应明显这三项改革任务。

中心与浙江日报报业集团已开展多年合作，利用其开发的天目云平台支撑"定海山"客户端等新媒体渠道的内容生产，并已在云端建立了"定海山"客户端完整的数据目录和数据库，添加至浙政钉"工作台"实现一端上线，这也是中心门户建设的一项重要成果。该项目同时也为承接省委宣传部推进的新闻宣传和舆情引导数字平台提供了基础保障，有利于实现省宣平台的顺利贯通。

（4）加快全媒体记者转型步伐，擦亮媒体先锋名片

制订实施《"媒体先锋"金名片工程实施方案》，以争做政治坚定、全媒体记者转型迭代、优质新闻作品创作的媒体先锋为目标，中心全体党员，骨干记者和中层以上记者通过"揭榜挂帅"等形式切实发挥模范带头作用。截至 2021 年 12 月，"媒体先锋"创作的近 40 篇作品获省、市级奖励。

实施"全媒体记者建设年"活动，深化"周三课堂"，围绕新闻策划、采写编辑、短视频制作等，分层分类开展全员培训 50 场次、惠及 500 余人次。深化以师带徒制度，已有 36 对师徒成功结对，并签订责任状，促进年轻记者全面成长。在 2021 年防御台风"烟花"和"灿都"的报道中，中心年轻记者组团出击，通过现场直播连线等形式，全面及时地刊播全区上下众志成城抗灾自救的动态消息和新闻故事，获得广泛好评。

2.1.9.2 普陀区融媒体中心

2021 年，舟山市普陀区融媒体中心的媒体融合工作继续走在全省前列，在 2021 年公布的全省 90 家县级融媒体中心综合传播力评选中位列第四。

（1）加快转型，做好媒体融合文章

突出移动优先。不断完善"三微一端一抖"新媒体矩阵，确保重要事件和突发新闻在新媒体的首发率达到100%，"掌上普陀"App 和"中国舟山普陀"微信公众号用户数均突破 12 万，相当于普陀常住人口总数的1/3。

强化内容生产。实施大小屏联动，做精原创短视频栏目，持续推

概况篇 1
实践篇 2
创新篇 3
人物篇 4
理论篇 5
作品篇 6
展望篇 7
附　录

出新闻类短视频作品。2021年共拍摄制作短视频250余条，完成直播30余场次，累计收看超70万人次。凭借"精耕短视频探索新融合"，入选《全国广电媒体融合实战案例蓝皮书》，并成为获评2021长三角广播电视媒体融合典型案例奖的唯一县级媒体。

（2）立足本职，加强主题宣传报道

做深做实主题报道。围绕庆祝中国共产党成立100周年这一主题，全年推出党史学习教育、学习贯彻六中全会精神、建设共同富裕示范区等重大主题报道15组，累计推出新闻报道3000余篇次。

打造大外宣新格局。上线全市首个、全省第8个"学习强国"县级融媒号"浙江普陀融媒号"，与中国新闻社浙江分社签署"中新融媒体联盟"战略协议。截至2021年11月，被中央级媒体采纳8条，被"学习强国"录用180条，被省级媒体录用近600条，2月、9月和第三季度登上浙江省县级融媒体合作传播力榜榜首。在舟山市率先打造以脸书、推特等为平台的境外传播阵地，2021年发布相关内容20余条。

（3）多措并举，完善人才培养体系

开展"素质提升年"活动。建立省、市级媒体专家库，通过"请进来""走出去"的方式组织业务培训，开展挂职学习锻炼，激励采编播人员积极撰写业务文章，编辑完成7期《融媒简报》。

拓宽选人用人渠道。制订实施专业技术岗位评审管理办法，让职称评聘向采编一线、优秀员工倾斜。把更多熟悉新媒体业务的中青年优秀人才充实到关键岗位，充分释放人才活力。

（4）练好内功，提升自我造血能力

不断强化自我造血功能，通过盘活全媒体资源，实现新闻报道、承接活动"两条腿"走路，不断优化广告产品，实现硬广与软广在电视广播报纸与新媒体的多点发布。消失了5年多的房地产广告主动入驻"掌上普陀"App，投放当月，该房地产公司登顶舟山市房地产月度销量排行榜榜首。

2.1.9.3　岱山县融媒体中心

2021年，岱山县融媒体中心推进媒体深层次的融合，充分发挥各媒体平台间深度融合和聚合共振效应，在实践中坚持融合、发展、管理并进，不断提高了新闻信息生产、传播、服务能力，更好地发挥了舆论引导功能，真正实现了"一次性采集、多渠道发布、快速度传播、广覆盖受众"格局。

在新闻报道上，突出主题宣传，开展深度报道、系列报道等。聚焦县里重大平台、重大项目、重大改革、重大政策等"四重"清单，围绕"建党100周年""共同富裕""迎接大桥时代""数字化改革""创建全国县级文明城市"等重大主题，按照县党代会、县人代会明确的工作部署，开展深度报道、系列报道，在守正创新中唱响主旋律、弘扬正能量。截至2021年12月，岱山电视台、"今日岱山"报纸累计刊播相关报道300余条次，"看岱山"App、"仙岛岱山"微信公众号等新媒体平台累计推出380余条次。

始终坚持团结稳定鼓劲和正面宣传为主的方针，精心策划新闻选题、选准报道方式，及时准确、全面深入地宣传报道岱山县经济和社会事业发展的新思路、新举措、新典型、新成效。2021年，共有675篇报道被市级以上媒体刊播，其中有2条被中央《新闻联播》录用，另有440余条被中央电视台、"学习强国"、《浙江日报》、浙江卫视、"浙江新闻"客户端等省级以上媒体录用。2021年3月到12月，在全省县级融媒体合作力榜单中，连续8个月进入全省前十，第二季度更是获得了全省第一名的好成绩。

进一步做好融合文章，发挥新媒体便捷、快速等特点，及时回应群众关切。截至2021年12月，"看岱山"App、"仙岛岱山"微信公众号、"岱山电视台"微信公众号、"岱山县融媒体中心"抖音号等新媒体平台总发稿量达5.8万余条，总点击量1.8亿余人次；2021年完成直播40余场次，观看量近100万人次，其中"看岱山"App发起的《台风慢直播》点击量达13万余人次，公益助农直播点击量破8万次；"仙岛岱山"微信公众号、"岱山电视台"微信公众号始终位居全市县区类微信榜前列；"岱山县融媒体中心"抖音号发布作品994条，总点击量13125万次。

在原有的绩效改革基础上，细化宣传任务，制定记者部、编发部、新媒体等部门绩效改革细则，推动薪酬向一线岗位关键岗位倾斜、向

概况篇 1
实践篇 2
创新篇 3
人物篇 4
理论篇 5
作品篇 6
展望篇 7
附　录

优质内容倾斜，以"质量并重、以质为先"为导向，以"多劳多得、少劳少得、不劳不得"为原则，实行优稿优酬。对被上级媒体录用的优秀新闻给予一定的奖励，同时优稿创作与年度考核与月度考核相挂钩、与晋职提拔挂钩、与评先评优挂钩，激发干部职工树立精品创作意识。绩效改革细则实行以来，一线岗位薪酬平均增幅达100%，最高达300%，从而进一步提高记者编辑全媒体采编业务能力，提升宣传报道质量。

畅通招才引才渠道，搭建起特殊人才绿色通道、事业单位公开招聘、面向社会公开招聘、高校上门招引等多种引才渠道，加快培养一支政治坚定、业务精湛、作风优良、能打硬仗的新闻宣传工作队伍。出台《"青蓝工程"师徒结对实施方案》，充分发挥业务骨干的"传帮带"作用，打造"融媒夜课堂"学习品牌，邀请新华社、浙江日报媒体专家前来授课，相继成立浙报集团共享联盟岱山工作站、广电集团蓝媒联盟岱山协作站，与省级媒体共享采编队伍资源，不断探索人才共建模式。2021年6月，与浙江工业大学合作建立大学生校外实践教育基地，探索媒体产教合作模式，为中心人才招引、培训提供新的渠道和方向。

2.1.10　台州市

2.1.10.1　椒江区传媒中心

2021年，椒江区传媒中心肩负"举旗帜、聚民心、育新人、兴文化、展形象"使命，立足"讲好椒江故事，传播好椒江声音"，深入推动新闻宣传、媒体建设、对外宣传纵深发展，为高质量建设"台州新府城"营造浓厚舆论氛围。

（1）"事业＋企业"模式深入探索

椒江区传媒中心（正科级事业单位）和台州市新府城科技传媒有限公司（副科级国企平台）"一套人马、两块牌子"，合署办公，在事业板块做产业效益的加法，两条腿走路，做强新闻主业。2021年，在优化"事业＋企业"模式上进行积极探索，充分利用企业的机制灵活度，打破体制束缚，优化绩效考核，以岗位定绩效，以工作质量定绩效，有效激励和倒逼人员转型。进一步转变公司经营方式，积极拓展宣传推广、视频制作、PPT制作、广告展陈、装饰工程等新业务，承担起大数据公司职责，组建技术团队，负责数字化基建项目建设，公司发展进入了全新阶段，反哺融媒体发展。椒江媒体融合经验文章《媒体融合，关键要"做"到一起》刊发于《传媒评论》2021年第12期。

（2）新闻生产力全面提升

一是主题报道亮点"频闪"。组建策划团队，提升全媒体策划，开展组团式创作，在重大主题报道中，充分发挥各平台的优势和特长，实现全媒联动，形成宣传合力。聚焦建党百年，开展"聚'椒'党史大型融媒体新闻行动"，全媒体策划推出足迹、致敬、礼物三大主题宣传，推出"百年·变迁""百年·礼赞""百张笑脸同庆百年""祖国颂国庆连续剧"等特别策划以及《三为在椒江》等专栏，共刊发原创报道300多篇；在弘扬大陈岛垦荒精神的宣传上，紧扣"垦荒队员上岛65周年"、七一、国庆等节日节点，推出"寻访'红色印记'""新老垦荒说""养一条鱼富一座岛"等特别策划，挖掘"新时代垦荒"人物故事，被中央、省、市等各级媒体转发；推出"我家门口看共富""飞越新府城""数你牛""高质量发展企业行"等各类专栏专题30多个，制作原创视频、制图等50多个，2021年共报送外宣稿件200多篇，其中《人民日报》录用4篇、新华每日电讯头版录用1篇、《浙江日报》录用19篇。

二是媒体平台全面"升级"。现有平台包括"两端两微一报一网"，即"新府城""e椒江"App，"椒江发布""微椒江"公众号，《今日椒江》报纸，椒江新闻网。2021年新上线并运行"新府城"App，2021年用户数超2.5万名；椒江发布2021年用户数由25万名增至35万名；《今日椒江》全面升级排版系统，增加二维码桥接视频等新媒体形态，实现媒体双向融合；新开并全力主推视频号，原创视频《我们一起打疫苗》阅读量超20万次，被新华社、《人民日报》等中央、省、市级媒体转载转发，阅读量近1000万次。

概况篇 1
实践篇 2
创新篇 3
人物篇 4
理论篇 5
作品篇 6
展望篇 7
附　录

（3）采编队伍激发"活力"

一是以考核倒带转型。制定员工薪酬体系以及《岗位绩效一览表》《新闻报道稿件计分办法》《外宣奖励细则》《工作纪律扣分细则》，以考核倒逼队伍转型升级，基本实现全员全媒体。

二是实现稿件闭环管理。组建编委会，坚持每日选题会、每周策划会、每月总结会制度；建立编辑、科长、分管领导、主要领导等"四审"制度，落实稿件涉及街道部门必核制度，确保稿件高质量，严防新闻事故发生。三是加强队伍常态教育。不折不扣整改区委巡察反馈问题，建立"周学习会"制度，及时学习传达习近平总书记系列讲话精神以及中央和省、市、区委决策部署，确保吃透上情、方向不偏。

2.1.10.2　黄岩区传媒集团

黄岩区传媒集团践行"八八战略"、打造"重要窗口"，打造"永宁江时代"标志性成果。

（1）聚焦建党百年，全面营造学习氛围

集团充分利用黄岩本地红色资源，组织开展好庆祝建党100周年系列活动，力争党史学习教育创特色。2021年，集团组织开展了"百影映初心"观影、"光荣在党50年"纪念章颁发仪式、党史知识竞赛等活动10余场次，成立了"青橘思享荟"，与区委组织部、团区委等部门合办知识竞赛2场次，主动参与区里组织的党史知识专题活动等，把党史学习教育的各项活动做实、做活、做优。

2021年，集团在四平台开设专栏，刊播党史学习教育相关新闻超2500条。年初，策划推出了《奋斗百年路 启航新征程——学党史 悟思想 办实事 开新局》栏目，集中宣传报道各地各部门党史学习教育进展动态和实际成效，以及涌现出的感人故事和先进典型等。

（2）深化融媒改革，扎稳主流舆论阵地

聚焦"学党史 悟思想 办实事 开新局""建设重要窗口""争创社会主义现代化先行区""高质量谱写永宁江时代"等重大主题，开展专题宣传报道，精心组织"奋斗百年路 启航新征程"大型主题采访活动报道，刊播主题报道、重点报道2000多条。年初集团开设了"喜迎党代会"和"喜迎区两会"专栏，推出深度系列报道，并全力以赴做好党代会和"两会"的会中、会后报道，充分展现了黄岩区为留黄过年的外地员工推出的各项暖心举措，营造浓浓的节日气氛。国庆期间，集团多部门协同联动，特别策划推出共富主题系列短视频《DAKA黄岩》，展示黄岩各地好玩、好吃、好看的地方，经移动端推送后网友反应热烈，收获了近5万次的点击量。

2021年，集团还推出《拒绝"躺平"拥抱奋斗》等一批署名斯语的评论文章，针对热点话题正面引导社会舆论。2021年末，庆祝党代会胜利开幕评论员文章、六大战略系列评论文章持续推出，发出黄岩主流媒体声音。

（3）盘活资源优势，提升经营创收效能

2021年以来，集团改变观念，加强营销力度，采取更具针对性的手段，深挖广告资源，搜寻新的广告创收增长点。同时，集团还积极拓展经营渠道，一年来分别与科协、头陀镇、茅畲乡等单位开展户外广告、印刷品广告等业务合作，并与安吉新闻集团合作进行农副产品网络销售，将当地的特产引进来，把黄岩的特产推出去。集团不断强化部门协同配合，盘活现有资源优势，主动开拓新市场、新业务，牵头开展专项债项目，参与承接"雪亮工程"、智安小区、智安单位等项目建设，努力为用户提供多元化服务，积极探索增强自我"造血"功能的新路径、新模式。集团充分利用自身资源优势，抽调精锐力量组建"数字化专班"，积极对接数字化业务方面涌现的新需求。2021年，集团主动承接了区政府交托的"瓜农天下"宣传推广工作。另外，集团还主动跟进交警、交旅、城投小微企业、江口街道等单位的智能化项目。

2.1.10.3　临海市新闻传媒集团

2021年，临海市新闻传媒集团在媒体融合、新闻宣传、产业发展等方面都取得了较好的成绩。

（1）媒体融合走深走实：平台联动、移动优先、大小屏互动成为常态

在理顺了全媒体运行机制后，各媒体平台间的联动成为常态。突发新闻、热点新闻移动端首发成为共识。如"杜桥中心校喊楼""最

概况篇 1

实践篇 2

创新篇 3

人物篇 4

理论篇 5

作品篇 6

展望篇 7

附 录

可爱的'喊楼'"等，都是移动端先发，报纸、电视跟进，形成梯度报道，把新闻价值最大化。2021 年，新媒体直播 146 场，短视频工作室推送 339 部短视频作品，其中"瓜头鲸救援"短视频全网点击量500 万＋。多条短视频得到了《人民日报》、新华社、美丽浙江、天目新闻、"学习强国"等上级媒体的转载，取得了很好的宣传效果。

（2）新闻宣传紧扣中心

2021 年 4 月，"奋斗百年路 启航新征程"百年逐梦大型融媒体新闻行动在郭凤韶烈士故居正式启动。开设了"学党史 悟思想 办实事 开新局""重走红色路线 寻访红色印记""向党说说心里话·一把手访谈"等专栏，各媒体平台刊播和推送报道共计 500 多篇。

2021 年新开设"留在临海过大年""新春走基层""攻坚破难抓落实 争先创优促发展""数字化改革赋能高质量发展""优化营商环境促发展""高质量建设共同富裕示范区""再创民营经济新辉煌"等 30 多个专栏。

（3）多元经营：产业经营稳步拓展、媒体经营稳步提升

政务合作不断突破，改变原有单一的合作方式，将活动、直播、晚会、比赛、短视频等宣传方式以立体打包的形式融入各镇（街道）部门的政务合作中，深化服务，多角度、多方位开展合作，政务合作实现镇街合作全覆盖。2021 年共举办了 13 场演播室大型晚会，策划执行了各类有奖竞答、线上直播活动 18 场次。2021 年，媒体经营签约合同金额 1330 余万元，圆满完成年度经营目标。

2.1.10.4 玉环市传媒中心

2021 年，玉环市传媒中心入选浙江省县（市、区）2020 年度融媒体中心 20 强、2021 年度浙江省广播电视对农节目服务工程考核优秀单位。

新闻宣传呈现新亮点。推出新闻专栏 30 余个，刊播报道 6000 多条。刊发短视频 300 多个。推出融媒微型广播剧《玉环好人》系列。特别策划推出节目"玉见——百年·寻访"。共有 58 件次创优作品获得市级以上奖项。广播、电视、报纸在中央媒体播发稿件 46 条，省级媒体 297 条。在"蓝媒号""天目号""学习强国"等新媒体平台播

发200多条。

媒体融合谱写新篇章。完成VR技术应用测试、H5拜年互动应用开发、5G设备调试应用等工作；完成IBM磁带库数字化工程。"玉环发布"微信公众号总阅读量656万次，其中超5万次的有17条，超10万次的有4条；"玉环发布"官方微博发稿1650条，其中阅读量超5万次的有14条，最大阅读量191万次。完成新媒体直播69场。

产业发展注入新活力。完成"雪亮工程"三期项目第一标段施工建设。与玉环联通签署战略合作协议，并实现业务双向融合。推出少儿栏目《阳光少年》。开展"广电低保"惠民行动和"走百村进万户"广电服务暖心行动，组织活动近百场，惠及群众近万人次。有线电视用户保有率98.28%。"广电低保"实施覆盖率99.38%。

党建工作积蓄新力量。围绕"党史学习教育"，推出午间课堂、机关党委委员领学、"学习强国"竞赛、微故事会、快闪等一批创新举措。积极争创台州市廉政文化进机关示范点。中心职工黄奕凯获玉环市"青年新语·玉见美好"小微党课宣讲比赛一等奖；中心录制的微党课入选全省机关"百堂精品微党课"。

2.1.10.5　三门县传媒中心

2021年，三门传媒中心坚持主动创新、积极作为，在外宣报道、移动优先、创新改革等方面不断向纵深推进，先后获省"县级融媒二十强"、浙报集团最佳报道组等荣誉，"跟着地图学党史H5"被省委《宣传半月刊》推广。

一是服务大局，主题报道呈现新气象。紧扣主题主线，坚持大兵团作战、全方位报道，围绕建党百年、"两个一百年"等重大主题，推出"开启两年征程·助推高质发展""学党史、悟思想、办实事、开新局""建设共同富裕县"等30多个专题专栏。强化重大典型宣传，推出的城西九任书记故事入选"中国共产党的故事——习近平新时代中国特色社会主义思想在浙江的实践"专题宣介会。

二是讲好故事，对外宣传取得新突破。通过机构重置，实现广播、报纸、电视等外宣全面融合、全域合作的大外宣格局，对外报道质量数量稳步增长，2021年在上级主流媒体发表报道2000多篇。《涛头

概况篇 1
实践篇 2
创新篇 3
人物篇 4
理论篇 5
作品篇 6
展望篇 7
附　录

村——鲜货销路好增收路子宽》登上《人民日报》头版,实现近10年《人民日报》头版零的突破;登上《浙江日报》头版有11篇,实现全年考核任务"加分大满贯";登上浙江卫视《浙江新闻联播》前三条达4条,为近年最好;《台州日报》做到头版稿件每周见、头版头条稿件每月见,省市卫视稿件较2020年增长30%以上。三门融媒体中心在"学习强国"上线,用稿数量较2019年增长35%。

三是全力转型,产业发展取得新业绩。在文创经营方面,通过内部机构重构、强化政务合作、聚焦少儿新兴产业等方式,彻底改变过去商业广告为主的模式,商业广告占比为历年最低,但整体营收能力持续增强。

四是机制重塑,队伍建设取得新突破。针对初期科室设置不科学问题进行重置,推动架构向扁平化转型,将采访人员全部充实到采访、外宣两个部门,负责内宣和外宣工作;把报刊、电视、广播、新媒体等部门调整为图文、音频、视频部,对新闻内容进行集纳优化,实现采编播流程彻底再造。全面强化自主策划,完善选稿机制,每日下午举行选题会,每周召开周例会,每月召开专题策划会。

2.1.10.6　天台县传媒中心

2021年,天台县传媒中心(天台县广播电视台)利用融媒平台,宣传天台经济社会发展特色和亮点,讲新时代天台故事,切实肩负起"举旗帜、聚民心、育新人、兴文化、展形象"的使命担当。

一是在体制机制上,激发采编队伍内生动力。县委、县政府高度重视媒体融合工作,在财政拨款、项目补助、编制保障等方面持续予以倾斜。2021年县财政经常性预算较2017年翻了一番。建立党委主要负责同志负总责、宣传部门统筹协调、各有关部门协同配合的工作机制。二是在运行架构上,优化新闻采编日常流程。坚决实施移动优先战略,优化新媒体平台布局和功能定位,"一体策划、一次采集、多种生成、全媒传播"成为常态。三是在人力资源上,聚合专业人才多方力量。

夯实舆论阵地,凝聚发展动力。一是构筑立体宣传、多元传播的"一新三维多平台"融媒体矩阵。二是搭建沟通桥梁,实现融媒协作。

依托"和合天台"App，打造以"短视频＋直播"为特色的"和合融媒"网络平台。三是发挥科技引领，强化综合保障。升级装备，添置5G直播背包、无线图传等设备，提升"作战"能力。主动适应数字化改革形势，在"和合天台"App上开通"和合号"，打造"和合家园（家头条）"应用场景。

谱写转型发展新篇章。一是强化导向管理，主题宣传铿锵有力。加强重大主题策划，引领主流舆论。开设"狠抓项目大抓服务""拥抱高铁时代""优化营商环境——我们在行动（我们承诺、请你来点评）"等天台特色明显的专题专栏30余个。二是打造融媒精品，传播力不断增强。保持内容定力，精益求精打造融媒精品，传播力日益强大。"和合天台"新闻客户端和"神秀天台"公众号粉丝数不断增长，活跃率、点赞率、互动率不断提高。"学习强国"平台上稿量居全市第一，天台县传媒中心获评2021年度"学习强国"浙江学习平台优秀供稿单位。三是专注创新创优，铸造内容品牌品质。开设《新闻聚焦》专栏开展舆论监督，曝光点评、跟踪问政，成为党委政府中心工作的有力抓手和助推器。天台电台FM91.1于元旦全新换频改版，收听率节节攀升。

台州市的路桥区融媒体中心、温岭市融媒体中心、仙居县融媒体中心也在融媒体中心的建设上取得了进展。

2.1.11 丽水市

2.1.11.1 龙泉市融媒体中心

2021年是龙泉市融媒体中心纵深推进媒体深度融合和业务提升的关键之年，发挥各媒体聚合共振效应，为奋力打造品质龙泉提供有力的舆论支持和精神动力。

（1）筑牢党媒自身发展的基石

中心党组理论学习中心组紧扣党史学习教育主题，利用"集中学＋分组学＋自学"的学习形式，利用"学习强国"App、党的文献史料、必读刊物、干部学习参阅等"线上＋线下"的学习平台，扎实推进，学深悟透，切实用党的理论武装头脑、指导工作、推动实践。

概况篇 1
实践篇 2
创新篇 3
人物篇 4
理论篇 5
作品篇 6
展望篇 7
附录

始终坚持党管宣传、党管意识形态、党管媒体的原则，深入贯彻落实上级关于意识形态工作责任制相关文件精神，严格落实党组意识形态主体责任和一把手"第一责任"、班子成员一岗双责制。进一步加强对电视、广播、报纸、微信公众号、"天下龙泉"App、新闻网站、抖音、视频号等媒体平台的监管监测。严格执行新闻报道"三审制度"，牢牢把握正确的新闻舆论导向，坚决守牢县级主流舆论阵地。

（2）开拓创新业务

提前谋划凸显重点。对全市重大会议、重大工作、重大活动报道，提前与各方积极沟通，精心策划，通过事前铺垫、事中关注、事后延伸的策略，保障良好的宣传效果。2021年，龙泉市融媒体中心宣传紧扣建党百年、市两会、市委全会、第十五次党代会、青瓷宝剑文化旅游节、政法队伍教育整顿、疫情防控等主题，精心策划了《贯彻龙泉市两会精神》《奋斗百年路 启航新征程》《党建提质能力提升》《匠心铸城实干复兴》《打好冬春季疫情防控攻坚战》《天下龙泉匠心开物》《聚焦"重要窗口"聚力龙泉复兴》等20个系列重点报道，新开设《学习贯彻党的十九届六中全会精神》《寻找初心印记》《祖国颂》《我为群众办实事》等46个专栏。

2021年，抖音号打造爆款视频"'从戎之剑'赠新兵"，单条阅读量超过400万，全年超过百万阅读量的视频达6条；"天下龙泉"App完成版本升级，新增微矩阵功能，首次将各平台的报道统一归集，新增天气预报、浙政钉、浙里办等链接功能；报纸新增"扫一扫听党史"二维码，首次实现报微互动；电视恢复《龙泉聚焦》栏目，把握"立足为民"的根本定位，推动解决了停车位重新规划、建筑垃圾倾倒等问题；新开设了《乐享龙泉》《党课开讲啦》《天下龙泉匠心人才》等极具本地特色的新栏目；相比2020年，抖音号关注用户突破1.8万人，新增8000多人；App注册用户超过5.6万人，新增1.4万人；微信公众号关注用户超过13.7万人，新增6000多人。

（3）狠抓落实，提高中心的效能

落实"人防＋技防＋制度"三重保障，建立完善干部职工绩效薪酬考核管理、新闻"三审制度"、周一新闻例会、设备检修管护等规章制度，探索建立督查问效机制，建立办公室总编室总协调、部门间沟通的工作机制，确保中心各项工作有部署、快落实、见成效。2021年，龙泉市融媒体中心重新修订并落实《龙泉市融媒体中心安全播出和网络安全管理制度》《新媒体网络中心审稿流程及岗位职责》《关于规范播音主持岗位相关费用的通知》《工作人员平时考核工作实施方案》《内部控制手册》等制度。

认真落实党风廉政主体责任，班子成员严格执行"一岗双责"，督促指导分管部门党风廉政建设工作，以学习和警示教育为抓手，不断增强干部职工廉政意识。严格执行政治纪律、中央八项规定和省委、市委关于切实加强作风建设的有关规定。严格按照有关要求开展领导班子民主生活会、谈心谈话等工作。

2.1.10.2 青田传媒集团

紧紧围绕党史学习教育、双招双引、乡村振兴等中心工作，坚持全媒体平台融合策划、做深做透，各大平台相继推出了《百年奋斗路启航新征程》《我为群众办实事》《寻访红色记忆》等30多个专栏。特别是党史学习教育方面，2021年各平台累计推送稿件1300多篇，制作短视频80多个，短视频作品《侨乡青田灯光璀璨！庆祝建党百年！》点击量50万＋，移动直播14场，大型活动4场，党史知识普及255期，被新华社、"学习强国"浙江平台、丽水电视台等中央、省、市媒体录用90多篇。全方位展示青田各地的学习实践情况，为全县深入推进主题活动营造浓厚舆论氛围。

集团联合上海金山、浙江平湖、江苏常熟、安徽黟县，共同推出"勿忘来时路——长三角地区探寻红色足迹"五地联合直播。由主演播室＋五地红色爱国主义教育基地现场连线（青田的红色爱国主义教育基地设在万山乡），通过主持人、记者、党史专家等，以讲解、评论等形式，追寻上海、浙江、江苏、安徽多地红色热土上的红色足迹，讲述红色初心故事，进行革命传统教育，追寻"我们从哪里来，为什么出发"的答案，取得了良好的传播效果，进一步扩大了青田的直播"朋友圈"。2021年开展移动直播59场，移动直播真正成为推动媒体深度融合的有力抓手。

概况篇 1
实践篇 2
创新篇 3
人物篇 4
理论篇 5
作品篇 6
展望篇 7
附 录

通过"世界青田"App，开展"越洋学史华侨课堂"活动。课堂采取"现场授课＋越洋连线"方式，将国内、国外的两个学史课堂紧密相连，借助互联网打通时空的"壁垒"，让更多的海外华人华侨融入党史学习教育中来，守护红色根脉，传承红色基因。截至 2021 年底，已有意大利、西班牙、法国、巴西等国的 30 多个侨团参与"越洋学党史"活动。此外，"世界青田"App 还开通侨乡教育、红色之旅、智慧社区、文明实践、智慧出行、网上购物等功能，服务能力不断增强。

2.1.10.3　缙云县融媒体中心

（1）把握正确舆论导向，发挥主流媒体引领作用

紧扣中心，主题宣传有声有色。紧紧围绕县委、县政府中心工作，积极策划和部署各项主题宣传报道，为各项重点工作营造良好舆论氛围。坚持精办节目、栏目、频道的思路，从讲好缙云故事、发出缙云好声音出发，在栏目的定位、题材的选取，节目的形式、语言的表达等方面力求新突破，本土宣传和地方特色更加浓郁，取得了较好的报道效果。特别是在抗击新冠肺炎疫情、迎战台风"黑格比"、仙都创 5A、祭祀轩辕黄帝大典等工作中发挥了主流媒体的宣传引导作用。

突出特色，新闻内宣提质增量。实现《缙云报》手机端原报阅读，成为全省首家上线有声报的县级报。老牌节目《平安缙云》《石城农事》全新包装，新栏目《周末去哪儿》《空间》强势推出。缙云新闻网连续多年被评为省十佳支站和优秀支站，并实现网站手机端浏览。

积极作为，切实提升缙云名声。缙云元素 29 次登上央视，其中 4 次上《新闻联播》，2 次上《新闻直播间》，1 次上《新闻 30 分》，还有 58 次上浙江卫视。丽水发布、美丽丽水等市级新媒体录用 137 条，浙江发布、美丽浙江等省级新媒体录用 107 条，"学习强国"等国家级媒体平台录用 62 条，累计推送总量近 800 条，录用 297 条。在 2021 年仙都黄帝祭典宣传中，积极与上级媒体对接配合，《人民日报》、新华社、中央广电总台 40 家媒体 160 余名记者到现场参加报道，电视直播实时观看人数超 1000 万，网络总观看量达 5086 万人次，600 多家海外媒体和 28 家台湾主流媒体跟进报道，海内外相关报道及各类信息超 8300 条，全网累计阅读量已超 3 亿人次。

（2）坚持移动优先，持续推进媒体深度融合

融媒体中心建设项目全面完成。2021年11月，全市翘楚、全省一流的广播可视化演播室进入调试阶段，并于2022年2月上线试运行。

主动适应媒体融合发展需要，整合内部力量，组建了新媒体部，推出一系列"爆款"作品。截至2021年底，新媒体粉丝数达到12万以上，阅读量1万＋的作品共有115件，15万＋的1件。2021年实现新突破，视频号总计发布744条，总播放量1536.6万次；短视频爆款频出，超10万次播放量的有30条，超5万次播放量的有57条；视频号单个短视频播放量从3月的"两会"新闻突破10万次到10月的城市形象宣传片突破180万次，全网播放量突破7500万次。2019年、2020年连续两年被丽水市市委宣传部授予"品牌新媒体"。

创新人才引进方式并加大培训力度。根据广播电视行业的特殊性，积极争取特殊岗位人才招聘等倾斜政策，创新机制，不求所有，但求所用，广揽贤才，提升发展软实力，为队伍增添新鲜血液。同时，在报刊部、采访部推行媒体稿酬制，做到任务到人、责任到人、考核到人，激发队伍活力。采取"走出去、请进来"相结合的方式，提高新闻采编人员的业务水平和工作能力。

2.1.10.4　遂昌县融媒体中心

（1）内宣工作抓重点，提亮点

2021年，遂昌县融媒体中心发挥党和政府的喉舌功能，一是紧跟重点，在广播、电视、新媒体、报刊等平台上分阶段策划推出数字绿谷、天工之城、一城五区建设、建党百年、垃圾分类、党史学习教育等系列专题专栏报道。根据政府中心工作需求，阶段性开展"轰炸式"报道，配合县委县政府及时营造良好的宣传氛围，有力助推县域重点工作开展。二是打造头条，每周根据新闻例会选题方向，重点谋划若干条新闻头条。尤其是在"遂昌新闻"微信公众号，陆续推出了"带你看遂昌72变"系列稿件，通过一个个生动的实例，反映遂昌建设跨越式高质量发展"重要窗口"进程上的点点滴滴，多条阅读量都破万，新媒体端总阅读量已突破15余万人次。

同时，还在报纸、新媒体等平台开设《一"数"一故事》献礼建

概况篇 **1**

实践篇 **2**

创新篇 **3**

人物篇 **4**

理论篇 **5**

作品篇 **6**

展望篇 **7**

附　录

党百年系列报道、《因为相信所以看见》《聚焦遂昌"期中考"》《十大民生实事盘点》等专栏，通过工业复兴、城市更新、大搬快聚、生态提质、招商引智、交通建设等方面展现遂昌经济社会的不断发展、百姓生活的不断改善，在社会各界取得了良好反响。

（2）外宣工作多拓展，重合作

积极对外展现遂昌在经济、环境、文化等各领域取得的新成就，讲好遂昌故事，传播遂昌好声音。

2021年外宣工作一个突出特点就是"快"。中心工作、重大题材、模范典型、好人好事等遂昌元素总是能第一时间亮相中央、省、市主流媒体。特别是2021年浙江卫视的几次重大新闻策划和重大主题报道，遂昌在全省兄弟台的竞争中始终走在最前面。比如反映生物多样性的大型新闻行动《寻找山水精灵》两次走进遂昌，系全省唯一县媒体单位。《共同富裕新征程》《全省最美公务员》《优秀驻村指导员》等一批主题报道，遂昌也是全市第一个登上卫视联播荧屏。

（3）媒体融合深入推进

遂昌县融媒体中心的媒体融合工作开始已经有2年，经过两年多时间的努力，实现了人员相融、平台相融、技术相融和考核相融。2021年10月，新闻部的几个科室正式搬入新大楼，并正式启用融媒体中心指挥平台，这意味着全新的融媒体宣传阵容已形成，进一步强化了技术平台，初步完成媒体融合的目标，实现了系统重塑。

2.1.10.5　松阳县融媒体中心

2021年，松阳县融媒体中心聚焦媒体融合，推进党的建设，凝心聚力，主动作为，真抓实干，为建设现代化"田园松阳"提供了强有力的思想保障和舆论支持。

（1）聚焦党史学习教育，强化思想引领，构建精神"园地"

用活"主阵地"，确保学习教育有热度。制发《松阳县融媒体中心关于开展党史学习教育的实施方案》，充分利用理论学习中心组、"三会一课"、主题党日、"学习强国"平台等载体，传达学习习近平总书记关于党史学习教育系列重要讲话精神，组织学习《中国共产党简史》、习近平《论中国共产党历史》等指定书目，统一思想认识，提高政治站位，高标准、高质量抓好党史学习教育。创新学习形式，丰富学习载体，进一步掀起党史学习教育热潮。开设"红色讲堂"，邀请县档案馆四级调研员洪关旺作党史学习教育专题辅导报告，系统解读松阳党史；党组书记作题为《为浙江高质量发展建设共同富裕示范区的松阳实践营造良好的舆论氛围》专题党课，带头宣讲并动员部署党的十九届六中全会精神、"六讲六做"大宣讲活动，班子成员及时响应、持续跟进，在党支部和分管科室开展宣讲；党工团妇积极搭建平台，组织干部职工赴县党群服务中心、中国工农红军挺进师纪念馆等红色革命教育基地开展"游学"，重温革命精神，缅怀革命先辈；鼓励干部职工参加"党旗颂中国梦"合唱比赛和万人党史知识"云上比"活动，进一步提高中心党支部的凝聚力和战斗力；举办"奋斗百年路 启航新征程"微党（团）课大赛，充分激发党员干部以赛促学忆党史，以学促行践初心，选送选手参加县级微党课大赛均获一等奖佳绩。

（2）紧扣全县中心工作，突出重点难点，筑牢舆论"阵地"

一是举旗帜，抓好对内宣传，集聚拼搏奋进精神动力。围绕县委、县政府重大决策部署及工作重点，开展"十四五"开局新闻宣传、"建党百年"主题宣传和"高水平全面建成小康社会"成就宣传，突出报道聚力打造"四张金名片"、积极推动"共同富裕示范区"建设、"双招双引"战略举措、乡村振兴、疫情防控等内容，在广播、电视、报纸、新媒体平台先后开设"开展高质量村社组织换届""打好冬春疫情防控攻坚战""重点工程进行时""共同富裕新征程""干中换换中干 乡村共富大家谈""弘扬践行新时代松阳精神"等专栏30余个，共编发电视新闻《松阳新闻》264档1800余条，《一周要闻》48档；录制电视节目《松阳闲谈》46档；编发广播《松阳新闻》200余档2000余条；《新松阳报》共出版122期，刊发稿件1246篇。重点关注松阳茶产业发展、美丽乡村建设、新农人风采、返乡创业青年等内容，采制播专题栏目《时空漫步》47档，《农业在线》45档，《时代风帆》4档，全方位、多角度、立体式展示了松阳县经济社会发展取得的显著成绩和干部群众奋发有为的精神风貌，充分发挥党媒举旗帜、聚民心的作用。

概况篇 1
实践篇 2
创新篇 3
人物篇 4
理论篇 5
作品篇 6
展望篇 7
附 录

二是展形象，抓好对外宣传，展现积极向上良好风貌。主动借力"浙报集团县级融媒体中心共享联盟""浙江广电'蓝媒联盟'"等平台，聚焦各项工作重点，积极拓展外宣平台，开展与中央、省、市级主流媒体的深度合作，对外宣传工作再创佳绩。2021 年一季度，中心蝉联浙报集团丽水县级融媒体中心共享联盟新闻协作第一名。2021年，央视、新华社等国家级媒体刊播有关松阳的正面报道 28 条。其中，仅 3 月 3 日一天，松阳茶叶 12 次登上央视大屏；9 月 5 日，央视新闻频道《走进乡村看小康》栏目对陈家铺村进行了长达 13 分钟的直播，并登上央视《新闻联播》。浙江卫视《浙江新闻联播》、浙江公共新闻频道、浙江之声等省级主流媒体刊播稿件 70 余条；丽水广播电视总台共计用稿 2400 余条。由中心记者自己采写或推介、配合完成的稿件在《人民日报》刊发 3 篇，新华社通稿 8 篇；在《浙江日报》刊发 19 篇，其中头版头条 1 个，整版 4 个；在《丽水日报》刊发 346 篇，其中头版头条 4 个，整版 15 个。值得一提的是，9 月 19 日在《浙江日报》头版头条发表的《一封未寄出的挽留信——省政协机关驻村指导员楼海勇与周安村的帮扶情》一文得到省委副书记黄建发批示。新媒体推文、视频被"学习强国"浙江学习平台录用 60 条，"美丽浙江"抖音号录用 21 条，"中国蓝新闻"客户端头条频道录用 85 条，"天目新闻"客户端推荐频道录用 19 条。其中，由中心团队拍摄制作的短视频《书记说党史 松阳县委书记李汉勤：追寻红色足迹传承革命精神》在"学习强国""浙江新闻"客户端等平台推送，该视频在"浙江新闻"客户端阅读量超过 35.3 万。

（3）夯实基层组织根基，加强队伍建设，打造人才"高地"

一是树立正确导向，提高综合素质。严格执行《干部选拔任用工作条例》，坚持以注重品行、崇尚实干和群众公认为主要标准的用人导向，重要工作岗位优先任用政治靠得住、工作有能力、作风过硬的干部。

二是坚持引培并举，壮大人才队伍。选派采编骨干赴浙江广电挂职学习，参与省政府新闻办官方抖音号"美丽浙江"日常运营，加强业务交流，提高综合素质。鼓励干部职工积极参加与媒体融合相关的专题培训班，重点学习新媒叙事的框架编排、文风转变、互动参与业务，努力打造一支既熟悉新闻规律，又懂新媒体，既能熟练掌握信息采集分发，又能创新应用新媒体技术的全媒体记者队伍。

三是强化制度建设，激励担当作为。制订《松阳县融媒体中心编辑委员会工作制度》《松阳县融媒体中心技术委员会工作制度》，明确编委会和技术委员会组成人员、主要职责及议事规则，进一步提高新闻宣传质量，提升技术保障和安全刊播水平。

2.1.10.6　云和县融媒体中心

（1）采编重点

一是强化选题策划。梳理全县重点工作、专项工作清单，落实专人加强同相关主管部门和议事协调机构的联系，结合工作推进情况开展政策解读、动态报道、亮点挖掘、典型宣传。安排骨干记者加强同上级主流媒体的对接，协同推进重大成就、特色经验、创新举措对外宣传。截至 2021 年底，完成《人民日报》5 篇、新华社 5 篇（含新华每日电讯头版头条 1 篇）、中央电视台 7 条、"央视新闻"客户端 3 条、浙江日报 51 篇、浙江卫视 52 条的外宣报道。二是注重融媒创作。策划推出"小康路上""山海协作升级版""忆峥嵘岁月铭初心使命""20人 20 年"等融媒系列报道，采取"走读式""解剖式"采访，放大新闻宣传效应。策划"万人打卡·助力红村发展"线上线下相结合的系列活动，发起成立云和雪梨产业振兴联盟，助力红绿融合、乡村振兴。三是打造特色栏目。推动传统电视节目革新，精心策划推出《小夏探店》栏目（已播出 22 期），实现大小屏互动。开设《云和聚焦》和《曝光台》，开展建设性舆论监督。策划"融媒小剧场"，通过故事演绎、情景再现的形式宣传疫情防控、电信诈骗、消防安全等工作。

（2）媒体融合

按照"集约高效"原则，整合资源，系统融合，实现了"一体策划、一次采集、多种生成、全媒传播"，建成以"两台、一报"传统媒体和"两微一端一网四号"新媒体为主要载体的全媒体传播矩阵，基本构建了分众传播、分类覆盖的格局。在融合推进过程中，从思维理念、媒介内容、传播手段等方面进行突破创新，顺应群众信息需求日益细

概况篇 1
实践篇 2
创新篇 3
人物篇 4
理论篇 5
作品篇 6
展望篇 7
附　录

分的趋势，探索"媒体＋政务""媒体＋服务"等模式，整合服务项目，打通供给渠道，打响"童话云和"品牌效应，为群众提供精准化资讯和多样化服务。

（3）队伍建设

一是深化"蜂蜜融媒"人才培养。开展各类技能培训，切实提升记者编辑的综合采编能力。2021年，县融媒体中心成为浙江传媒学院"卓越新闻人才培养基地""大学生社会实践基地"。二是强化"一专多能"素质要求。组建理论评论、新闻外宣、新媒创优、电视时评等小组，以课题攻关的形式，提高专业化水平。三是坚持"问题导向"修复短板。制订媒体深度融合项目分解表，以领导领办、团队协作的方式，对短视频摄制、网络直播、电视新闻改版、电视专题改版、新媒精品创作等9项薄弱环节进行项目化攻坚。

2.1.10.7　庆元县融媒体中心

2021年，庆元县融媒体中心抓好新闻宣传、融合发展、队伍建设等工作，构建起"报、网、端、微、屏"五位一体的现代传播格局，形成网上网下一体、大屏小屏联动、多终端覆盖能力的泛媒体传播新业态，整体传播力、引导力、影响力、公信力得到有效提升。

（1）重策划，高标准做好新闻宣传

坚持守正创新、内容为王，不断拓宽宣传渠道、创新新闻表达方式，用跟上时代的精品力作开拓新闻宣传新征程。

①主题主线报道精彩纷呈

围绕全县2021年重点工作，开设《奋斗百年路 启航新征程》《聚焦重点项目献礼百年》《疫情常态化防护》等专栏，做深做细主题报道。全年刊播电视稿件1990篇，广播稿件2452篇，报刊稿件4800多篇，新媒体稿件25758篇，为全县各项工作开展营造浓厚的宣传舆论氛围。

②建党100周年宣传亮点频现

紧紧围绕庆祝建党100周年，进一步加强策划、选题，开设《奋斗百年路 启航新征程》主专栏，下设《学史进行时》《红色物件里学党史》《红色廊桥·讲党史》等8个子栏目。全年各平台累计共刊播建党100周年宣传稿件700多篇，80多篇作品被上级媒体采用，多篇作品受到省、市宣传部门的高度评价，其中，《红色物件里学党史》系列报道8篇全部被"学习强国""浙江新闻"客户端采用，在全市9县市（区）媒体中尚属首次，被《丽水日报》一版点赞，其中"两只红军碗"入选全省"复兴路上100号——光影博物馆"进行巡展，营造了热烈庆祝建党100周年的浓厚氛围。

③对外宣传成效日益提升

积极上送优质稿件，加强对外宣传。2021年，在央级媒体刊播各类稿件20多条，省级以上主流媒体录用稿件100多篇。

其中，《全班师生帮助肌无力的同学动起来"我们做你的双腿"》一文实现了《浙江日报》微博视频播放139万次。《人民日报》微博引用"浙视频"，并发起"小学生5年来自发帮助肌无力同学"主题讨论，高达1551.1万阅读量，中央电视台播出时长达2分18秒。《庆元方言版防疫RAP》《全运会冠军王楠宣传庆元》《县委书记蓝伶俐慰问全运会冠军王楠》成为爆款短视频，每条观看人数均超10万次。

2021年1月，获2020年度浙报集团共享联盟·合作奖。2021年8月，中心被浙江政务短视频联盟评为优秀组织奖。与长兴县融媒体中心开展联合新闻采访行动，先后推出《红色足迹："从关键性一仗"到"江南小延安"》《跨越山海的礼物》等高质量稿件，在浙江省内首次实现两地融媒体中心联袂报道，作为先进典型在全省县级融媒体中心建设专题培训班上作交流发言。

（2）严管理，高效能推进融合发展

在完成整合媒体人员机构的基础上，倾力推进深度融合发展。

①融媒事业更加规范运行

根据人事变动工作需要，调整领导班子成员分工，明确职责，实现了人员、机构、技术、平台的相继融合。中心严格落实"三审"制度，完善值班值守制度，统一整合采、编、制录、播发等流程，实现"一次采集、多种生成、多元传播、迅速扩散"，不断提高覆盖面和阅读量。

②内部管理制度初步建立

严明工作纪律，对全体干部职工进行量化考核，从采编激励、内

概况篇　1
实践篇　2
创新篇　3
人物篇　4
理论篇　5
作品篇　6
展望篇　7
附　录

部管理以及关心关爱干部职工等方面制订出台考核激励、管理制度。通过系列制度的出台，明确了工作职责，激发了干部职工干事创业的热情，以完善的制度体系推动工作效能提升，进一步推进媒体深度融合发展。

（3）促培育，高要求锻造全媒体人才

①充实人才队伍。通过设置"专业技能测试＋面试"、事业单位统考等方式，不断充实采、编、制、播和网络技术人才。

②加大人才培养力度。继续开设中心"8090"培训班，通过"请进来"和"走出去"，通过邀请专家培训、跟班学习、直播实践等形式，开拓采编人员视野、树立创新理念、提升技能水平，积极与长兴融媒体中心开展结对共建，派出业务骨干赴长兴开展挂职锻炼，并与长兴县融媒体中心开展联合新闻采访行动，有效地提高了干部队伍专业化水平和整体素质。

丽水市的景宁畲族自治县融媒体中心也在融媒体中心的建设上取得了进展。

2.2　年度"融媒中心20强"

2.2.1　义乌市融媒体中心

2021年，在义务市委、市政府的坚强领导和市委宣传部的精心指导下，义乌市融媒体中心坚持以习近平新时代中国特色社会主义思想为指导，围绕中心，服务大局，在2021年度义乌市党群部门综合考绩中获评优秀单位，党建工作获全市先进；获市委、市政府"集体嘉奖"荣誉。央视《新闻联播》播出24条，《焦点访谈》播出5期，外宣工作量质提升，获得全省广播电视新闻协作广播特等奖、电视特等奖、新媒体一等奖，获上送中央电视台、中央人民广播电台十强单位，获评"学习强国"浙江学习平台年度优秀供稿单位，"义乌TV"视频号在全省县级融媒体中心官方视频号中排名第一。报刊、广播电视、新媒体新闻作品获得省新闻奖18项、金华新闻奖26项，广播电视节目技术质量奖省级奖项 9 项，科技创新奖 1 项。《义乌商报》2021 年度发行量 7.6 万份，同比增长 2000 多份。全年总创收 2.4 亿元。

2.2.2 安吉县融媒体中心

安吉县融媒体中心（安吉新闻集团）经过两轮体制机制改革，确立了融媒体中心抓新闻生产、新闻集团抓产业经营的事业单位性质企业化运行实质的运营模式，中央改革办专题信息介绍安吉媒体融合发展经营经验。集团实行编委会抓宣传主业、经管会抓产业经营、行管会抓行政保障，以一集团（台）五公司方式统筹发展，集合了广播、电视、内刊、网站、楼宇电视、城乡大屏、官方微博、微信公众号、App 及部分户外广告位等县域最全的媒体资源。有员工 501 人，其中事业在编人员 135 人，聘用人员 366 人，中心每年在央媒、省媒广播电视传播条数均在 1000 条以上，2021 年实现了中国新闻奖和中国广播电视大奖零的突破；启动"新闻＋数字"智慧建设全国战略，"爱安吉"客户端、数字乡村、智慧旅游等智慧产品在全国 23 个省 300 余县市落地推广，2021 年营业总收入 4.012 亿元。

2.2.3 海宁市传媒中心

海宁市传媒中心是集报纸、广播、电视、网站、新媒体于一体的全媒体中心。旗下拥有 1 张报纸、3 个电视频道、1 套广播频率、1 个网站、5 个新媒体主平台，是一个"一次采集、多元生成、全媒体播发"的媒体融合大平台，创作出了一大批富有海宁本土气息、群众喜闻乐见的融媒体作品，是海宁全媒体传播的最高地。2021 年，海宁市传媒中心加快推进媒体深度融合发展，完善全媒体传播体系，制定项目清单，围绕内容高质量、管理高水平、经营高效益，加快主力军挺进主战场，集中精力将"大潮"客户端打造为"新闻＋政务服务商务"的平台。自客户端改版上线以来，立足海宁本土，精做新闻资讯，优化用户体验，牢牢黏住目标人群，在"千端一面"的新闻类客户端中，

概况篇 1
实践篇 2
创新篇 3
人物篇 4
理论篇 5
作品篇 6
展望篇 7
附 录

打造了自己的可辨识度。截至 2021 年 12 月 31 日，"大潮"客户端下载量为 28.6 万，月均活跃用户数 3 万多名。

2.2.4 嵊州市融媒体中心

嵊州市融媒体中心于 2019 年 3 月 4 日组建挂牌，由嵊州市新闻传媒中心、嵊州市广播电视总台整合而成，是绍兴地区首家挂牌成立的县级融媒体中心。拥有广播电视频率频道许可证、互联网新闻信息服务许可证、信息网络传播视听节目许可证、增值电信业务经营许可证等牌照。截至 2021 年底，网上平台超 10 个，包括"爱嵊州"App，"嵊州发布""嵊州新闻""嵊广 1003""嵊县儂"微信公众号，"嵊州融媒"官方抖音号和一系列视频号，"爱嵊州"App 累计下载量 19万多次，整合全市各乡镇街道、部门的 69 个微信公众号，集成 39 个服务功能，上线推出文明码、大食堂、嵊里办、天天有直播、剡溪学堂、村级班子创业承诺数字化跟踪平台、红色专线等一系列模块，试运行"社区"模块。

2.2.5 奉化区融媒体中心

奉化区融媒体中心于 2019 年 6 月 6 日挂牌成立。"掌上奉化"App在 2018 年度中国县域最强广电 App 榜入选"县域广电 App 十强"。奉化区广播电视中心入选 2018 年度活力榜、2018 年度最佳蓝媒产品榜、2018 年度最佳蓝媒头条榜。奉化区广播电视中心获 2018 年度全省广电新媒体新闻协作三等奖、2018 年度全省广播电视新闻协作县级电视二等奖。奉化广电网络获 2018 年度浙江省优秀经验推广互动用户保有奖。奉化区融媒体中心获 2019 年浙江乡村振兴带头人评选优秀组织奖、2019 年度浙江省合作单位大众市场评优双向业务发展优胜奖银奖、2020 年度浙报集团共享联盟合作奖等，并获评 2019 年度有线广播电视运营服务浙江省级优秀单位。

2.2.6 鄞州区融媒体中心

鄞州区融媒体中心着眼高起点，瞄准高平台确定一批高定位、高标准、高立意的文化创优项目，报纸、广播、电视、客户端每年选送的作品有近百篇在各级各类评比中获奖，在宁波市各县市区创优工作处于第一，广播系列报道《鄞州：改革开放微型口述史》获中国新闻奖三等奖，取得了宁波广电历史上的突破。鄞州区融媒体中心也是全省唯一通过"自荐"获得中国新闻奖的县市区台。中心坚决贯彻中央和省委、市委、区委关于媒体深度融合的战略决策部署，吹响主力军全面进入主战场的时代进军号、决胜冲锋号，以更坚定的决心、更坚决的态度，加快推进媒体融合改革发展，构建全媒体传播体系。作为县区级新闻单位，鄞州区融媒体中心确定了难度最大的事业单位企业化运作的改革方向。

2.2.7 嘉善县融媒体中心

嘉善县融媒体中心按照采编刊发流程以及"一次采集、多端分发""融专结合"等原则，分别设置了采访（视觉）部、报刊部、电视部、新媒体部以及总编室（管理部门）、创作中心（短视频创作部门）和善媒、善融两家公司。

嘉善县融媒体中心依托浙报集团"天目云"平台，建立了集"策划、采访、编辑、审核、签发、考评、运营"于一体的融合采编一体化"中央厨房"，实现"一次采集、多端分发"。通过编委会、经管委两条线，融合各类媒体平台资源，有效统筹新闻宣传与媒体服务合力，实现社会效益与经济效益的共赢。

2.2.8 柯桥区融媒体中心

柯桥区融媒体中心（柯桥传媒集团）于 2019 年 4 月挂牌成立，9月搬入柯桥区绸缎路 877 号传媒大楼融合办公。

按照"移动优先"理念，构建以"笛扬新闻"App 为核心，汇集

概况篇 1
实践篇 2
创新篇 3
人物篇 4
理论篇 5
作品篇 6
展望篇 7
附 录

《柯桥日报》、新闻综合频道、"轻纺城·时尚"频道、"FM106.8"广播、柯桥网、"浙江新闻"客户端柯桥频道和"柯桥发布""柯桥传媒""FM106.8经典汽车广播"3个微信公众号，以及"柯桥发布"微博、抖音等多个平台的"一核多平台"发布端。"笛扬新闻"App作为柯桥区全媒体矩阵的核心阵地，实现区域内重大事件100%首发。截至2021年12月，中心新媒体用户总数近300万名。

2.2.9 瑞安市融媒体中心

2019年10月，在整合瑞安日报社、瑞安市广播电视台等相关单位以及各政务服务平台、"两微一端"等资源的基础上，挂牌成立瑞安市融媒体中心。瑞安市融媒体中心强化"五个重塑"，牢牢把握正确舆论导向，坚定不移落实移动优先要求，深入开展"媒体＋"综合服务，形成社会效益和经济效益双丰收，在实践中不断探索建立县级融媒体中心新机制，提升舆论影响力、传播力、公信力，打造县级融媒体中心"全国样板"。2021年11月，瑞安市委、市政府相继出台了深度融合和"三定"方案等政策文本。2022年1月，瑞安市融媒体中心新办公区正式投用，顺利完成人员、机构、机制三大融合转型。

2.2.10 上虞区融媒体中心

上虞区融媒体中心按照"主流舆论阵地、综合服务平台、社区信息枢纽"的功能定位，积极打造绍兴一流、全省领先的县域新型主流媒体。中心建立了"1＋3＋10＋N"媒体传播平台，运营"百观"App，上虞新闻网，"上虞发布""百观新闻""上虞融媒""上虞之声"微信公众号，"看上虞"抖音号，"百观新闻网"视频号等10个新媒体平台，全媒体用户数超100万名。中心先后在中央电视台播出新闻26条，在新华社、《人民日报》、《光明日报》等国家媒体播（刊）发稿件239篇（条），在《浙江日报》、浙江卫视等省级媒体播（刊）发稿件711篇（条）。在"学习强国"推送411条，在"浙江新闻"App上刊发阅读量30万＋的新闻15条，阅读量10万＋的新闻32条。与浙江卫视联动直播"中秋赏月·共享浙东唐诗之路文化大餐""百架无人机,接力看大潮"等。广播节目中心对农广播节目获得全省三等奖。在 2021 浙报·融媒共享联盟合作传播力月榜中,5 月、12 月均居绍兴市第一。

2.2.11　平湖市传媒中心

在打造新型主流媒体的进程中,平湖市传媒中心坚持推动主力军全面挺进主战场,把更多优质内容、先进技术、专业人才、项目资金向互联网主阵地汇集。一批有关平湖经济、社会、文化等建设方面的重大题材新闻在中央电视台、浙江电视台等媒体播出,2021 年以来,在国家、省、市三级重点党报、台、网录用稿达 2700 多件。节目创优量质并举,《女儿去大学报到 35 位"爸爸"组团相送》获 2020 年度浙江新闻奖新媒体类短视频现场新闻一等奖。在浙江省 2021 年对农节目服务工程建设考核中广播、电视双双获得优秀,是嘉兴地区唯一一家获奖单位。12 月,2021 年嘉兴市镇(街道)广电站广播自办节目抽查考评结果揭晓,平湖市新埭镇等 4 个镇(街道)广电站自办节目进入嘉兴"十佳",总成绩连续七年居嘉兴第一。

2.2.12　乐清市融媒体中心

2021 年,乐清市融媒体中心紧紧围绕乐清市委重大决策部署,聚焦市委、市政府重点工作,"报台网端微视"全媒体平台开设了 60 多个专栏专题,重磅推出一系列中心工作主题报道,为乐清争创浙江共同富裕示范区高质量发展县域标杆提供强大舆论支持。整合资源,做优做强《乐清日报》、FM995 乐清人民广播电台和乐清电视台新闻频道、生活频道及以"乐音清扬"App 为龙头的"一端二网三微"等全媒体平台,通过差异化、个性化定位,打造新型传播矩阵。其中"乐音清扬"App 是融媒体中心自主打造的"媒体＋政务＋服务"的重要平台,2021 年底时用户数逾 13 万名,被列入乐清市数字化改革任务。

概况篇　1

实践篇　2

创新篇　3

人物篇　4

理论篇　5

作品篇　6

展望篇　7

附　录

2.2.13　永康市融媒体中心

2021 年 10 月，永康市融媒体中心完成对原永康市广播电视台和原永康日报社人员的合署办公，并及时修改、完善、制定相应的规则制度，汇编成册，实现制度管人。整合形成以《永康日报》、永康人民广播电台、永康电视台、永康新闻网、"永康人"微信公众号、"掌上永康"App 等全媒体传播矩阵。深入创新"互联网＋新闻"宣传，巩固扩大主流微信公众号阵地，全力打造融媒体精品。创新推出"融媒零距离"工程，以镇为单位设立融媒观察哨，实现县域镇（街道）村全覆盖和信息、宣传流通的互融、互通、互助，该工程经省委宣传部推荐，参评全国媒体创新案例。

2.2.14　临平区融媒体中心

临平区单独设区以来，临平区融媒体中心强化党建引领，积极拓展宣传矩阵，深化媒体融合传播，充分发挥主流媒体阵地作用，为临平区高水平建设"数智临平·品质城区"，争当高质量发展建设共同富裕示范区样板提供舆论支撑。2021 年度推出重大主题报道 30 余组，共计 1500 多篇。其中《守好红色根脉·奋斗吧，临平！》《感动临平共富样板》等用生动的案例、鲜活的故事展示临平 2021 年进行时和百年党史进行时，全面宣传临平区改革创新走在前，推动各项工作落地见效的好办法和经验。6 月起，中心推出临平区舆论监督类栏目《重点关注》，共播出 50 期，向区委、区政府推送专报 50 件。充分运用网络短视频、记者 vlog、H5 等融媒体传播形式，对区内重大事件进行全方位、立体式报道，全年开展新闻直播 27 场，其中 2 场被"央视新闻"客户端录用。

2.2.15　宁海传媒集团

宁海传媒集团始终坚持导向为魂、移动为先、内容为王、创新为要，在制度机制、流程管理、人才技术等方面加快融合步伐，形成"一报两台一网一端三微一抖"的县级融媒体矩阵格局，实现内宣、外宣、网宣"三宣"联动，新闻舆论引导水平得到全面提升。坚持移动优先，建成融媒体指挥平台，重构全媒采编发布体系。"看宁海"客户端注册用户突破21万名，入选省"十佳App"，入围全国广播电视媒体融合成长项目的评选和长三角广播电视媒体融合优秀案例的评选。"三微一抖"粉丝总量超过65万人，直播平台年度直播100余场。抓住短视频风口，打造网络爆款，2020年以来短视频播放量100万＋的达23条，1000万＋的有4条。

2.2.16 北仑区传媒中心

北仑媒体融合工作启动以来，紧扣"主流舆论阵地、综合服务平台、社区信息枢纽"的目标，深化"充分整、深度融、新闻＋、政策扶"，2018年12月，北仑区整合原区广播电视中心和北仑新区时刊社，挂牌成立北仑区传媒中心。中心强化内宣外宣融合，主动融入中央、省、市级媒体，挂牌成立浙江日报集团"浙甬融"北仑工作站、浙江广播电视集团"蓝媒联盟"北仑协作站，同时进一步建立好街道、部门新闻报道联动机制，做到一手接天线、一手接地气，2021年度上送央视电视新闻107条，相比2020年翻了一番。在区域媒体融合过程中，北仑区传媒中心坚持守正创新、破立并举、担当作为，全面推进"全媒型、智慧型、服务型"的新型主流媒体建设，不断提升传媒创新发展能力，中心获浙报集团颁发的年度媒体融合先锋奖。

2.2.17 淳安县融媒体中心

淳安县融媒体中心（千岛湖传媒集团）打造传统媒体、新兴媒体、社会宣传资源融为一体的全媒体矩阵，重塑管理、价值、监督、经营、创新"五大体系"，加快推动媒介资源、生产要素有效整合，让信息内容、技术应用、平台终端、人才队伍共享融通，重点建设广播、电视、报纸、网站、淳安发布、"视界千岛湖"App、千岛湖屏媒、"学习强国"

概况篇 **1**
实践篇 **2**
创新篇 **3**
人物篇 **4**
理论篇 **5**
作品篇 **6**
展望篇 **7**
附　录

淳安供稿中心、"今日淳安"视频微信号、"淳安发布"抖音号等10大媒体平台，形成"两台""两网""两微""两短视频"，"一报""一端""一屏"新型融媒体集群，建成具备主流舆论阵地、综合服务平台、社区信息枢纽、文化产业引擎等中心功能的新型媒体机构。

2.2.18　海盐县传媒中心

2021年，海盐县传媒中心牢记职责使命，全力发展新闻事业，壮大"融媒体"主流阵地。围绕建党百年主题主线，紧扣海盐县委、县政府中心工作，牢牢把握正确的政治方向和舆论导向，充分发挥广播、电视、报纸、新媒体平台融合传播优势，新闻报道量质并升。全平台发稿11000余篇，新媒体阅读总量超3.5亿次，外宣用稿2978篇。中心入选"全省融媒中心20强"，"爱海盐"客户端入选"全省十佳App"。积极开拓创新，大力发展新闻产业，提升"融媒体"发展活力。坚持数字赋能，成立海盐县大数据运营公司，为全县数字化改革贡献传媒力量。依托"盐津豆"电商平台研发全新应用场景，上线惠企助工消费券模块，惠及企业618家，职工1.39万人。

2.2.19　龙游传媒集团

龙游传媒集团融媒体中心于2019年11月正式启用，在龙游县委县政府、县委宣传部的高度重视和推动下，紧紧围绕深入推进媒体融合的目标要求，通过整合媒体资源、理顺体制机制、强化内容生产、拓展服务领域、做强队伍建设的方式，扩大了主流价值影响力版图，让党的声音传得更开、传得更广、更深入，着力打造了县域媒体深度融合"龙游样本"，培育关注用户数22.8万名的"微龙游"微信公众号；开通"新华社"客户端抖音号、天目号等10多个媒体号，构建起载体多样、渠道丰富、覆盖广泛的"移动传播矩阵"，形成平台联动的辐射效应。其中，2021年全年累计向"学习强国"平台报送稿件291篇，其中浙江省平台录用145篇。

2.2.20 桐庐县融媒体中心

2021年，《今日桐庐》《桐庐新闻》《桐庐发布》等新闻产品质量明显提升，"潇洒桐庐"App下载量突破7.5万次，完成年增2万人目标；"桐庐发布""同乐汇"微信公众号合计订阅人数超50万人。新推出了《早安桐庐》《"桐"一周》《大眼睛》等特色视频栏目，"桐庐融媒"视频发布影响力不断增大。完成8家乡镇分中心和2家微型融媒站的建立和挂牌，实现新闻传播向基层下沉，打通信息传播"最后一公里"。2021年2月2日，浙江宣传（工作信息）第10期《桐庐县推动乡镇融媒矩阵向纵深发展》得到省委宣传部副部长赵磊批示肯定："有关创新探索值得关注！"4月13日，《杭州宣传信息》第15期《桐庐县推动乡镇融媒矩阵向纵深发展》得到杭州市委常委、宣传部部长戚哮虎批示肯定："桐庐县做得好！"

2.3 年度"20佳新媒体"

2.3.1 萧山网

萧山网是萧山新闻门户，经过十七年的发展，已成为萧山网络宣传的主力军。萧山网坚持新闻立网，始终坚持正确的舆论导向，凭借垂直式全覆盖的三级网传播体系，深度开展网络访谈、网络问政。萧山网充分运营微信公众号和视频号等移动传播平台，打造有影响力的移动传播内容，提升影响力。

2.3.2 "掌心长兴"抖音号

为充分运用新媒体平台宣传长兴文化，扩大品牌影响力，长兴县融媒体中心于2018年5月注册抖音官方账号"掌心长兴"。服务期间，"掌心长兴"先后拍摄制作短视频5536条，在抖音等平台发布后

概况篇 1
实践篇 2
创新篇 3
人物篇 4
理论篇 5
作品篇 6
展望篇 7
附　录

受到广大网民欢迎，播放量 7383.3 万次，获赞量 46.8 亿次，粉丝量增至 202.9 万人，播放量 200 万次以上的超过 250 余件，为宣传长兴起到了积极促进作用。

2.3.3　　"爱义乌"客户端

"爱义乌"客户端是义乌市融媒体中心推出的一款手机客户端应用程序，于 2014 年上线运营，旨在打造义乌本地的综合性资讯服务平台，经过多年升级改版，基本形成了"全媒体融合＋政务服务＋民生服务"框架。2019 年开始，"爱义乌"客户端通过开设镇街、部门分站，推动融媒资源"下沉"，着力打造聚焦快、准、全新闻资讯以及服务性强的综合平台。

2.3.4　　"乐享平湖"抖音号

"乐享平湖"抖音号是平湖市传媒中心官方抖音号，自 2018 年 7 月份上线以来，深耕本土原创，形成了以正能量为主的新闻短视频风格，累计发布短视频 1500 多个，总播放量突破 8.8 亿次，获赞数达 1630.5 万。《瓜果无错，位置错了！执法队员管理乱设摊，以理服人》《女儿上大学 35 位"爸爸"组团送行》等多个原创作品成为全网现象级爆款。

2.3.5　　"掌上鹿城"客户端

"掌上鹿城"客户端是温州市鹿城区致力于推进媒体融合发展，于 2020 年 12 月推出的"新闻＋政务＋服务"官方媒体平台，平台涵盖新闻资讯、视频、直播、服务、鹿城号、商城等六大类栏目。2020 年平台"遇见·五马"5GVR 系列直播入选浙江省新媒体创新应用案例。2021 年 5 月"掌上鹿城"同名

2.3.12 "爱嵊州"客户端

嵊州市融媒体中心对照中央对县级融媒打造"主流舆论阵地、综合服务平台和社区信息枢纽"的指示精神，开创建设移动端"爱嵊州"App，为用户提供"既实用又有效""既丰富又有趣"的信息。尤其是在疫情防控、政策宣传等方面，内容发布快速、更新及时。在历经2年的发展后，"爱嵊州"App在2021年底已完成用户注册21万名，月活超2万人，月均推发信息2600余条。其中，在打造"社区信息枢纽"进程中，"爱嵊州"App真正实践"从群众中来，到群众中去"的宗旨，让基层新闻客户端与用户一同发展。

2.3.13 "镇灵通"客户端

"镇灵通"客户端牢固树立"宣传是生产力也是竞争力"的理念，顺应移动互联网发展趋势，积极探索舆论引导新模式，围绕"服务＋政务＋新闻"，突出弘扬主旋律，唱响"网络舆论最强音"，突出用户需求，培育学生、党员、美食爱好者三大粉丝群体，着力提升平台的实用性，逐步成为区域性门户型综合类服务型新媒体终端。

2.3.14 "仑传"客户端

"仑传"客户端2019年9月上线试运营，以"新闻＋政务＋服务"为特点，打造"仑直播""仑视频"品牌，建设"民生在线"民情收集平台，上线疫苗接种、核酸检测等热门应用，成为群众获取本地资讯、享受数字化社会服务的重要平台。截至2021年底，客户端用户总装机数突破35万次，其中2020年新增用户21万名，平均日活用户8000多名，最高日活用户2.8万名，活跃用户数居全省前列。

概况篇 1
实践篇 2
创新篇 3
人物篇 4
理论篇 5
作品篇 6
展望篇 7
附 录

2.3.15 "临海发布"微信公众号

"临海发布"微信公众号作为临海市委、市政府的权威发布平台，"政治性"是第一要素，为此，"临海发布"在选题上紧扣时代主题、弘扬主旋律。在 2021 年建党 100 周年活动中，策划的"百年逐梦新闻行动"从临海家乡变化去感受建党百年的伟大伟业，取得了良好的反响。在促进"共同富裕"的大背景下，"临海发布"策划的《我们一起共同富裕》从群众创业带动周边村民共同富裕的小切口入手，来讲述共同富裕的故事，吸引了许多人的关注。同时，"临海发布"微信公众号还在疫情防控、临海市委市政府的决策部署等方面及时传达好临海声音，统一大家共识，共同为家乡做贡献。

2.3.16 "乐音清扬"客户端

"乐音清扬"App 是由乐清市融媒体中心推出的新闻综合客户端，是集新闻资讯、公众信息、政民互动于一体的移动互联网聚合门户。其深耕本土服务地方，横向融合了乐清市各党政新媒体，纵向延伸至街道、社区、部门，涵盖交通、生活、政务等各种热门服务，是乐清本地最具影响力的新媒体综合服务平台。

2.3.17 "掌上永康"客户端

"掌上永康"App，依托中央厨房，按照"四全媒体"理念构建"媒体运营大脑"，全方位打通报纸、广播、电视、微信、网站、微博等平台，实现一次采集、多元分发、资源共享,全力打造资源集约、结构合理、协同高效的全媒体传播体系。截至 2021 年底，"掌上永康"注册用户逾 24 万名。2021 年"掌上永康"客户端指数居全省前五。2022 年 1 月，"掌上永康"客户端指数全省排名第四，新媒体传播力指数全省排名第二，"永康发布"微信指数全省排名第六。

2.3.18 "西施眼"客户端

"西施眼"App 于 2020 年正式上线，由诸暨市融媒体中心倾力打造，是继广播、报纸、电视后的诸暨第四主流媒体播报平台，致力成为即时播报新闻、一键办理政务、全天服务生活的新媒体、新平台。截至 2021 年底，总装机用户超 37 万人。"每一天，美一点"，上线后已实现读报纸、看电视、听广播、语音播报、好停车、诸工疗等功能，开设首页、专题、视频、杂志、幸福教育、西施、直播、新青年等 10 余个频道，不断深耕"新闻＋政务＋服务＋商务"。

2.3.19 "安吉发布"微信公众号

"安吉发布"微信公众号于 2014 年 9 月 11 日正式推出，是安吉最权威的发布平台，展示美丽安吉的崭新风貌和迷人风景，同时也是安吉对外展示的最主要窗口，传递政府好声音，讲述安吉好故事，传播社会正能量。截至 2021 年底，拥有粉丝 25 万余人，近三年阅读量超 10 万次的稿件平均每年达 10 条。

2.3.20 "爱桐乡"客户端

"爱桐乡"客户端是桐乡市首个集"新闻＋政务＋服务＋商务"于一体的综合性城市门户 App。截至 2021 年底，"爱桐乡"客户端用户安装数达 47 万次，注册用户数达 54.8 万人。"爱桐乡"客户端围绕打造"信息集聚传播平台、政务民生服务平台、社区信息互动平台"的"三个平台"为主要方向，体现区域人文特色和地域特色，力求新闻更好看、服务更贴心。

3 创新篇

为深入总结浙江省县（市、区）传媒深度融合发展的典型经验，有效推动改革创新和高质量发展，加快构建适应新时代需要的县级融媒新格局，浙江省新闻工作者协会县级融媒体工作委员会、浙江省报协县（市、区）传媒工作委员会开展了2020—2021年度浙江省县（市、区）传媒融合发展创新项目征集活动。全省县级融媒体中心及县市报积极响应，共报送融媒机制体制创新项目、融媒内容及传播创新项目、融媒产业服务创新项目、融媒传播技术创新项目等四类创新项目64项。经过初评、复评，最终评选出一等奖22项、二等奖30项、三等奖12项。

3.1 创新案例一等奖作品

3.1.1 融媒机制体制创新项目

3.1.1.1 融创
申报单位：长兴县融媒体中心。

2011年4月15日，长兴传媒集团由长兴广播电视台、长兴宣传信息中心、县委报道组、"中国长兴"政府门户网站（新闻板块）跨媒体整合而成，是全国第一家整合广电和报业资源的县域全媒体传媒集团。截至2021年底，集团旗下有电视、广播、报纸、网站、两微一端，其中移动端用户超过500万人。

长兴县融媒体中心（长兴传媒集团）主动融合转型，快速完成从平台简单相加的"全媒体"向系统深度相融的"融媒体"的转变，并逐步向多元智能生态的"智媒体"迈进，为全国县融媒体建设提供了实践案例和优秀范本。

3.1.1.2 "掌上鹿城"融媒应用场景拓展
申报单位：鹿城区融媒体中心。

鹿城区融媒体中心将媒体融合发展作为提高主流媒体传播力、引导力、影响力、公信力的基础工程。2021年3月5日，鹿城区融媒体中心与中广有线信息网络有限公司温州分公司联合打造的"掌上鹿城"拓展融媒应用场景——"掌上鹿城"电视端问世，该场景是传统媒体

概况篇 1
实践篇 2
创新篇 3
人物篇 4
理论篇 5
作品篇 6
展望篇 7
附　录

与新兴媒体深度融合的产物，是鹿城区积极探索和推进媒体融合发展的一大举措，在新闻行业领域尚属先例，同时也填补了鹿城区级媒体成立以来没有电视频道的空白。平台旨在利用华数互动电视作为新型的媒体渠道，与掌上鹿城 App 的海量内容信息进行整合，在互动电视上展现，平台关注民生八大方面，高频生活服务全面接入，建立政府与百姓之间的现代化、网络化的信息互动体系。

3.1.1.3　激励机制融合创新

申报单位：东阳市融媒体中心。

东阳市融媒体中心于 2019 年 7 月 30 日挂牌成立，2020 年 4 月正式融合。融合前，报社属于浙报集团管理，广电按照地方事业单位管理。融合之初，由于考核体系的问题，影响了工作的开展。在主要领导的大力支持下，总编室和人力资源室共同制定出台了《东阳市融媒体中心员工绩效考核实施办法》，建立以岗位责任与工作业绩为依据的绩效考核和薪酬分配制度。融媒体中心所有员工按岗位类别分别确定不同的岗位基础工资，再根据个人的业绩量化考核结果确定员工的绩效工资，打破在编与非在编的身份界限，以岗位价值来确定岗位薪酬标准，使绩效考核真正做到按绩取酬、多劳多得、优绩优酬。新考核办法极大地激发了广大员工，尤其是采编一线员工的工作积极性。与融合前相比，每月新闻采写量同比增长 30%，采编一线记者、编辑的月绩效工资也同比增长 20% 左右。

3.1.2　融媒产业服务创新项目

3.1.2.1　"大潮"客户端民情直通平台

申报单位：海宁市传媒中心。

海宁市传媒中心发挥主流媒体优势，以数字化改革为牵引，在"大潮"客户端上线"'访民情、办实事、建机制'民情直通平台"，优化民情诉求收集渠道，助力全市党员干部以高效的"集中走访、连心服务"推动"访办建"专题实践活动落实落细落深。该项目分别获得浙江省委宣传部部长朱国贤、嘉兴市委书记张兵批示。

3.1.2.2　瑞安市融媒体中心智慧社区平台

申报单位：瑞安市融媒体中心。

瑞安市融媒体中心智慧社区平台创新打造服务联盟，融合"政务服务""新闻服务""生活服务""商业服务"，拥有81890热线全套23大类164小类生活服务，已有300家服务商家免费签约入驻，还提供了100多个政府部门的政务咨询服务，拥有社区范围内的团购、农家云书屋、数字礼堂、政协委员微工作室、最多跑一次、81890生活服务、新闻服务、企业宣传模块等功能。

3.1.2.3　打造县域融媒龙游样本，提升基层社会治理效能——"龙游通"App融合创新实践项目

申报单位：龙游传媒集团。

自媒体融合以来，龙游传媒集团（龙游县融媒体中心）坚持上连党心下接民心，坚持做大做强主流舆论媒体，坚持服务大局守正创新，坚定不移推动媒体深度融合，努力释放"1＋1＋1＞3"的加法效应，在深化融媒体改革发展中书写了精彩纷呈的篇章。在全省县级融媒体中心建设中，两项指标名列全省前10，其中综合传播力排名位列全省第8，App建设排名位列全省第一，成功入选全省县级融媒体中心App最佳案例，并先后入选全省县级融媒20强、全省"十佳最具传播力奖"、全省"十佳新媒"、全省"十佳新闻网站"、全省"十佳App"；2020年被县委、县政府荣记集体三等功；2021年7月被中共中央宣传部遴选列入全国县级融媒体中心发展重点研究课题典型案例，成为浙江省入选的8家县媒之一。

3.1.2.4　广电"指惠家"综合服务平台

申报单位：安吉县融媒体中心。

在后疫情时代，安吉广电紧紧抓住互联网发展的契机，有效率地改进产品和服务，打造综合服务体系平台。"两山"广电基层综合服务平台"指惠家"在为本地人民群众提供基础的数字化电视业务线上服务外，还具有生活缴费、在线报修、社区管家、应急信息发送等一体化本地便捷服务，同时添加"指惠家"购物商场功能模块，打造线

概况篇 1
实践篇 2
创新篇 3
人物篇 4
理论篇 5
作品篇 6
展望篇 7
附 录

下网格化专员加物流服务的社区直购体系，真正做到打通"最后一公里"服务，使用户体验到收、退、换货无忧。

该项目不仅给安吉县融媒体中心带来更好的经济效益，而且具有很好的社会效益，给广电行业的转型及有线网络行业发展提供了经验和创新思路。

3.1.2.5 盐津豆：传媒电商数字赋能破解服务发展五大瓶颈

申报单位：海盐县传媒中心。

"盐津豆"电商平台是海盐县传媒中心依托媒体融合优势搭建的线上综合服务平台，于 2020 年 4 月 3 日上线。平台由海盐潮源文化传媒有限公司负责运营，拥有个人用户 8 万名，集团用户超 1000 家，上架本地商户 201 家，涵盖餐饮、住宿、旅游、商超、图书、电影、健身和农产品八大类消费场景，总交易额超 8000 万元。

3.1.3 融媒内容及传播创新项目

3.1.3.1 "烈火英雄魂归故里"融媒行动纪实

申报单位：开化传媒集团。

2021 年 4 月 22 日 13 时 30 分，上海一公司突发火灾，浙江开化籍消防战士丰晨敏主动请缨，深入火场搜救，遇火情突变失联，不幸壮烈牺牲，后被评为烈士。4 月 28 日，英雄归故里，开化人民用最高礼遇迎接丰晨敏回家。

开化传媒集团策划开展"烈火英雄魂归故里"大型融媒行动，对"迎接丰晨敏烈士英灵回家和安葬仪式"进行全程直播，迅速引发全民关注，网友纷纷参与英雄"云"送行。据不完全统计，截至 2021 年 4 月 28 日 17 时，全网直播在线观看人数超 1500 万人次。话题位居抖音热点榜榜首，全网短视频播放量超 3 亿次。这是开化传媒集团自成立以来，创新方法、积极策划、主动通联，开展融媒行动的又一个有影响力的案例。

作品赏析
（扫描二维码观看）

3.1.3.2 《影像 24 小时》短视频栏目

申报单位：余杭区融媒体中心。

余杭区融媒体中心短视频团队聚焦大时代背景下无数普通人的奋斗故事，推出的短视频栏目《影像 24 小时》，围绕共同富裕、生态文明、疫情防控等重大社会主题，精心策划和制作推出了一系列精品短视频。2020 年，余杭区融媒体两组短视频作品——《欢迎回家，哆啦 A 梦战队》抗疫系列短视频及《你要跳舞吗》一举拿下 2020 年度浙江省广播电视新闻奖新闻性短视频和非新闻性短视频两个一等奖，打响了基层融媒体中心短视频制作的品牌。除了上述两部作品外，公益片《这座城市，感谢你一直都在》获评 2021 年度浙江省广播电视公益广告扶持项目一类扶持，短视频《良渚 24 小时》获浙江省新闻奖一等奖，纪录片《老兵舒萍》拿下浙江省纪录片最高奖项"丹桂奖"优秀纪录片奖。

作品赏析
（扫描二维码观看）

3.1.3.3 融媒体文化传播活动《阅声书房》

申报单位：玉环市传媒中心。

玉环融媒体文化传播活动《阅声书房》以"推广健康阅读、共享精品文化"为宗旨，通过体制创新、机制优化、联动实施，以项目化运营，架构"融媒体＋"全民阅读传播平台，产生融合、聚能、贴地带动全民阅读的"蝴蝶效应"，为形成"城市书房"概念和提升传播力、影响力、引导力，以及为当地公民道德建设和新时代文明实践活动助力。

《阅声书房》采用线上线下活动及广播、电视、报纸、新媒体全平台推送等方式开展多层面、多形式的全民阅读活动，组建玉环市朗诵艺术协会、"柚一家·阅声书房"联盟等，坚守主流舆论阵地，汇集社会思想文化公共资源，引导市民群众融入参与，"内融外合"打造富有新时代特色的文化传播活动。

作品赏析
（扫描二维码观看）

概况篇 1
实践篇 2
创新篇 3
人物篇 4
理论篇 5
作品篇 6
展望篇 7
附　录

3.1.3.4　萧报圆桌汇

申报单位：萧山日报社。

《热线进社区》是《萧山日报》的老牌栏目，经过多年精心运作，已成为萧山日报社的一大公益品牌。但随着媒体用户交互方式的变化，传统的"送公益项目进社区"已无法满足双向交流、精准服务的需求。

融媒体时代，老牌栏目如何开拓新模式？2021年3月，萧山日报社推出了一档线上线下结合的"话题式"议事栏目，线上征集，线下讨论，内参分析，搭建了一个听民声、集民意、汇民智、解民忧的服务平台。在一次次的民生话题探讨中，让群众的诉求和职能部门的民生工程无缝对接，通过双向引流，让民声需求更直接，让民生服务更精准。媒体搭建平台让百姓与职能部门负责人平等对话，促成了百姓和政府之间建立相互理解相互支持的和谐关系，有效地服务了百姓和政府部门。

3.1.3.5　天台"和合网络融媒"

申报单位：天台县传媒中心。

和合融媒平台于2020年10月开始试运行，围绕"新型主流舆论阵地"的工作目标，天台县传媒中心倾力打造，把平台建设作为推进媒体深度融合、探索智能传播的创新举措，主要依托全县唯一拥有13万用户的新闻客户端"和合天台"，打造以"短视频＋直播"为特色的网络平台。该平台已策划开设《热点云播报》《主播带你游》《猎奇雄鹰眼》《和合美食坊》《天天短视频》《寻常百姓家》《便民百事通》《才艺大舞台》《和合云课堂》等10多个特色栏目。

3.1.3.6　义乌市海外传播工作室

申报单位：义乌市融媒体中心。

义乌市融媒体中心海外传播工作室成立于2021年1月。至2021年底已经注册开通了抖音国际版(Tik Tok)、推特、脸书、领英(LinkedIn)四个海外平台的账号。

海外传播工作室积极策划，对内挖掘本土文化特色，拍摄制作了《非遗义乌》《美食义乌》《美丽乡村》等主题栏目。对外邀请外国友人走进义乌体验民俗风情，拍摄《外国人在义乌》主题栏目，以外国友人的视角讲义乌故事，获得了较好的传播效果，得到了不少海外观众的转发。此外，海外传播工作室在2021年"七一"期间制作了一系列庆祝建党100周年宣传视频，并在海外账号推送。

3.1.3.7 "今平湖"客户端乐享直播间

申报单位：平湖市传媒中心。

"乐享直播间"是平湖市传媒中心在全媒体时代占领新兴传播阵地，贯彻直播化、视频化战略的全新尝试。于2017年4月28日试运营，并于2020年11月8日在"今平湖"客户端上线，已累计完成直播1000余场，拥有粉丝48.48万人，单场直播访问量最高突破28.52万人次，总访问量超过3480万次，成为平湖本地最具影响力的综合性新媒体直播平台，既丰富了市民获取信息的渠道，也扩大了平湖市传媒中心作为县级主流媒体的传播力和影响力。

3.1.3.8 "共走百年路奋进双示范"大型融媒体行动

申报单位：嘉善县传媒中心。

2021年是中国共产党成立100周年。2021年6月20日，嘉善县传媒中心策划推出"共走百年路奋进双示范"大型融媒体活动，庆祝建党百年。

迈着前行的脚步，以奋进者的姿态庆祝建党百年。由嘉善县传媒中心启动推出的"共走百年路奋进双示范"大型融媒体活动，通过线上线下互动方式展开，县传媒中心专门组建团队，深入嘉善"双示范"建设现场、庆祝建党百年活动现场，推出"蝶变跃升""我想对党说"等系列报道，以文字、图片、视频、新媒体产品等多种形式营造庆祝建党百年浓厚氛围。

3.1.3.9 主题报道开路挂图作战促融——媒体融合的磐安做法

申报单位：磐安县融媒体中心。

"经济欠发达，但新闻绝对不能欠发达。"秉持这一工作理念，磐安县融媒体中心紧扣"强责、提质、增效"主题，强化主题报道策划，先后推出了"决战决胜高水平全面建成小康社会""我们这五年""庆

概况篇 ① ②
实践篇 ② ②
创新篇 ③
人物篇 ④
理论篇 ⑤
作品篇 ⑥
展望篇 ⑦
附 录

祝建党 100 周年暨党史学习教育"等重大主题系列报道，探索出一条独具磐安特色的媒体融合之路。

磐安县融媒体中心成立以来，坚持改革与融合同步推进，新闻与队伍同步提升，事业与产业同步发展，各项工作不断取得新进展、新突破。2020 年，获得全省 2019 年度媒体融合先锋奖、浙江省县（市、区）融媒中心 20 强等荣誉，时任省委常委、宣传部部长朱国贤对磐安融媒改革做出批示肯定。

3.1.3.10 "融媒零距离"工程

申报单位：永康市融媒体中心。

永康市融媒体中心以大数据、人工智能和移动互联网交互、社交、分众等功能（技术），以"融"为核，实施"融媒零距离工程"，实现党委信息、政策生活服务等与百姓"零距离"，以精神文化力量推动共富美好社会建设，实现精神"共富"。

截至 2021 年底，该工程已实现县域镇（街道）村全覆盖和信息、宣传流通的互融、互通、互助，"百村共读精神共富"线上阅读量超 100 万人次，通过互助等方式为百姓解决 1000 多起烦心事和难题，建立融媒零距离样本村 1 个。《中国新闻出版广电报》《新闻文化建设》《中国记者》等媒体专门介绍了该工程的成功经验。

作品赏析
（扫描二维码观看）

3.1.3.11 "有德看"视觉传播（精品短视频＋优质海报）

申报单位：德清县新闻中心（德清县广播电视台）。

德清县新闻中心（德清县广播电视台）精心打造"有德看"视觉传播项目，专门组建了小视频组和海豹小分队。组建专业队伍后，策划制作了丰富多样的融媒体产品，突出"新手段、新语态、新表达"，创新重大主题的可视化呈现形式。在日常报道中大量运用短视频、海报、动态图等形式，让传播变得更加有趣、高效。自 2020 年以来，累计制作、推送短视频 1500 多条，制作、推送各类海报产品 200 多组，累计阅读量破 6000 万次。

3.1.3.12 《天下乐清人》融媒内容及传播创新项目

申报单位：乐清市融媒体中心。

乐清市委统战部与乐清日报"长一工作室"长期合作推出《天下乐清人》专刊，聚焦和挖掘乐清在国内外涌现出的焦点人物事件，弘扬时代精神，传递正能量。该专刊采用全媒体融合采编和传播，图文视频并重，线上线下同步播放，引发了世界华人的关注。

为更好地打响《天下乐清人》品牌，2021 年 6 月，乐清市融媒体中心以"百年百人"献礼建党 100 周年为契机，在《天下乐清人》专刊的基础上，推出了大型电视走访栏目《天下乐清人》，走访拍摄对外乐商、文化名人、科技教育者等社会贤达，充分发挥电视传媒引导力。二次传播采取抖音短视频的方式，让节目影响力更广泛，鼓励更多乡贤投身家乡建设，助力打造家乡共富新蓝图。

作品赏析
（扫描二维码观看）

3.1.3.13 曙光狮：网络正能量 IP 运营

申报单位：温岭市融媒体中心。

习近平总书记在中法建交 50 周年纪念大会上提出："中国这头狮子已经醒了，但这是一只和平的、可亲的、文明的狮子。"曙光狮这一形象灵感便取自于此。温岭市融媒体中心对本项目高度重视，设立曙光狮工作室对 IP 进行运营。项目团队涵盖"70""80""90"三个年龄段，分别设有运营、策划、文案、设计四大岗位，打造一站式的内容生产流程。

在中宣部召开的"基层工作加强年"会议上，"曙光狮"得到介绍，并多次被中宣部《宣传工作》信息、中宣部《党建》杂志等刊文肯定。作品获得浙江新闻奖、多次入选"五个一百"网络正能量精品评选活动，曾获浙江省宣传思想文化工作创新奖，被指定为"中国网络正能量——江山论坛"吉祥物，在全国广电实战大讲堂面向全国同行做了经验介绍。

概况篇 1
实践篇 2
创新篇 3
人物篇 4
理论篇 5
作品篇 6
展望篇 7
附 录

3.1.3.14 区级媒体深度融合宣传"抗击'烟花'台风"

申报单位：柯桥区融媒体中心。

2021 年 7 月 23 日，受第 6 号台风"烟花"的影响，柯桥区成为全省降雨量最多的地方。对此，柯桥传媒集团快速反应、周密策划、全面报道、融合传播，不仅为柯桥区上下一心、众志成城抗台造足了声势，也为柯桥区防台救援工作正面宣传起到了重要作用，这更是柯桥区县级融媒改革新机制的一次集中发力。在 2021 年 8 月 12 日举行的全省防台宣传总结座谈会上，时任省委常委、宣传部部长朱国贤 3 次点名表扬柯桥区，高度肯定了柯桥区融媒体中心利用媒体深度融合手段积极营造抗台宣传声势、快速处置负面舆论信息等经验做法。

3.2 创新案例二等奖名单

表 3-1 创新案例二等奖一览表

序号	类别	项目名称	申报单位
1	融媒产业服务创新项目	文化旅游类系列活动	普陀区融媒体中心（区广播电视台）
2	融媒内容及传播创新项目	"爱义乌"客户端	义乌市融媒体中心
3	融媒内容及传播创新项目	守正融合创新构建县域融媒传播新格局	龙游传媒集团
4	融媒内容及传播创新项目	第十三届浙东新商都（上虞）金秋购物节联动项目	上虞区融媒体中心
5	融媒内容及传播创新项目	视频《我们一起打疫苗，一起苗苗苗苗苗》	椒江区传媒中心
6	融媒产业服务创新项目	"未来景区·安心玩"	长兴县融媒体中心

序号	类别	项目名称	申报单位
7	融媒机制体制创新项目	重塑"新格局"培育"新力量"——萧山日报深化媒体融合机构改革	萧山日报社
8	融媒产业服务创新项目	建党百年系列文创服务项目	乐清市融媒体中心
9	融媒内容及传播创新项目	乐清市融媒体中心创新红色文化传播模式项目	乐清市融媒体中心
10	融媒内容及传播创新项目	长兴—庆元两地跨市新闻联合行动	庆元县融媒体中心
11	融媒机制体制创新项目	"技能清单"赋能县级融媒深度融合	嵊州市融媒体中心
12	融媒产业服务创新项目	慈溪村(居)务监督云公开"晓得"平台	慈溪市融媒体中心
13	融媒内容及传播创新项目	AI赋能探索建设县级融媒体中心2.0版	德清县新闻中心(德清县广播电视台)
14	融媒产业服务创新项目	海宁市校外培训机构监管服务系统	海宁市传媒中心
15	融媒机制体制创新项目	阿垦工作室	椒江区传媒中心
16	融媒内容及传播创新项目	宁波市融媒体联盟象山"红美人"采风活动	象山县传媒中心
17	融媒传播技术创新项目	AR看桐乡	桐乡市传媒中心
18	融媒产业服务创新项目	大数据发展公司项目	温岭市融媒体中心
19	融媒传播技术创新项目	全网络分布式可视化云平台	义乌市融媒体中心

续表

概况篇 **1**
实践篇 **2**
创新篇 **3**
人物篇 **4**
理论篇 **5**
作品篇 **6**
展望篇 **7**
附　录

序号	类别	项目名称	申报单位
20	融媒内容及传播创新项目	AI赋能打造本地数字生活新势力	德清县新闻中心（德清县广播电视台）
21	融媒内容及传播创新项目	柯桥发布英文栏目"IN KEQIAO"	柯桥区融媒体中心
22	融媒产业服务创新项目	几维视频竞争性报价系统	萧山日报社
23	融媒产业服务创新项目	萧山日报构建"紧密型、外派型"智媒服务	萧山日报社
24	融媒产业服务创新项目	柯桥区智慧礼堂平台建设	柯桥区融媒体中心
25	融媒内容及传播创新项目	H5作品：再战长山河奇迹在人间	海盐县传媒中心
26	融媒机制体制创新项目	安吉县融媒体中心体制机制改革夯实发展之基	安吉县融媒体中心
27	融媒内容及传播创新项目	东阳市红色地图发布暨"薪火传递"红色接力活动	东阳市融媒体中心
28	融媒机制体制创新项目	"天天走基层"破解县级融媒体"应付"困局	嵊州市融媒体中心
29	融媒机制体制创新项目	"周三课堂"	定海区融媒体中心
30	融媒产业服务创新项目	桐乡市传媒集团数字化业务管理系统	桐乡市传媒中心

3.3 创新案例三等奖名单

表3-2 创新案例三等奖一览表

序号	类别	项目名称	申报单位
1	融媒产业服务创新项目	浙江云上湾区大数据运营有限公司	海盐县传媒中心
2	融媒内容及传播创新项目	掌心长兴快抖平台	长兴县融媒体中心
3	融媒产业服务创新项目	东阳市白云街道智慧垃圾分类系统及运营服务项目	东阳市融媒体中心
4	融媒产业服务创新项目	爱嵊州社区（"爱嵊州"App内设）	嵊州市融媒体中心
5	融媒机制体制创新项目	岗位联动工作机制	永康市融媒体中心
6	融媒机制体制创新项目	智融智造打造"融媒大脑"	桐乡市传媒中心
7	融媒机制体制创新项目	部门宣传费预算整合执行	温岭市融媒体中心
8	融媒产业服务创新项目	乐清城市宣传片	乐清市融媒体中心
9	融媒内容及传播创新项目	遇见安吉 Vlog	安吉县融媒体中心
10	融媒内容及传播创新项目	打造"无限玉环 App"大号强号客户端	玉环市传媒中心
11	融媒机制体制创新项目	用好人才"存量"激活人才"增量"	普陀区融媒体中心（区广播电视台）
12	融媒内容及传播创新项目	普陀区融媒体中心首届观众粉丝节	普陀区融媒体中心（区广播电视台）

4 人物篇

4.1　年度十佳领军人物

4.1.1　史莹（东阳市融媒体中心）

史莹，现任东阳市融媒体中心总编。她以习近平新时代中国特色社会主义思想为指导，坚持正确的政治方向、舆论导向和新闻志向，承担起推进县级媒体深度融合的重要责任，主持策划了一系列融媒时代重大主题报道，充分发挥了主流媒体舆论的引导作用。

从业24年，她获得了金华市级以上奖项80多项，被授予"全国百佳报人""金华市优秀新闻工作者"等荣誉称号。

4.1.2　赵一阳（义乌市融媒体中心）

赵一阳，2021年3月任义乌市融媒体中心党委书记、主任、义乌传媒集团董事长。他从事新闻宣传管理工作20多年，成绩斐然，20多件作品获得国家、省、市奖项，其中4件作品入选中宣部或省"五个一工程"奖。锐意改革创新，重塑组织构架，推进流程再造，打造媒体融合新生态，在他的带领下，义乌市融媒体中心获义乌市委、市政府集体嘉奖，各项工作走在全省前列。

4.1.3　陆伟岗（萧山日报社）

陆伟岗，致力于推进萧山日报社媒体深度融合与转型发展，坚持用互联网思维，顺应全媒体趋势，深入谋划报、网、端深化融合工作。2021年以来，他从顶层设计出发，通过机制重塑、资源重组、流程重构，不断建强"7＋X"萧报融媒体矩阵，有效推动"报＋网＋端＋微＋视"的一体化生产、品牌化经营和融合化发展，全面提升萧山日报的传播力、引导力、影响力、公信力和市场竞争力。

概况篇 1
实践篇 2
创新篇 3
人物篇 4
理论篇 5
作品篇 6
展望篇 7
附 录

4.1.4 戚金海（临平区融媒体中心）

戚金海，现任杭州市临平区融媒体中心党委书记、主任、总编，兼任临平区委宣传部部务会议成员。近 40 年的媒体从业经历，造就了他勤学善思、作风过硬、担当作为的优秀品质。杭州市部分行政区划优化调整后，他带领融媒体中心全体员工短时间内建齐融媒传播端口，用心做好新闻宣传和产业经营"两篇文章"，推进中心各项事业稳步发展。

4.1.5 周谥（平湖市传媒中心）

周谥，浙江平湖人，现任浙江省平湖市传媒中心党组书记、主任，主任编辑。她是浙江省县域新闻战线的一名优秀女性领导者，从事新闻事业 28 年来，始终秉承着传媒人的初心和使命，奋楫前行，先后获"平湖市优秀宣传思想工作者""嘉兴市首批'四个一批'人才""嘉兴市三八红旗手标兵"等荣誉称号。

4.1.6 杨雪乾（桐乡市传媒中心）

杨雪乾，桐乡市传媒中心党委书记、主任。2021 年是桐乡市传媒中心媒体融合深入推进之年，其间，杨雪乾带领团队积极探索媒体融合发展规律，加快融媒体改革步伐，创新研发"融媒大脑"和"产业大脑"两个系统，坚持主业新闻宣传和产业经营"双轮驱动"，社会效益和经济效益实现双丰收，打造"全国上游、全省一流"的融媒体中心。

4.1.7 虞晓峰（磐安县融媒体中心）

虞晓峰，现任中共磐安县委宣传部副部长，磐安县融媒体中心党组书记、主任。他从普通的新闻记者干起，20 多年奔走在新闻战场上，书写着真挚的新闻理想和坚定的新闻追求。媒体融合困难重重，他临危受命，倾以心血和汗水，坚持"改革与融合同步推进、新闻与队伍同步提升、事业与产业同步发展"，全力打造"融媒策划"主题报道、"磐安记忆"短视频和"融媒与你同行——民生公益行动"三大品牌工程，开启了磐安新闻舆论宣传工作的新局面。

4.1.8 秦声峰（瑞安市融媒体中心）

秦声峰，曾任《都市快报》记者、瑞安市委办公室新闻信息科副科长兼团支部书记、市"法治瑞安"建设办公室主任、桐浦镇党委副书记、塘下镇党委副书记等职务，现为瑞安市融媒体中心党委书记、主任，瑞安传媒集团董事长，曾获瑞安市委市政府嘉奖等荣誉10余项。

4.1.9 袁青峰（海宁市传媒中心）

袁青峰，海宁市传媒中心党委委员、副主任，海宁传媒集团有限公司总经理，分管媒体经营工作。2021年，他带领经营团队，面对疫情带来的巨大压力，以"创新基本盘、做强新赛道、拓展市场化"为突破口，锚定目标，迎难而上，释放融合转型"一加一大于二"的成效，圆满完成1.45亿元年度营收指标，同比增长10%以上。

4.1.10 洪晓薇（鄞州区融媒体中心）

洪晓薇，27年深耕一线，描绘融媒时代的美丽画卷。她致力于挖掘新闻富矿，从全国视野寻找鄞州亮点。她主创的广播系列报道《鄞州：改革开放微型口述史》获中国新闻奖三等奖。她带领团队探索建设性新闻，获省委主要领导肯定和批示、得到中国社科院新闻研究所专家点赞。她是鄞州区融媒体中心一系列制度改革的推动者之一，以全链条思维构建新闻生态圈，推动网微端等新媒体矩阵持续发力。

概况篇 1
实践篇 2
创新篇 3
人物篇 4
理论篇 5
作品篇 6
展望篇 7
附 录

4.2 年度十佳创新人物

4.2.1 王培澄（嘉善县传媒中心）

王培澄，作为一名新闻宣传工作者，参加工作至今，无论是在新闻作品的创作方面，还是在推进媒体深度融合的实践方面，始终保持探索实践的激情。2021 年，他制定了《嘉善传媒中心新媒体提质增量行动》，策划实施了"萤火虫回'嘉'"大型融媒体行动，牵头承办了嘉善首次在上海举行的大型活动"善洽会"，在综合运用各类宣传要素实施融媒体行动、精准发力增强应对突发舆论引导力、融合传媒优势承办大型活动等方面又有新的成功实践。

4.2.2 蒋文斌（义乌市融媒体中心）

蒋文斌，义乌市融媒体中心的一名中层管理人员，任义乌市融媒体中心电视中心主任一职。他带领采编播人员，转变传统媒体思维，创新推进媒体融合，主动打造"义乌 TV"视频号，新闻内容、表现形式不断融合创新，破圈作品不断出现。到 2022 年 7 月份，这个视频号关注量突破 15 万人次，传播力、影响力大幅度提升，成为当地宣传传播的重要平台，在引导舆论、提升宣传效果上，起到了重要作用。

4.2.3 赵菊香（象山县传媒中心）

赵菊香，象山县传媒中心总编，因为热爱，所以坚守，在最基层的县级媒体深耕新闻一线 20 余年，从报纸校对、普通记者，一路成长为融媒体中心总编。从 2003 年的县市报改革的亲历者，到县级媒体深度融合的推动者，岗位变迁，初心不改。她，感受过在超强台风中绑在电线杆上现场播报新闻的"酸爽"；她，体味过疫情期间利用媒体力量跨省喊话、隔空"接返"一呼百应的"权威"；她，领略过一网"千万"大黄鱼的豪横流量，策划、见证过亿万人线上线下共同"救援抹香鲸"的现象级传播；她，主导参与的作品多次获全国、省、市、县新闻一等奖，也曾品尝过金鹰奖、丹桂奖的芬芳。

4.2.4 钱跃晶（镇海区新闻中心）

钱跃晶，镇海区新闻中心总编室主任，他坚持融合创新的大方向，探索试点融媒体工作室、建立移动优先考核制度、试行"大编辑组"模式等创新举措，从加大品推力度、增强服务功能、创新内容产品、优化编辑流程等方面提升影响力和传播力，积极打造新型主流媒体，"镇灵通"客户端粉丝数两年翻一番，年下载量增长 5 万次以上。

4.2.5 陈紫阳（缙云县融媒体中心）

陈紫阳，从事新闻工作 28 年，一直以深厚的新闻情怀和饱满的工作激情躬耕在新闻一线。在传统媒体和新媒体之间独辟蹊径，在传媒形态和方式方面创新探索。他带领团队在丽水市率先实现网络直播，从而打破了媒体的区域界限。截至 2021 年底，参与网络直播 130 多场次，直播间粉丝达 53 万人，网络直播多次被丽水市委宣传部评为品牌栏目。他带领技术团队进行攻关，将 AI 技术植入报纸，实现从读报到听报的迭代升级，深受读者尤其是老年读者的欢迎。他极力推动打造看得见的广播，把广播融合到移动端，增强广播节目的参与性、互动性，使广播这个最传统的媒体成为最有活力的平台。

4.2.6 茅徐铿（钱塘新区新闻文化传媒中心）

茅徐铿，担任杭报集团钱塘新区新闻文化传媒中心主持工作副主任至 2021 年，旗下媒体端口涉及《钱塘新区报》、"钱塘发布"两微一端、钱塘区政府门户及"学习强国"钱塘供稿中心等。负责主持中心采编、经营、管理等各项工作，坚守新闻一线，始终以党的新闻工作者的要求严于律己；在人员管理、新闻采编、经营创收等多方面开展创新性的探索尝试，紧紧围绕钱塘区发展战略定位，克难攻坚、

概况篇 1
实践篇 2
创新篇 3
人物篇 4
理论篇 5
作品篇 6
展望篇 7
附　录

凝心聚力，以内容质量为抓手，以品牌建设为基石，以建强队伍为目标，致力于打造钱塘新区第一媒体、信息枢纽、文创新兵。

4.2.7　吴杰（乐清市融媒体中心）

吴杰，一直默默耕耘在新媒体领域。他牵头负责融合新媒体创新实验，积极谋划"本地新闻＋个性化服务"的全媒体平台，策划推出了智慧核酸平台、核酸检测人流量实时查询等众多新媒体产品，有力地服务了当地疫情防控工作，体现了融媒服务党委政府中心工作的新的价值担当。

4.2.8　赵建华（海宁市传媒中心）

赵建华，海宁市传媒中心融合编辑部的一名信息技术工程师，主要负责以"大潮"客户端为核心的"大潮品牌"媒体平台的日常运维，包括围绕"大潮"客户端开展的各类应用系统开发、各技术平台网络安全保障以及对外的技术输出。在媒体变革时代，作为技术创新团队的"领头羊"，他带领团队积极用技术创新不断地推动媒体融合纵深发展。

4.2.9　赵日春（海盐县传媒中心）

赵日春，从事新闻工作22年，编辑。历任海盐广播电视台制作、摄像、记者、编导、栏目制片人、部门负责人等多个岗位，分管过新闻宣传、产业创收、技术等多项工作，现为海盐县传媒中心党组成员、副主任，2021年主要分管新闻宣传（外宣）、新闻创优等相关工作。紧紧围绕中心工作和创优品类，精心布局、认真谋划，挖掘10个左右年度创优题材，实施"专人负责、专项支持、节点跟踪、专家助力、成品考核"，确保创优、"达产提质"。

4.2.10　徐泽欢（开化传媒集团）

徐泽欢是一名"90 后"，从事新媒体运营工作 8 年。2019 年县级媒体融合改革以来，她率先提出将短视频作为创新新闻报道的"利器"，带领团队发展短视频新业态，让短视频成为主题宣传的"兴奋剂"、传统媒体的"引流器"。作为基层新闻工作者，她运用接地气、通社情等优势，走好内容生产第一步，打通舆论传播"最后一公里"，主动提高媒体竞争力。

4.3　年度十佳经营人物

4.3.1　郑淑萍（余杭区融媒体中心）

郑淑萍，2021 年杭州市余杭区融媒体中心旗下国有公司杭州余杭传媒集团有限公司总经理。2021 年，在她的带领下，公司整体营收9800 万元（报纸 1800 万元，其他广播、电视、活动及专题等 8000 万元）。全年完成大小活动 206 场；完成创收专题 136 条（配合活动中专题 300 条）及在"学习强国"平台上推送短视频 480 条；完成电视节目 205 期及制作预告海报 205 张；推送视频号小视频 253 条；完成广播电视硬广告近千万元。

4.3.2　周志远（海宁市传媒中心）

周志远曾是一名记者，每天奔波于田间地头及城市的每一个角落，用摄像机及手中的笔记录社会发展变化。而现在他是一名媒体的运营者，每天带领小伙伴们和客户进行策划、洽谈。虽然岗位在变，但对工作的初心不变，他带领团队一班人，不断创新，思危谋变，拓新业务增长点，提高传媒核心竞争力，为打造长三角最优的区域媒体贡献力量。

概况篇 1
实践篇 2
创新篇 3
人物篇 4
理论篇 5
作品篇 6
展望篇 7
附 录

4.3.3 赵菁华（嵊州市融媒体中心）

赵菁华，嵊州市融媒体中心党委委员、副主任，他紧紧围绕嵊州市融媒体中心"领航主流、坚守主业、强化主体"的工作主线，带领团队解放思想、开拓创新，内增实力、外扩影响，融合智慧类、平台类、数字类等业务拓展工作，为推进媒体融合持续往深里走，不断增强综合实力，为推进共同富裕、打造县域样板贡献融媒力量。

4.3.4 姚建玲（萧山日报社）

姚建玲，风风火火，是她工作状态的写照；开朗自信，是她留给外人的印象。媒体从业 30 年来，她扮演着好团长、好老师、好员工等多重角色，被单位领导肯定、同事好评、客户单位认可。10 多年来在采编岗位上获杭州市级以上好新闻奖 30 多篇，获评副高职称；10 多年来在经营岗位上，她带领团队每年完成上千万元的考核任务，她用精准的策划争取项目，用全媒体传播获得宣传效果，取得了社会效益和经济效益的双丰收。虽年近退休，但她服从组织安排，依然坚守在经营岗位的一线，为报社的经营任务挑起重担。她说，党员就是要勇挑重担、争当先锋、奔竞不息，她将站好最后一班岗，带出一个能打硬仗的好团队，为报业转型升级做出最后的贡献。

4.3.5 刘健华（义乌市融媒体中心）

刘健华，义乌市融媒体中心新媒体产业部负责人。新媒体产业部是义乌市融媒体中心负责新媒体创收的新锐部门。在刘健华的带领下，2021 年新媒体产业部实现创收 1190 万元，首次突破千万元关口，完成全年目标任务的 160%，比 2020 年同期增长 34%，成绩亮眼。其中自制新媒体旅游栏目《花样姐姐出游记》，带动车企宣传和民宿预定，将粉丝经济进行变现，得到客户认可。

4.3.6　周士浩（乐清市融媒体中心）

周士浩，扎根电视台 29 年，历任新闻部记者、主任、电视节目中心主任、广电台党组成员等职务，2020 年底融媒体中心班子成立以来，担任中心党组成员。经过长时间的业务沉淀，周士浩积累了一定的经验和方法，2021 年初融媒体中心授权周士浩负责电视台融媒经营，他带领团队克难攻坚，不负众望，当年完成营收 1283 万元，比 2020 年增长近 30%，有力地保障了媒体生存。

4.3.7　陈言（诸暨市融媒体中心）

陈言，现任诸暨市融媒体中心专题部副主任，从事媒体工作 30 年，一半时间在经营岗位上，善用多平台和跨平台宣传策略，注重品牌产品与消费场景的有效连接，多次带队精准高效地完成"袜博会"、西施文化节、车展、房展、城市印象展等线下活动的营销策划及现场落实，不断助推诸暨融媒体品牌价值的提升。

4.3.8　曹学锋（东阳市融媒体中心）

曹学锋，多年来奋战在媒体经营一线，致力于拓展传统媒体多元产业发展，曾任户外广告工作室、新媒体中心等多个经营部室主任。2018 年任东阳日报有限公司子公司浙江东阳影视文化投资有限公司总经理。任职以来，公司通过活动策划实施、户外广告发布、空间 & 品牌设计和政务服务项目建设等累计创收 4000 余万元。

4.3.9　姜婕（海盐县传媒中心）

姜婕，自海盐县传媒中心成立以来，主动拥抱媒体融合深刻变革，始终保持超前意识，敢于破旧立新，推进数字赋能新闻产业蝶变跃升，不断开拓新局面。2020 年 4 月，根据县"提振消费、共克时艰"的工作要求，克服重重困难，带领团队集中攻坚半个月，成功上线运营"盐

概况篇 1
实践篇 2
创新篇 3
人物篇 4
理论篇 5
作品篇 6
展望篇 7
附 录

津豆"电商平台。截至 2021 年底，平台个人用户近 10 万人，集团用户超 1300 家，累计交易额超 1.4 亿元。

4.3.10　胡苗苗（长兴县融媒体中心）

胡苗苗，现任长兴县融媒体中心运营部主任。有 10 多年的媒体领域工作经验，在融媒体转型升级的过程中，始终把为用户创造价值，视为做好经营工作的第一要务。把"掌心长兴"客户端运营建设"从 0 到 1"，落实到日常丰富的线上线下活动中去，整合县域范围内的政务、生活、服务、商务数据资源，注重"用户洞察＋内容策划＋产品生态＋创新经营"等形式，聚合本地流量，适时转化，突破千万营收。

4.4　年度十佳主播人物

4.4.1　蔡晓静（瑞安市融媒体中心）

蔡晓静，现为瑞安电台《读来读往》栏目主持人，瑞安市"红领巾朗读社"少儿诵读活动主要负责人。从 1997 年进入瑞安电台，26 年的时间，她从未离开过播音主持岗位。先后主持过青少、对农、读书等不同类型的栏目，有 20 多个作品获得浙江省广播电视政府奖。她始终怀揣第一次在话筒前的理想和激情，工作多年一直在前进的路上实现人生价值。

4.4.2　吝肖冉（宁海传媒集团）

吝肖冉，女，1991 年出生，中共党员，国家二级播音员，现担任宁海传媒集团全媒体采访部播音员。2018 年，她从宁波小有名气的新媒体主播"望潮小妹"变为了现今主播台上的新闻播音员。这几年，无论是传统新闻播音、专题栏目、大型活动主持，还是新媒体直播、短视频拍摄，她都以深厚的专业功底、多变的主持风格赢得了大家的一致好评。她以较强的专业素养、持久的热情和严谨的工作态度，勇于接受挑战，面对媒体融合发展之路，她边学习边思考边实践，以90后的视角，用声音、文字、镜头展现了当代媒体人的情怀和担当。

4.4.3 王宁（东阳市融媒体中心）

王宁，东阳市融媒体中心主持人，负责广播直播节目《行风热线》和短视频《茶花姐碎碎念》(《茶花姐防疫经》)的策划、录制工作。《行风热线》从2008年7月开播以来，共直播3500多期，受理各类投诉32288件，连续多年被评为东阳市民最喜爱的新闻栏目，2021年被评为金华广播新闻名专栏。她创作录制的方言小视频《茶花姐》系列也是深受市民的喜欢。2021年她制作了54条短视频，总点击量800余万次。接地气的防疫小视频登上了"学习强国"、《中国新闻出版广电报》等国家级平台。

4.4.4 郑爽（永康市融媒体中心）

郑爽，现担任永康市融媒体中心播音部主任、《永康新闻》首席主播，浙江省播音主持委员会委员、浙江省普通话推广形象大使。新闻播报，沉稳中传递亲和，为荧屏增添清新气息；综艺舞台，甜美中不失睿智，为观众呈现多变风采。她曾主持多届"华溪春潮"春节晚会、中国五金博览会、世界五金发展大会等大型活动，作品多次获省、市各级新闻奖。

4.4.5 杭璐璐（开化县传媒集团）

杭璐璐，开化县传媒集团主持人，从事传媒工作12年，主持了《开化新闻》《国家公园播报》等各类电视节目，并与多位央省级主持人搭档主持过多种大型活动，以亲和大气的主持风格和出色的现场表现赢得了众多观众的喜爱；作为家乡开化县的"代言人"，她积极运用网络直播、宣传推介等融媒体方式，传播开化声音，讲好共富故事。作为衢州市第七届人民代表大会的代表和即将召开的衢州市第八届

概况篇 1
实践篇 2
创新篇 3
人物篇 4
理论篇 5
作品篇 6
展望篇 7
附 录

人民代表大会代表，在履职期间，曾获评衢州市人大代表履职先进个人。

4.4.6　高玉丹（磐安县融媒体中心）

高玉丹，入职 10 年来，安心他乡，勤奋工作，多件播音主持作品在省、市获奖，首位获得磐安电视台播音主持方向省、市最高荣誉，也是近年来金华地区为数不多的播音、主持方向均获一等奖的电视节目主持人。10 年间，主持多届磐安好声音、磐安劳模、最美人物、感动人物、百姓农民艺术节等综艺晚会，主持县内外重要直播、录播活动 400 余场。2012 年参与制作关爱留守儿童题材微电影《第七十三封信》获全国微电影大赛三等奖，2014 年参演爱心公益类微电影《烛光》获国际大学生微电影盛典一等奖。2016 年开始带领主持人团队向社会发起"主播点亮微心愿"大型新闻行动，众多来自金华及周边地区的爱心人士、企业及爱心团体纷纷加入，为山区贫困儿童送去了实实在在的关爱和温暖。

4.4.7　张营（海盐县传媒中心）

张营，2012 年毕业于中国传媒大学南广学院，2014 年 3 月进入海盐县广播电视台工作，分别担任过编导、记者、主持人等职务，现任海盐县传媒中心《海盐新闻》和《新闻聚焦》栏目的主持人，2021 年 8 月取得一级播音员任职资格。2021 年全年共完成《海盐新闻》录制近 130 次，做到了每一条稿件都进行复听、复核，每一次拍摄都有回看，甚至每一期的发型服装都在正式播出前请同事反复录制、回看并调整细节，努力做到精益求精。除了日常播报和配音工作外，在 2021 年围绕县委县政府中心工作中，参与重大题材的配音、主持 30 余次，出色地完成了中心领导和上级领导交办的工作。

4.4.8 孙天龙（长兴县传媒集团）

孙天龙，长兴县传媒集团首席主持人，10年时间，从初出茅庐的传媒新人，蜕变为身经百战的媒体老兵，时间改变的是年龄，始终不变的是那份初心和热情。虽然他来自县级媒体，舞台看起来没有那么华丽，但孙天龙心中始终记得那句"心有多大，舞台就有多大"！于是，在田间地头，在老百姓身边，孙天龙找到了最华丽的舞台和最灿烂的梦。因为热爱，所以坚持，用心吐字，为爱发声！从业10年来，精耕于业务一线，通过持之以恒的努力与热爱，孙天龙已成为本地区极具影响力的优秀主持人代表。除了在一线努力认真工作，孙天龙还在播音主持的专业技能上不断钻研，认真打磨。尤其是演讲朗诵方面，除了不断提升自身业务，还帮助不少人实现了专业的提升。有两人经过他的培训，获得了省级演讲比赛一等奖。

4.4.9 卢奕林（镇海区新闻中心）

卢奕林，在10年的新闻工作生涯中，脚踏实地践行"四力"。曾担任摄像记者、出镜记者、文字记者，先后接触了民生新闻、公检法新闻、农业新闻等，部分新闻还获得了国家、省、市、区的奖项，同时，在此过程当中，他以出镜记者的身份先后登上浙江新闻、央视新闻等媒体。卢奕林善于观察和发现，从千变万化、纷繁复杂的事物中，找出其中最有价值、最能体现事物内在品质和揭示事物内在规律的东西。2020年，卢奕林所作的《播音主持的电视新闻播音技巧》《播音主持对电视新闻播音的掌控策略》两篇论文分别被《记者摇篮》和《卫星电视与宽带多媒体》录用，并收录到了"中国知网"等平台。

4.4.10 徐勇（鹿城区融媒体中心）

徐勇，温州市电视艺术家协会会员、监事会理事。获温州市首届广播电视主持人大赛专业组亚军（二等奖）；多部电视播音作品获温州市广电播音主持类优秀作品评比二等奖；视频时政类访谈节目《代

概况篇 1
实践篇 2
创新篇 3
人物篇 4
理论篇 5
作品篇 6
展望篇 7
附　录

表委员访谈录之为民代言》获温州市人大新闻奖；多次获鹿城区"部长杯"播音主持类评比金话筒奖等；入选温州市"十佳电视节目主持人"；视频访谈类栏目《焦点追击两会：代表委员访谈录》系列节目获温州市人大新闻奖；2021年获温州市全国文明城市建设先进个人；负责栏目团队（鹿城广电市民监督团）2021年获"温州市优秀市民监督团"称号；主持大型时政类网络视频访谈节目《鹿城政协"请你来协商"进社区街坊邻里大家谈》获浙江省网络媒体优秀作品奖。

5 理论篇

5.1　著作

在 2021 年 11 月 8 日第 22 个中国记者节这天，一本以新闻的形式真实呈现和还原百年萧山风云变幻的书籍——《百年萧山新闻记录》正式面世。

《百年萧山新闻记录》由萧山区委宣传部、萧山区新闻工作者协会、萧山日报社、萧山区融媒体中心、萧山区档案馆编著，浙江省新闻工作者协会县级融媒工委副主任兼秘书长金烽担任主编，杭州出版社编辑出版。该书采用大事记、新闻报道、附记相结合的体例，以时间为脉络，通过 500 多篇（条）紧扣时代、紧接地气的新闻作品，记录了 1921—2021 年百年间，萧山大地上留下的 110 个历史烙印，在几代新闻人的记录下，呈现出惊心动魄的细节、跌宕起伏的主线、催人泪下的事迹、豪情满怀的展望。

书中收录的都是事件发生后第一时间的新闻报道，并通过附记的形式，选用背景式的新闻报道，对这些事件进行了补充和完善，力求系统、完整地反映事件的脉络。

"新闻是历史的记录，当回望萧山的百年前行之路，第一时间就想到了'新闻'。"金烽说，"《百年萧山新闻记录》是萧山新闻战线为建党百年献上的一份厚礼，也是向前行中的萧山和萧山人民致敬，向用笔和镜头记录和追赶着历史脚步的新闻人致敬。"

5.2　论文

5.2.1　论文选录

5.2.1.1　读懂县媒未来才能拥抱时代——安吉新闻集团县级融媒体建设实践探析

【摘要】县级融媒体中心建设上升为国家战略，凸显基层社会治理在党和国家工作大局中的重要地位。本文以安吉新闻集团县级融媒

概况篇 1
实践篇 2
创新篇 3
人物篇 4
理论篇 5
作品篇 6
展望篇 7
附　录

体建设为主题，在平台和内容建设、智慧化广电技术创新、产业经营，以及数字化技术为受众提供多元服务等方面进行了详细梳理，提出"基层媒体互联共生，让立体服务走进千家万户"的媒体轻型突破点。

【关键词】县级融媒体建设；智慧广电；"爱安吉"客户端；产业经营

一、尽情遨游文海，声屏报网让文创产业一路高歌猛进

第 47 次《中国互联网络发展状况统计报告》显示：截至 2020 年 12 月，我国网民规模达 9.89 亿人，其中我国农村网民规模达 3.09 亿人，占总体网民的 31.1%，较 2020 年 3 月增长 5471 万人；农村地区互联网普及率为 55.9%，较 2020 年 3 月提升 9.7 个百分点。[1]随着我国新型基础设施建设的快速发展和农村居民上网技能的提升，县域用户将成为未来移动互联网最大的增量群体。

2014 年 1 月，浙江安吉县广播电视台、县新闻宣传中心（报社）与县政府机关信息中心共同组建安吉新闻集团，集合了广播、电视、报刊、网站、楼宇电视、城乡大屏、官方微博、微信公众号、客户端及部分户外广告位等县域媒体资源。集团实行编委会抓宣传主业、经管会抓产业经营、行管会抓行政保障，以一集团（台）五公司的方式统筹集团发展。

安吉新闻集团自组建起，从平台和内容两方面入手，筑牢基层舆论阵地，并从单一的新闻资讯向综合性公共服务，以及多元产业经营转型，实现了文创产业的快速提升。目前，集团旗下各类媒体平台用户数达 165 万户，是全县总户籍人口数（47 万人）的 3.5 倍；集团经营收入连续 6 年保持 10% 以上增长，2020 年度营收 2.9 亿元。

（一）每个平台都是奠基石，要做就做最好

面对新媒体异军突起和互联网巨头加速争夺基层市场，安吉新闻集团全力做好广播、电视、报纸、有线网络、"安吉发布"微信公众号、"最安吉"抖音号、"爱安吉"客户端等在内的各个平台，对不同平台用户实行差异化新闻推送和服务，满足县域用户不同需求。

安吉新闻集团每天自办广播节目 16 小时，报纸对开 8 版，每周 6 期；"安吉发布"微信公众号每年打造"爆款"推文 20 余条；"爱

安吉"客户端将传统媒体和新兴媒体高效整合，每天给全县域提供人均近 5 次的新闻推送，占据了意识形态传播主阵地。浙江省委宣传部委托第三方考核结果，"安吉发布"微信公众号获得浙江省县区政务新媒体综合实力第一名。"爱安吉"客户端被评为 2018 年度和 2020 年度中国网络理政十大创新案例、2019 年度中国应用新闻传播十大创新案例、2020 年度全国广播电视媒体融合典型案例。"爱安吉"客户端被中宣部确定为全国 7 个示范项目之一。

（二）每个领域都是金名片，名号越打越响

2018 年 8 月，习近平总书记在全国宣传思想工作会议上指出："要扎实抓好县级融媒体中心建设，更好引导群众、服务群众。"[2] 安吉新闻集团做精本土新闻资讯，做强人才支撑，打响本土权威品牌，筑牢基层舆论主阵地的基石。

每年根据重要时间节点、重大事件，集团精心组织、开展近百个主题鲜明、代入感强的专题报道，引导群众广泛分享，牢牢掌握新闻舆论工作主动权。相关主题报道得到业内广泛认可，仅 2020 年国内县区同行已有超过 500 批次人员来集团考察，27 家市（县）级融媒体中心驻地学习。

集团建立星级员工制，开设"名师工作站"，推出师徒帮带制，与中国传媒大学、浙江大学、浙江传媒学院、浙江省广播电视学会等合作成立就业实习基地、培训中心等以培育人才，常年在高校招聘以充实人才队伍。扎实的人才建设工作帮助集团打造出"十分"海报工作室、"遇见安吉"工作室、"源"视频工作室、梅地亚小黄人团队等一批行业知名品牌。

（三）每个项目都是集结号，合力越聚越大

互联网和新媒体的持续冲击，使传统媒体广告呈断崖式下滑，倒逼媒体行业由最初的新闻资讯单一价值链向以用户为中心的融合生态系统转变。集团坚持以项目为抓手，充分调动集团各方面力量，实现"创新、融合、跨越、共生"目标。

集团在明确新闻、产业、行政保障分工的同时紧密合作，把每一个项目都当作一个集结号，凡有重大活动，第一时间、第一版面、第

概况篇 1
实践篇 2
创新篇 3
人物篇 4
理论篇 5
作品篇 6
展望篇 7
附　录

一视角、第一梯队通力合作，实现主业立台、产业兴台双丰收。此外，集团常态化开设《新闻追击令》《亮短揭丑曝光台》等新闻监督类栏目，聚焦县委县政府中心工作，为推动当地中心工作和解决民生难题起到积极作用。

二、超前拥抱蓝海，智慧广电让数字产业风靡大江南北

2018年11月，国家广电总局发布《关于促进智慧广电发展的指导意见》，指出要加快推动制播体系从数字化、网络化向融合化、智慧化转变，推动建立"一体化资源配置、多媒体内容汇聚、多平台内容生产、多渠道内容分发、多终端精准服务、全流程智能协同"的智慧广电节目制播体系。

安吉新闻集团依托中心大数据建设和技术支撑，积极研发适合县域媒体发展和基层社会治理的各种智慧产品，并复制推广到全国各地，为全国县域融媒体建设发展贡献了安吉力量。

（一）追新潮，不断进行技术创新

随着县级融媒体中心建设的快速推进，知识产权保护问题成为关注焦点。保护知识产权就是保护创作者的劳动成果，就是保护创新。集团十分注重知识产权申请和保护，12年来，共取得国家专利、计算机软件著作权登记78项，为集团智慧产业发展奠定了坚实的基础。其中自主研发的流程全面、服务广泛、接地气、好用实用的县级融媒体平台——"爱安吉"客户端获国家专利、计算机软件著作权等32项。2020年新冠肺炎疫情暴发初期，集团自主研发了全国首个口罩售卖预约系统。"三屏融合"技术获浙江省2018年重点研发计划项目，智慧化社区等5项科创项目获得浙江省广播电视科技创新项目金潮奖一等奖，"安吉购"智慧化项目被评为国家级星创空间，《打造县域数字化媒体综合服务平台》项目获得国家广播电视总局智慧广电生态建设类先进案例。

（二）引浪潮，争做行业领军

安吉融媒体建设发展持续得到行业内的广泛认可。集团自行研发的融媒体系统在2019中国国际广播电视信息网络展览会上精彩亮相后，不仅在省内多地得到成功复制、推广和应用，还在山西、湖北、广东等省的近 10 个市县进行了模式输出，为当地市县级融媒体快速融合和节约政府成本树立了标杆，初步打响全国县级融媒体建设"安吉名号"。集团自主研发公共资源管理的"智管家"、田园综合体的"云计算"、基层乡村智治的"一张图"等，目前已在省内湖州织里、舟山普陀、温州文成和省外湖北五峰、贵州贵阳、新疆阿克苏等 19 个地方落地，并进入实际应用，进一步把安吉融媒体建设发展的成功经验加以推广。

（三）赶热潮，迅速抢占先机

县级融媒体扎根基层，在服务基层社会治理方面有天然的便利优势。安吉新闻集团智媒赋能，打造基层治理"最强大脑"，以期更好引导群众、服务群众，为国家顶层设计的精准落地和扎实推进提供了宝贵的地方实践经验。

集团将"村村通"数据光网、"村村用"信息平台、"村村响"音频广播、"村村看"视频监控等数据资源接入县公共危机应急指挥中心信息系统，推动构建县乡村三级联动、快速响应的综合指挥体系。自主研发智慧社区、智慧旅游、乡镇社会治理"四个平台"等应用，建成大数据协调、公共应急指挥、社会综合治理指挥三大中心，用数据服务县域治理，打造基层社会治理的"眼睛"和"大脑"。在集团旗下的数字电视、"爱安吉"客户端、微信公众号上线"村务清"系统，村民通过手机扫描二维码即可进入系统实时查看本村"三务"公开信息，实现村社事项"码上知"、权力运行"码上督"、群众诉求"码上办"。

2020 年平台上传公开信息超 5 万条，办理回复件 3946 条，处置率达 98.6%。

三、互联共生，让立体服务进入千家万户

互联跨界、互联共生，不仅是媒体转型发展的突破点，也是激发媒体跨越自身产业属性、进行价值共创的立足点。安吉新闻集团将区块链、物联网等新成果引入融媒体建设中，通过跨产业经营、跨平台整合、跨区域合作实现价值共创。

（一）幕后走到台前，新闻受众成用户

概况篇 1
实践篇 2
创新篇 3
人物篇 4
理论篇 5
作品篇 6
展望篇 7
附 录

以群众的需求为出发点，创新"新闻＋政务＋服务＋商务"模式，为用户提供多元服务，将新闻受众变成智慧产品用户，安吉新闻集团的这些做法获得了当地群众的高度认可。

"爱安吉"客户端整合全县20余个部门数据，上线消费维权、农林产权交易、数字乡村等9项政务服务应用；连通县级相关部门信息平台数据，为群众提供精准政务信息查询服务。"爱安吉"客户端能够实现上线扫码借车、智慧医疗、掌上公交等21个生活服务应用，为群众提供身边的线上服务，基本覆盖群众的日常出行、娱乐、旅游、饮食等服务需求。目前，"爱安吉"客户端在全国19个省82个县得到复制和推广。依托中心大数据建设和三屏融合成果，开发集互动电视端、手机移动端于一体的新时代文明实践中心"文明超市"智慧平台，建立了群众点单、中心派单、志愿者接单、群众评单的活动机制，实现线上线下同频共振、互融互通，促进城市文明向全县域文明转变。

（二）线上联合线下，各行各业成伙伴

2020年11月，国家广电总局印发的《区块链技术应用系列白皮书》提出："要提高运用和管理区块链技术能力，使区块链在媒体融合和广播电视提质增效等方面发挥更大作用。"安吉新闻集团探索"区块链＋融媒体"模式，自主开发运营面向全国的"游视界"平台，依托平台构建了全国各地形象宣传、旅游推介、精准扶贫等为一体的线上线下体系，将全国各地同行变成互相扶持、共同进步的伙伴关系。截至目前，平台已吸引河北、山西等20个省278家市县媒体加盟。如晋南地区17家融媒体中心和陕西国旅联合运营，实现晋南尧乡古镇景区日接待游客8900人次；2020年12月，长三角32家融媒体中心和旅行社联动举办江南天池开滑节，单日景区游客达9000人次，创该景区15年来单日游客的峰值。

为了在县内创新农产品销售模式，实现百姓线上下单、就近取单，让本地优质农产品实现内循环。2020年在"爱安吉"与"游视界"平台分别上线"两山优品"和直播带货应用，其中"游视界"上架全国名特优产品563种，开展助产助农直播67场，"两山优品"上线各村特色农产品 156 种，两项累计销售 1210 余万元。

（三）有线定向无限，万千家庭成家人

早在 2012 年，安吉率先在全省开展"村村看"视频监控平台建设，布局县域网络。近年来，安吉新闻集团又搭建了"从田间地头到自家门口"的"游视界"本地圈，创新农产品销售模式；成立"安吉购"平台，以品牌化、特色化产品面向消费者，成为用户信得过的"专卖店"；建立广电有线业内第一个综合类服务体系的"指惠家"平台，让平台成为用户的"超市"。为将平台进一步打造成用户信任、需要的终端，集团把有线网络维护的基础网进一步细化网格，在网格中，每个网格员就是集团广电的运维员、报纸的投递员、物流的配送员、商品的导购员、诚信广告的推销员、热情服务的志愿者等，密切了集团和用户的关系，也让媒体真正扎根到基层、扎根到每一个家庭。

参考文献：

[1] 第 47 次《中国互联网络发展状况统计报告》，中国网信网，http://www.cac.gov.cn/2021—02/03/c_1613923423079314.htm.

[2]《习近平出席全国宣传思想工作会议并发表讲话》，新华网，http://www.xinhuanet.com/2018—08/23/c_129938245.htm.

（作者：祝青、朱炜、丁峰；作者单位：安吉县融媒体中心）

（原载于《中国广播》2021 年第 7 期；获 2021 年度浙江新闻奖论文三等奖）

5.2.1.2 县级融媒体中心提升基层社会治理效能的路径探析——以"龙游通"App 运营实践为例

党的十八大以来，习近平总书记亲自谋划、亲自部署推动媒体融合发展工作，在多个场合论述了抓好媒体融合、推进县级融媒体中心建设的重要意义。2019 年 1 月国家广电总局颁布了《县级融媒体中心建设规范》，文件明确了县级融媒体中心建设的方向是打造信息传播阵地，围绕"媒体＋"提供更多公共服务，深度参与基层社会治理。

概况篇 1
实践篇 2
创新篇 3
人物篇 4
理论篇 5
作品篇 6
展望篇 7
附 录

随着互联网成为人类社会发展的基础设施，将媒体融合与社会治理现代化共同推进，既是立足于媒体融合发展，探索县级媒体创新模式的现实要求，又是利用信息技术推进治理现代化的必要手段。因此，在移动互联网时代，建设县级媒体移动客户端，打造平台型媒体和本地生活的移动网络入口，在推进县域社会治理现代化的谱系中发挥着关键作用。

一、县级融媒体参与社会治理的背景分析

县级新闻媒体是党委政府和社会大众之间的桥梁和纽带，在舆论引导、信息传播和形塑社会文化等方面发挥重要作用。随着社会治理方式的转型，传播媒介进入以互联网技术为基础的新兴媒体时代后，媒体组织的传播功能和作用得到了空前的延伸和拓展，成为县级融媒体参与社会治理的逻辑出发点。

基层社会治理是国家治理的基石。扎实抓好县级融媒体中心建设是党中央推进媒体融合和宣传舆论工作的重大战略部署，县级融媒体中心是以县级行政区为框架。在媒体融合背景下，整合县级广播电视、报刊、新媒体等资源，开展媒体服务、党建服务、政务服务、公共服务、增值服务等业务的融合媒体平台，是县级行政区域的主流思想舆论阵地、公共服务数字化平台、党建和政务管理的重要端口。

"龙游通" App 是龙游传媒集团（龙游县融媒体中心）成立后，坚持发展移动优先战略，拓展媒体渠道，联合龙游县大数据管理局打造的一款集新闻宣传、基层治理、智慧党建、公共服务等为一体的综合性信息传播和服务软件，是龙游县打造的基层智慧治理平台。"龙游通" App 上线后，通过融通全县资源，不断探索平台应用场景、丰富新闻传播内容、拓展公共服务项目来增强用户黏性，打造本地生活的掌上入口，构建起移动互联时代平台型媒体和基层智慧治理主平台。目前注册用户数已达 23.5 万人，在全县拥有 15 个乡镇（街道）262个行政村级的组织用户。"龙游通" App 被写入 2020 年浙江省政府工作报告，先后荣获"全省优秀应用案例最高荣誉'观星台'""全省数字经济新治理优秀案例""第五届浙江省公共管理创新案例十佳创新奖""浙江省民生获得感示范工程"等荣誉称号。2020 年底，中共浙江省委主要领导在中央党校中青班授课中以"龙游通"App为案例，介绍了浙江在"推广基层治理数字运用"方面的做法成效。

新型媒体在传播中介的基础上被赋予了更多功能，在交互平台、政务数字化等功能初步形成后，形成了一个公共资源集聚平台、传播关系链接点，媒介化治理的功能得到放大，新的沟通和政务工作机制随之产生。分散式的网民将通过本地应用的推广重新聚合在县级主流媒体的平台之上，媒介平台依托自身信息传播和应用功能开发重新嫁接起用户链接关系。信息通信技术显著改变了治理主体之间的互动关系和互动模式。[1]社会治理得以通过技术赋能而实现高效便捷。县级融媒体中心作为传播媒介、治理工具和聚合场景的功能地位越发凸显，进而成为基层推进治理现代化的基础阵地和抓手，成为党和政府重要的执政手段。

二、"龙游通"App参与社会治理的路径探析

根据中宣部和国家广电总局组织编制的《县级融媒体中心建设规范》的总体要求，县级融媒体中心要按照"媒体＋"的理念，开展"媒体＋政务""媒体＋服务"等业务，不难看出，县级融媒体中心建设的目标就在于成为社会治理的入口和平台。"龙游通"App先行一步打造"信息传播＋应用服务"的综合性服务平台，"龙游通"App经过一段时间的应用推广，确定了三大主题，涵盖了五大板块的业务方向，在构建社会治理路径中，走出了龙游道路，为县级融媒体参与社会治理做出了有益探索。

（一）强化信息内容生产，引导舆论方向

以团结稳定鼓劲、正面宣传为主，是党的新闻舆论工作必须遵循的基本方针。

县级融媒体中心作为党在基层的舆论思想主阵地，把握舆论导向是党媒的首要核心任务。"龙游通"App在信息传播领域的基础架构有看电视、听广播、读报纸、看视频、看直播等多种功能。传播内容围绕县委县政府中心工作，聚焦群众关心热点，策划精品新闻报道、重大活动直播、短视频等内容。媒体融合发展，不仅是平台的相融相加、组织架构的再造，更是信息内容生产的思维和方法的革新。以融合新

概况篇 1
实践篇 2
创新篇 3
人物篇 4
理论篇 5
作品篇 6
展望篇 7
附 录

闻生产为例，移动端信息传播需要探索生产更多契合互联网平台传播的内容，新闻信息的语态和媒介语言适应用户接收需求。"龙游通"App丰富平台传播内容，开设龙游美景、慢直播、视频新闻等栏目窗口，创新理念、体裁、形式、方法，增强吸引力和感染力，让群众爱听爱看、产生共鸣，充分发挥正面宣传鼓舞人、激励人的作用。在衢州六春湖雪景宣传中，平台推出的精品雪景短视频，引爆区域网络圈，在服务地方旅游发展中，取得了良好的传播效果。

县级党媒作为基层重要的思想阵地，做强党的创新理论传播工作，为基层群众提供更加丰富的公共文化产品，是新时代县级融媒体中心的重要工作。"龙游通"App开设专栏、做直播、录金牌课程，推出《8090小李说理》《8090说创新理论》《红色印记》《听党话感党恩》等栏目，开展"80、90新时代理论宣讲"。新闻媒体具有激浊扬清、针砭时弊的舆论监督职能，在"龙游通"App上开设《龙游焦点》专栏，开展舆论监督工作，满足群众多元化的新闻信息接收需求，服务地方发展。通过正面宣传、舆论监督、文化教育和理论传播，构建了县级媒体舆论引导新格局。

（二）拓展平台应用服务，提升用户黏性

服务群众，是县级融媒体平台建设的中心任务，因此打造本地生活的网络入口，开发移动互联网时代满足群众需求的服务功能，是活跃县级媒体平台的根本手段和方法。县级融媒体中心从单纯的新闻宣传向公共服务领域拓展，学者栾轶玫认为这是一条信息传播与公共服务双功能的融合之路，基层媒体要通过提供公共服务吸引受众，从而担负起"智能化社会治理中介"的作用，鼓励人们协同参与当地社会治理。[2]"龙游通"App自上线以来，依托政务数字化转型和"最多跑一次"的改革不断加强应用服务功能，开发用户缴费、物业管理、农房审批、智慧医保、交通出行、移动支付等实用性较强的应用功能，打造服务社会数字化转型的入口平台；开通家政服务、房产信息、求职招聘、物品转让、互动贴吧等广场式信息平台，在服务板块开通教育服务、预约挂号、电子医保、档案查阅、车辆年检预约等30多个便民服务内容，为群众提供"一站式"掌上服务，增强用户黏性；同时发布各类商业信息，探索在线商城。结合 App 即时即发的特点，联合策划啤酒音乐节、油菜花节等线上直播活动，助力县级农副产品展销。

县级媒体打造平台型媒体的难点在于解决应用性不强和价值功能偏低的难题。平台化功能不强，本地入口的地位难以建立，信息传播和参与社会治理效能就无从谈起。功能性实现以价值交换为基础，价值链接告诉我们，平台使用价值越高，黏性越高。"龙游通"App 植入公共自行车交通出行、"小奔通"本地移动支付等生活必备的功能，实用性受到社会各界的广泛赞誉。

（三）嵌入基层治理结构、创新媒介场景

深度参与社会治理实践是县级融媒体中心的根本方向和目标。"龙游通"App 立足"龙游通＋全民网格"的模式，搭建基层党务管理平台，推进村务治理民主化、数字化，为群众搭建向上反映通道，扎根基层做老百姓真正需要的身边帮手，用户面已做到全县 15 个乡镇（街道）262 个行政村全覆盖。

群众掌上办事窗口。"龙游通"App 打通与浙江政务服务网数据接口，依托网格员队伍，帮助群众"在线办事，指尖办事"，在"困无忧"场景应用中，基于困难群众帮扶高频事项，梳理形成跨部门集成联办"一件事"的事项清单和责任清单，已上架全县 20 个单位 62 个困难帮扶项目，以"数据跑"替代"群众跑"，群众办事时长缩短三分之二以上，有效实现困难群众帮扶救助"云速度"，一大批群众关心的民生实事，通过"龙游通"App 得以向上反映，并办理解决。

基层党建工作的云端组织平台。形成全市"三联工程"的标准版本，接入市一体化智能化平台。同时，将基层党建组团联村、两委联格和党员联户的"三联工程"实现线上平台全覆盖，龙游县有 1617 名省市县乡干部组团联系 263 个村，1750 名村两委联系 617 个网格，1.1 万余党员联系近 9 万农户。在村务"治理"板块，设立"村（居）民信箱""村（邻）里聊""三务公开""曝光台""协商民主"等模块，群众在线直接参与村务、社区事务管理，提交意见建议。

高效推进基层治理的智慧助手。基于省域空间治理数字化平台，

概况篇　1
实践篇　2
创新篇　3
人物篇　4
理论篇　5
作品篇　6
展望篇　7
附　录

发挥物联网、卫星遥感等新技术，全面采集县域内土地、天气、土壤、农作物等数据，开发上线"龙游通＋智慧粮脑"数字农业服务系统，被列入全省农业农村系统数字化改革"先行先试"试点。在 2021 年的全民推广接种新冠疫苗的工作中，"龙游通"App 上线实时精准预约接种疫苗的系统，在浙江省范围内率先实现了新冠疫苗接种线上分时段预约，高峰时段 3 万余人在线预约，解决了群众接种疫苗拥挤、工作效率低的难题。创新技术应用、提升应用绩效，为数字化改革提供更多场景化数智支撑。

三、县级融媒体平台参与社会治理的未来展望

党的十九届四中全会提出要完善"社会协同、公众参与、科技支撑"的社会治理体系。一直以来，媒体在党委政府和人民群众之间发挥着不可替代的桥梁作用，在万物互联的时代，"互联网不仅仅是一种传播格局或传播手段，它更是一种新社会的组织与结构方式，是构造整个社会的操作系统。"[3] 县级媒体的移动客户端不仅是互联网端口的传播渠道，更是一个内容传播、信息发布平台，更是一个开放的综合服务平台。县级媒体的移动客户端作为基层社会的一种基础架构，作为媒介应用场景、社会治理工具和传播关系链接点，在未来的基层社会发展中将起到关键的支撑作用。

用好县级融媒体平台，必须树立平台化思维，更多地跳出新闻信息层面，融入百姓生活数字化转型和消费升级时代的应用需求，重塑平台价值支撑点，构建多元化的服务体系。未来强化应用的关键在于依托技术赋能，在数字化建设、5G、人工智能等智媒技术大步发展的时代，共享技术红利，嫁接聚合资源，让用户能够参与进来，用场景化的服务留住用户，从此意义上讲，县级融媒体平台深度融入社会基层治理，需要探索更多元、更丰富的应用，将平台的应用成果转化为社会治理效能。

参考文献：

[1] 关婷，薛澜，赵静 . 技术赋能的治理创新：基于中国环境领域的实践案例 [J]. 中国行政管理，2019（4）：58-65.

[2] 栾轶玫 . 信息传播与公共服务：县级融媒体中心建设的"双融合"[J]. 视听界，2018（5）：37-40.

[3] 喻国明 . 互联网是高维媒介：一种社会传播构造的全新范式——关于现阶段传媒发展若干理论与实践问题的辨正[J]. 编辑学刊，2015（4）：6-12.

（作者：余柏成、牛超杰；作者单位：龙游传媒集团）

（原载于《传媒评论》2021年第10期，获2021年度浙江新闻奖论文三等奖）

5.2.1.3 先"加"后"减"——浙江县级融媒体中心建设的实践

【摘要】本文以浙江省县级融媒体中心的建设实践为考察对象，从5个方面具体描述了县级融媒体中心在建设过程中应重点着手与发力的方向。文章呈现了浙江县级融媒体建设的丰富实践，对面临同样问题的媒体有一定的借鉴与启示意义。

【关键词】县级融媒；整合重组；移动优先；去产能

浙江县级融媒体建设经历了3个阶段，由早先依托媒体自身力量建网建平台的探索，到以长兴传媒为代表的融媒体中心应运而生的试点，再到现阶段党委政府主导、报社广电两大机构整合、融媒体中心挂牌的整体推进。截至2019年9月，八成以上的县已挂牌成立融媒体中心，年底将实现全覆盖。浙江县级融媒体中心建设呈现5个特点。

一、物理架构"五个一"

融媒体中心建设的核心问题是报社和广电的合并。在长期实践中，报社和广电已经形成了各自固定的文化理念、采编流程、规章制度，融合必定会有一个磨合过程。

浙江县级媒体的融合分几个阶段，县级媒体合并成一家的尝试，较早的是长兴传媒。2011年，长兴传媒集团由长兴县委报道组、长兴政府网、长兴宣传信息中心、长兴广播电视台4个单位整合组建。

2014年8月，传统媒体和新兴媒体融合发展上升为国家战略，

概况篇 1
实践篇 2
创新篇 3
人物篇 4
理论篇 5
作品篇 6
展望篇 7
附 录

浙江各县积极推进传统媒体和新兴媒体优势互补、一体发展。2016年初，德清县广播电视台和县新闻传媒发展中心合并，成立德清传媒集团。2017年下半年，三门、临海、永嘉、玉环、仙居、黄岩、青田、天台、平阳等地的新闻信息中心，与广播电视台等进行机构重组、人员调整，组建传媒集团或传媒中心，有效整合当地媒体资源。在2017年探索实践的基础上，2018年浙江省县级融媒体中心基层试点工作逐步推进。

2018年8月21日全国宣传思想工作会议后，各地掀起了县级融媒体中心建设的高潮。2019年4月15日，柯桥区传媒集团暨融媒体中心正式挂牌。这是浙江各报业集团所属县市报中，第一家有正式刊号的纸媒与广电之间融合、挂牌并运行的媒体。截至2019年8月底，桐庐县融媒体中心、嘉善县传媒中心、泰顺县融媒体中心（泰顺县广播电视台）、浦江县融媒体中心等30多家机构挂牌。

报纸和广电两大媒体之间的融合，如何在物理形态上构建起具有现代传媒特色的"融媒体"呢？"五个一"模式在浙江有较多实践。

以柯桥的融媒体中心建设为例。2019年，浙报系9家有刊号的县域报整建制划入地方，柯桥日报和柯桥电视台合并，着手组建柯桥融媒体中心，在物理架构上实行"五个一"：一是一个临时党委，这是组织保障，由区委常委、宣传部部长担任临时党委书记，广电和报社一把手担任临时党委副书记，具体抓这项工作；二是云平台"二选一"，在浙报集团"天目云"和浙广集团"中国蓝"中选择一家，柯桥融媒体中心沿用了浙报的管控体系；三是一幢新大楼，这是融媒体建设的崭新根据地，柯桥日报、柯桥广电员工搬入新大楼，统一办公；四是一项政策支持，区委区政府的财政支持，这是融媒体发展的助力燃料；五是一肩挑，报社一把手从整体上来抓这项工作，这是确保改革政令畅通的关键点。

二、体制机制好中选优

融媒体中心建设过程中，体制机制的重置是一个核心问题。县级有刊号的报纸原来归属于浙报集团、杭报集团、宁报集团，实行的是企业化管理，无论是经营，还是人事管理、奖金分配均有较大自主权。

而县级电视台大多实行事业单位的管理模式，财政进笼子。现在两家合起来了，如何进行磨合？

管理模式上。融媒体中心建成后，是进财政的笼子还是事业单位企业化管理，要根据实际情况，因地制宜。考核薪酬体系大多采用往"好的靠、高的套"。青田传媒集团走的是"事业＋产业"模式。瑞安的政策已明确，实行事业体制、企业化管理，且两种模式针对不同的人群，数年内不变。柯桥日报实行事业单位企业化管理的模式，得到了主管部门的认可。

政策、资金扶持上。融媒体中心建设工作推进的主导者是县级党委政府，媒体是参与者。政府在政策、资源、资金上的支持，对融媒体中心的发展至关重要。柯桥区对柯桥传媒集团有"三个一流"的要求：打造全国一流的融媒体中心；打造全国一流的综合服务平台；打造全国一流的文创企业。同时，按照一流的标准来投入：浙报体系提供资金支持人力资源改革，还允许免费使用媒立方等资源；区里给予3000万元资金支持以及具有可造血功能的平台资源的支持。

浙江已建成的县级融媒体中心都获得了政府数额不等的资金支持，发展有了一定保障，但若立足长期可持续发展，媒体还是要解决自身的经营问题。

三、"媒体＋"内容延伸拓展

县级融媒体中心建设的目标定位是建成综合服务平台，成为"媒体＋政务＋服务"的重要平台，把县域内的居民最大限度地纳入服务范围，向基层干部群众提供政务服务、生活服务、社交传播、教育培训等综合服务。

萧山日报以萧山网络问政为依托，搭建连接政府与市民的民生服务平台，运行5年来，成为萧山实践"最多跑一次"的鲜活样本，被市民称为最贴心的网上政府平台。"24小时内受理，5个工作日内办结，满意不满意，网上即时打分"。2018年，该平台实现24小时线上线下服务，并在萧山日报设置"萧山网络问政"专版及专栏发布，进行新闻报道、舆论监督和咨询服务。

瑞安日报成立瑞安传媒集团有限公司，探索"新闻＋政务、新闻

概况篇 1
实践篇 2
创新篇 3
人物篇 4
理论篇 5
作品篇 6
展望篇 7
附　录

十文创、新闻十智慧、新闻十服务"的经营模式，基本框架是8个经营板块，如文创产业中心，主要业务范围包括5个产业园区和企业品牌提升等。品牌创意中心的主要业务范围包括文创园区等项目规划和展陈空间设计施工等。

青田传媒集团拥有网站和市民卡公司，依托市民卡大数据重点打造"新闻十服务"项目，努力打造县一级新闻的主阵地、文化产业的主平台、信息智慧的主力军。

四、移动优先主力布阵

融媒体中心是以融媒体为特征的现代传媒，内容产品包括报纸、电视、广播、新媒体等，形式丰富。传统媒体在做好已有产品的同时，如何创新、如何拓展，值得思考。

萧山日报把短视频作为新媒体转型的重点，加快探索适合视频产业发展的项目运营机制、人才培养机制、激励考核办法等，以产品为抓手、以市场为导向、以平台为渠道，全力打造萧报视频品牌影响力。

鄞州日报以"鄞响"客户端为突破口，以更快的速度、更活泼的形式、更接地气的语言传递党的声音，现已成功打通报端联通的发稿机制，将信息采集与编辑、新闻分发与互动、数据生成与激活、活动承接与制作有机整合在一个运作平台，推动深度融合。

海宁日报则重点把"爱海宁"App做成"区域老大"，以App为核心产品，集成传播垂直平台内容，提升活跃度；将地方频道、各部门官方微信等聚合在"爱海宁"的弄潮号；打造海宁人自己的抖音平台"海鲜视频"。

千岛湖传媒集团对现有客户端"掌上千岛湖"进行改版升级，使其成为新闻资讯、政务服务、公共服务、民生服务、文化娱乐、旅游购物等集综合性、服务性、便捷性于一体的"一掌打尽"的大型移动平台。

五、去产能做好"减法"

浙江县级融媒体中心建设，依托的前提是报社与广电两大媒体机构的合并。不可否认，两大媒体机构合并后在产品、人员、经营等方面会产生重合，去产能、做减法是现阶段一个必答题。减版、减频道、减人、调整经营主线，集中优势兵力主攻新媒体，提升传媒的核心竞争力。

县级融媒体中心建设，对媒体而言是一场变革和转型，对媒体人而言是一项责任和使命。融媒体中心的成立只是媒体融合的开始，浙江县域媒体改革正在大踏步迈进中。

（作者：金烽，浙江省记协县市区域报工委副主任、秘书长；朱琳锃，萧山日报社总编办主任）

（原载于《中国报业》2019年第19期）

5.2.1.4　从社会治理看县级融媒体中心建设

媒体层级设置既要考虑到能否服务好中心工作，又要思考如何覆盖更大范围，包括边缘区域。习近平总书记指出，要扎实抓好县级融媒体中心建设，更好引导群众、服务群众。那么，县级融媒体中心如何定位，有何特殊性与重要性？

一、各级媒体之间生存空间的辩证关系

县级媒体的不断发展，使媒体的服务范围更广、盲区更少，能培养更多基层读者。县级媒体因其地域和情感优势，能够渗透到村、到户，居民由于看到与他们生产生活紧密相关的信息，以及身边的事，会逐渐养成阅读习惯。同时，基层媒体的发展也促使上级媒体找准适合自身发展的空间，把媒体做得更好。在上级媒体与县级媒体竞争合作发展之下，本地群众就是最大赢家，不仅可以获得更多的信息源，还可以得到更好的服务。

二、县级媒体的核心竞争力

县级媒体的重点工作之一是信息的末梢传递，在信息服务"最后一公里"上发挥重要作用。随着网络和社交媒体平台的快速发展，各级媒体都在开展融媒体业务。各级融媒体在网络传播上处于同一个起跑线，都能传达到基层，但是事实证明，县级融媒体中心采编的内容，依然会得到更多本地读者关注，县级融媒体中心在新闻的地域性、贴近性上依然有很大的优势。

县级融媒体中心的最大优势在于"地域和亲情"，遵循的是"本

概况篇 1
实践篇 2
创新篇 3
人物篇 4
理论篇 5
作品篇 6
展望篇 7
附 录

地人写,写本地事,写给本地人看"的原则,重点是做好地方新闻报道。在互联网时代,很多信息可以通过网络来传递,但大量地域性的原创新闻仍需要基层媒体人员去实地采写,很多事关当地老百姓的贴身服务的信息需要基层媒体去传播。

网络媒体跨越地理上的限制,却容易显示一种"无地方感",而人们需要地方文化和地方身份的认同感。一方水土养一方人,县级融媒体中心在"地方感"的营造上能够发挥出独特且不可取代的作用,展示出不同的地方文化,让当地受众感受到亲切的"地方感"。

三、重视县级融媒体中心的协助治理功能

党的十八届三中全会报告指出,全面深化改革的总目标是完善和发展中国特色社会主义制度,推进国家治理体系和治理能力现代化。基层是社会治理的基础,是加强和创新社会治理的落脚点,既是利益冲突和社会矛盾滋生的"源头",也是协调利益关系和疏导社会矛盾的"茬口"。把基层基础工作做扎实了,利益关系得到协调,思想情绪得以理顺,社会发展中的不稳定因素就能及时化解,各种矛盾冲突就能有效疏导,社会和谐也就有了牢固的基础。

县级融媒体中心应该在基层治理体系中担当更重要的角色,在舆论导向、信息传播、经济建设、服务社会、文化传承等方面发挥独特的作用。要从治国理政的高度,对县级融媒体中心的角色和功能提出要求,拓展凸显其在中央精神的传达、地方政府中心工作的宣传、权力监督、信息传播、地域文化的挖掘和社会主义核心价值观培育等领域的作用。要把握受众的新特征,学习融媒体传播话语体系,保证传播的质量和效果。要紧密结合"互联网十"、媒体融合和移动互联网快速发展的新形势,整合县级广播电视台、报社、网站,建好县级融媒体中心,记录来自基层群众的声音,突出基层化、本地化的属性。总之,只有不断完善县级融媒体中心服务基层的功能,满足基层老百姓的需求,才能更好地促进社会和谐发展。

(作者:李骏,浙江工商大学教授)

(原载于2020年6月8日《浙江日报·理论版》)

5.2.2 发表论文目录

表 5-1 2021 年度浙江省县级融媒体中心发表论文一览表

序号	标题	作者	发表时间	刊播媒体	报送单位
1	论县级融媒体的社会功能及主流作用的发挥	胡萍	2021 年 2 月 15 日	《新闻文化建设》	开化传媒集团
2	H5 新闻产品开发的县域探析	叶明茜	2021 年 2 月 25 日	《传媒评论》	鹿城区融媒体中心
3	网络新闻传播对传统新闻编辑理念的提升策略	倪佳乐	2021 年 6 月 1 日	《魅力中国》	长兴县融媒体中心
4	立足"红色根脉"重温殷殷嘱托——永康市融媒体中心推动建党百年报道走实走活走深	蒋中意	2021 年 6 月 8 日	《中国记者》	永康市融媒体中心
5	"大部制"环境下的新闻传播困局及突围路径——以龙港市融媒体中心的实践为例	汤秋黎、夏孟胜	2021 年 7 月 25 日	《传媒评论》	龙港市融媒体中心
6	融媒体时代记者发现力的养成路径	汪锦秀	2021 年 8 月 25 日	《传媒评论》	平湖市传媒中心
7	从网络直播和短视频看传统媒体与新媒体的融合突破分析	邓杰	2021 年 8 月 28 日	《新闻文化建设》	桐乡市传媒中心
8	全媒"穿越"百年党史融媒还原红色人物——复盘东阳融媒体中心《沿着红色足迹》主题报道实践	史莹	2021 年 9 月 25 日	《传媒评论》	东阳市融媒体中心

概况篇 1
实践篇 2
创新篇 3
人物篇 4
理论篇 5
作品篇 6
展望篇 7
附 录

续表

序号	标题	作者	发表时间	刊播媒体	报送单位
9	县级融媒采编人员如何"捡"线索	余慧仙	2021 年 9 月 25 日	《传媒评论》	衢江传媒集团
10	媒体融合，关键要"做"到一起	蔡茜、吴敏东	2021 年 9 月 25 日	《传媒评论》	椒江区传媒中心
11	县级融媒体中心组织管理优化创新路径	陈玉杰、楼盼	2021 年 10 月 1 日	《中国记者》	金东区融媒体中心
12	基层媒体全融合背景下的"新势力"打造路径——以缙云县融媒体中心实践为例	樊建亮	2021 年 10 月 15 日	《视听》	缙云县融媒体中心
13	重塑新格局培育新力量挺进主战场——萧山日报推进媒体深度融合的实践与思考	陆伟岗	2021 年 10 月 25 日	《传媒评论》	萧山日报社
14	县级融媒体中心提升基层社会治理效能的路径探析——以"龙游通"App运营实践为例	余柏成、牛超杰	2021 年 10 月 25 日	《传媒评论》	龙游传媒集团
15	传播"真理故事"打造融媒精品	汪佑军	2021 年 12 月 25 日	《传媒评论》	义乌市融媒体中心

5.3　调研报告

推动县级融媒体中心国际传播能力建设的对策建议

【摘要】近年来，党中央高度重视国际传播工作，提出了一系列新思想、新观点、新论断，对县级融媒体中心的国际传播能力建设也提出了新要求。浙江省在县级融媒体中心建设和改革及国际传播方面做了积极的探索与尝试，该课题组选择对侨乡青田县传媒集团进行专项调研，其在华侨传播方面积累了一些经验，但还存在以下问题：（1）国际传播总体规划不足，外宣政策管控严格；（2）资金短板突出，涉及内容有限；（3）多语种国际传播新闻人才匮乏，以面向海外华侨传播为主；（4）外宣资源零散，传播渠道难以协同等问题。基于此，提出以下建议：（1）健全顶层设计，拓宽县级媒体传播自主权；（2）立足海内外用户需求，围绕"乡野原生态"打造基层文化品牌；（3）积极培育"海外传播官"，吸纳多语种国际传播人才，组建多层次人才队伍；（4）从"借船出海"到自主开发国际融媒体传播渠道，以"自我造血"激发内生动力等。

　　近年来，党中央高度重视国际传播工作，大力推动国际传播守正创新、理顺内宣外宣体制、打造具有国际影响力的媒体集群，构建起多主体、立体式的大外宣格局。这一战略框架的提出为加强和改进国际传播工作提供了价值遵循与理念指引。"打造具有国际传播影响力的媒体集群"，明确要求大外宣格局的建构不能仅仅依靠中央及省、市层级的媒体，而是要将具有最大增量、最具地方特色的县级融媒体中心纳入国际传播体系中，让其在"让世界读懂中国"的进程中占据一席之地，构建中央、省、市、县四级媒体联动的国际传播体系。

　　课题组通过广泛收集材料，通过筛选，对在工作中相对较多涉及国际传播的侨乡青田传媒集团进行专项调研，梳理出其在国际传播中一些亟须解决的问题，主要体现为：（1）国际传播总体规划不足，外宣政策管控严格，对县级融媒体国际传播相关工作缺少政策支持，县级融媒体中心对外传播自主权较弱；（2）资金短板突出，涉及内

概况篇　1
实践篇　2
创新篇　3
人物篇　4
理论篇　5
作品篇　6
展望篇　7
附　录

容有限，国际传播建设需要考虑人员、海外平台、内容采编、技术兼容性等问题，需要资金投入，但政府基本没有提供专项资金；（3）多语种国际传播人才匮乏，媒体仅2名记者具有一定的英语采编能力，缺少掌握德语、法语、西班牙语的人才，缺少具有国际传播专业背景的专业人才，国际传播以华文为主，传播对象主要是华侨；（4）外宣资源零散，传播渠道缺少协同，包括平台资源、受众资源、侨团资源等多方面都呈散状，缺少协同整合的力量，国际传播的品牌塑造力、影响力不足。

为推进浙江省县级融媒体中心国际传播体系建设，针对上述问题，提出以下建议。

一、响应基于大外宣格局的国际传播新诉求

（一）加强顶层政策规划，促进县级融媒国际传播能力建设体系化、制度化。一是省委要深入领会和贯彻国家层面的战略规划，要注重将国际传播的顶层设计落到基层、落到实处，要制定专项制度和规范，对县级融媒体国际传播建设进行专项布局，推动县级融媒体参与外宣，加强县级融媒体国际传播体系化、制度化建设。二是省委宣传部按照我省县级融媒体各自特征和国际传播能力，因地制宜进行科学部署，分批分级设置任务，有针对性地规划和引导，分批提供配套资金，并纳入专项考核。在政策、人力、物力、财力等多方面制定配套政策，加强监督和管控，推动落实。

（二）突破机制壁垒，提升县级融媒体的传播自主权。在具备一定国际传播基础的县级融媒体中开展试点，对新闻传播内容及范围要素等，采取扩大、调整等措施，拓宽对县级融媒体国际传播的授权。如允许媒体制定人员参与海外新闻采编，在出国人数、次数、时间等方面单设权限，在浏览海外网络媒体等方面制定专门条例，使之能加强境外交流和信息收集，并能在境外有影响力的媒体和自媒体平台上发声。

（三）强化自我"造血"功能，激发国际传播内生动力。国际传播语境下，将财政专项资金的外部"输血"作为内部"造血"的基础，县级融媒体中心要借助多方面的力量以强化自我造血功能，树立"媒体十"理念,增强造血能力,推行项目制,延伸产业链,增加海外广告、传播及创收渠道。

二、打造基于国际传播新格局的内容体系

(一)立足海外用户需求,推动跨文化共情反馈与互动。县级融媒体中心国际传播的内容要紧密结合海外用户需求。在传播中注意海外受众的特点,用他们听得懂、愿接受的方式,向他们讲述中国故事,唤起海外受众对中国文化的情感共鸣。

(二)立足乡野原生态,打造基层"国际范"文化品牌。要讲好地方故事,立足乡野,传播原生态的内容产品,以因地制宜的地方特色文化为基形塑具有强大辨识度的品牌 IP,围绕品牌 IP 进行持续性输出,汇集当下流行元素使传统文化产生蝶变,打开国际传播的局面。还有要深入研究李子柒等特色自媒体的乡村传播经验,结合地方特色,挖掘区域优势,开展国际传播。

三、建立基于国际传播新诉求的人才队伍

(一)以"海外传播官"培育工程为抓手,组建高素质国际传播队伍。县级融媒体中心应统筹区域国际传播资源,包括当地的海外华侨、海外留学生、热爱中国文化的国际友人,组建并培养一支高素质通信员队伍。建立外籍友人传播中国好声音的多个通道,传播中国的地方文化。

(二)为招聘多语种国际传播新闻人才制定专项人才政策。在有基础的县级融媒体中心进行试点,设立人才专项招聘制度,制定对"外语+新闻传播"的多语种国际传播人才政策,通过校招、社招和组织遴选、培训等方式,培养懂新闻、懂传播、懂外语的专业人才。加强对中文稿件进行多语种传播的能力。把对多语种人才引进制度作为县级融媒体国际传播能力建设的一个重要抓手。

(三)协同地方高校资源,借海外校友会提升国际影响力。加强与地方高校合作,充分挖掘地方高校在海外传播方面潜藏的资源与渠道,尤其需要重视和把握其国际校友会资源,积极组织海内外人文交流项目,并借由国际校友会向国际推介地方文化环境,更有助于提升地方的国际影响力、国际认可度。

概况篇 1
实践篇 2
创新篇 3
人物篇 4
理论篇 5
作品篇 6
展望篇 7
附　录

四、拓宽基于国际传播新诉求的渠道

（一）借船出海：整合国际传播渠道资源，构筑海外传播矩阵。要借助海外媒体间接发力，改变"传而无效"的状态：一是要与海外华文媒体携手，借华文媒体的地域资源优势服务本土受众群，"共融"推动中国话语体系建设；二是要入驻海外社交媒体平台，对区域文化进行推介，并以亲民的姿态与国际受众展开人文交流与互动；三是要尝试与上级媒体展开合作、加强沟通，实现传播内容的"落地入户"。

（二）造船出海：鼓励建立海外融媒体站，直接面向终端受众。在借船出海的基础上探索造船出海，以维持传播的主导地位。对具备资金、人员等方面实力的县级融媒体建立试点，给予政策和资金扶植，通过自主建立海外融媒体传播站点，打造县级融媒体国际传播旗舰平台。

在讲好中国故事，传播好中国声音的浪潮中，要对县级融媒体在开展国际传播的政策、内容、人才、渠道等方面加强规划和布局，构筑内宣外宣协同联动、主体渠道等资源创新互融的国际传播矩阵，在塑造可信、可爱、可敬的中国形象等方面充分发挥基层媒体的作用。

6 作品篇

6.1　2021年度浙江新闻奖获奖作品目录

6.1.1　报刊类获奖作品目录

表 6-1　2021 年度浙江新闻奖（县级融媒体中心）报刊类

获奖作品一览表

奖项	序号	作品标题	参评项目	作者（主创人员）	编辑	刊播单位
二等奖	1	从 181 元到 150 亿元	消息	汪锦秀、胡佳英、曹乃文	蔡美兴、戴琰、黄金凤	平湖市传媒中心
	2	融入生活是对非遗最好的传承	评论	翟连宇	贾国勇、李凌、杨兰	余杭区融媒体中心
	3	萧山为什么能产生两家世界 500 强企业	通讯与深度报道	周珂	刘斌云、郭庚新	萧山日报社
	4	一张特殊的"合影照"	通讯与深度报道	张柳静	刘晓平	富阳日报社
三等奖	1	一条"机器鱼"遨游万米深海	消息	孙晨	贾国勇、杨兰、翟连宇	余杭区融媒体中心
	2	富阳基层"议事厅"写进全国教材	消息	吴璇	施海、徐时松	富阳日报社
	3	小故事里的大情怀《德德下乡日记》字字真情记录一位基层干部的赤子之心	通讯与深度报道	严梓宁	王曙丹、朱晓冬	奉化区融媒体中心
	4	不让一名研考生因疫情而"掉队"	通讯与深度报道	成波、刘金平、李涵	何静媛、厉红祥	上虞区融媒体中心
	5	"小宇凡的课堂"：一位退休教师和脑瘫少年的"忘年交"	通讯与深度报道	马叶芬、方珏、郝爽	沈建康、金芝兰	嘉善县传媒中心
	6	"100 分烧饼"连续报道	系列（连续、组合）报道	汤琴、杨海虹	集体(陈霄、徐琴微、程遥、罗定阳)	乐清市融媒体中心

概况篇 1
实践篇 2
创新篇 3
人物篇 4
理论篇 5
作品篇 6
展望篇 7
附 录

6.1.2 新媒体类获奖作品目录

表 6-2 2021 年度浙江新闻奖（县级融媒体中心）新媒体类
获奖作品一览表

等级	序号	作品标题	参评项目	作者（主创人员）	编辑	刊播单位
一等奖	1	"鲸"险大救援	网络新闻专题	吴佳、张微煦、陈静、谢希	陈基臣、金国辉	临海市新闻传媒集团
	2	列车上的招聘会	短视频现场新闻	楼志锋、赵一阳、黄超忆、林晓燕、傅建平	陈旭春、金洪斌、王海明	义乌市融媒体中心
	3	我不是牛肉西施	短视频专题报道	沈雯、吕悦、黄乐豪、孙嗣达、杨洋、陈可欣、沈诗晨	王媛媛、应侃、景悦	余杭区融媒体中心
二等奖	1	拿下东京奥运首金！杨倩创鄞州奥运历史	文字消息	林幼娟、李超	徐奇锋、金建锋、宋健益	鄞州区融媒体中心
	2	"木寸精神"为什么这么红？——讲中国好人故事扬中国好人精神	网络新闻专题	汪雅婷、杨纤、傅倩玲	集体（王寅锋、郑建斌、汪雅婷、杨纤、傅倩玲）	兰溪市融媒体中心
	3	《"他们是谁"——宁海全城寻访无名烈士》专题	网络新闻专题	黄浓珍、李炯炯、张颖、罗孙志、金芳、邱雯雯、葛艺	应刘意、李江林、林佳怡	宁海传媒集团
	4	"三无"快艇非法电鱼多部门联合终截获	短视频现场新闻	韩栋、翁蓓蕾、庄晨瑜、方莹莹	方荣巩	温州市洞头区融媒体中心
	5	一面旗一片叶	短视频专题报道	董孝烽、朱佩颖、余文、张洁云	朱怀康、童海燕、俞娇娜	安吉县融媒体中心
	6	"鹮"我家族梦	融合创新	张哲萍、何丽丽、程昊、裘超奇、刘一凝、张欲飞、张伟、俞丹丹	赵翠茹、章毅、归李喆	德清县新闻中心（德清县广播电视台）
	7	跨越 5000 公里的爱	融合创新	陈怡、莫非凡、施方明	王晓伟、陈怡	长兴县融媒体中心

等级	序号	作品标题	参评项目	作者（主创人员）	编辑	刊播单位
三等奖	1	青海骆驼戴上德清产"北斗项圈"牧民实现"宅家"放牧	文字消息	集体（张哲萍、张伟、张志炜、裘超奇、俞丹丹、王涛）	程昊、陈羽然	"我德清"App
	2	搭乘"神舟十二"的江山黄精成功返回，一起期待他们"变身"！	文字消息	方晶晶、姜晨蕾	方晶晶、余明明、周耕	江山新闻网微信公众号
	3	"活该你赚钱！"慈溪这位老板登上《人民日报》，获10万＋点赞	文字消息	陈思言	施春叶	慈溪市融媒体中心"慈晓"App
	4	活螃蟹死规定，"王宝强们"的人在囧途怎么破	新闻评论	赵文河、吕真珍、牛晨光、应秀蔚、王兆辉	王贻江、陈厉娜、宋思成	永康市融媒体中心
	5	庞爷爷的爱心书屋	网络新闻专题	沈梦莹、沈诗晨、吕悦、孙嗣达、沈雯、王廷君、黄乐豪	应侃、章蕾、施清仪	余杭区融媒体中心
	6	北纬30°的幸福海岸线	网络新闻专题	虞娜、叶森、项超燕、韩方定、陆庐舟、王梦倩、黄科润	虞娜、邱勇、蒋裕娜	普陀区融媒体中心（区广播电视台）
	7	跨越时空尘封了80年的革命情书	网络新闻专题	钱跃晶、陈饰、苏莹莹、王丹丹、徐争艳、赵舸	徐争艳、王丹丹	镇海区新闻中心

续表

概况篇 1
实践篇 2
创新篇 3
人物篇 4
理论篇 5
作品篇 6
展望篇 7
附　录

等级	序号	作品标题	参评项目	作者（主创人员）	编辑	刊播单位
三等奖	8	建德1.8米高巨型稻迎来大丰收！袁爷爷，您的禾下乘凉梦成真了！	网络新闻专题	叶芳、潘奕含、李宛谦、胡燕群、纪婕妤	李宛谦、吴燕	建德市融媒体中心
	9	浙里来消费，上虞这么干！疫情之下，浙东新商都如何成功突围	网络新闻专题	孙卫国、李涵、龚洁颖、刘金平、顾江锋、景彬	集体（陈胜龙、阮宇芳、李梦婕、章思瑜）	绍兴市上虞区融媒体中心
	10	潮妹城铁西游记——跟着潮妹一起乘坐"海宁乡村共富号"	页界面设计	赵建华、顾佳妮、张枫滟、张小琴	徐梦、袁文君、金新颜	海宁市传媒中心
	11	神奇精灵在长兴	页界面设计	王晓伟、徐峰、何悦、金建强	集体（施方明、钱瑜、卢骏、李毅、严越峰、夏长厚）	长兴县融媒体中心/长兴县广播电视台
	12	打造"水火箭"放飞航天梦	短视频现场新闻	董孝烽、王璐、俞娇娜	祁乐乐、蒲璇	安吉县融媒体中心
	13	千人请愿："金良，留下来！"四留屏山："脱贫，还不够！"	短视频现场新闻	沈甜、郑悦怡、刘行、杨树、朱燕萍	施熠锋、赵日春、叶祥	嘉兴市广播电视台海盐县传媒中心
	14	菜农隔离不能出摊，海曙这位老顾客帮其吆喝卖菜	短视频现场新闻	朱燕君、陈心琪	邬盈蓓、叶维肖	海曙区全媒体中心

等级	序号	作品标题	参评项目	作者（主创人员）	编辑	刊播单位
三等奖	15	嵊州90后小伙直播钓鱼救起落水老人	短视频现场新闻	王珊珊、商蔡青、凌慧佳	袁晓东、马蔡荣	嵊州市融媒体中心
	16	130余个小勇士镇定出发去往隔离点	短视频现场新闻	金波、周颖、周越、杨圆圆、靳林杰	陈蓉、邱芳、陆意	萧山日报社
	17	一段短视频暖了全国网友鄞州八旬教授插着鼻胃管给小病友讲题	短视频现场新闻	王莎、王世杰、章良开、司徒凯	徐奇锋、金建锋	鄞州区融媒体中心
	18	医学隔离点9岁小女孩突发疾病医生一把抱起狂奔下楼	短视频现场新闻	贺洁靓	金新颜	海宁市传媒中心
	19	深夜救孩子一命！全网关注的电动车女士找到了	短视频现场新闻	朱俊生、徐迪兰、张学能、陈鑫誉、林宇晟	周谧、蔡美兴、郑煜纯	平湖市传媒中心
	20	孤岛不孤	短视频专题报道	叶森、虞娜、黄科润、陆庐舟	虞娜	普陀区融媒体中心（区广播电视台）
	21	小城大匠国宝"重生"	短视频专题报道	楼莉雯、叶环环、伍惠民、冯艳艳、叶帝伯	楼莉雯、伍惠民	兰溪市融媒体中心
	22	铁艺人厉柏海	短视频专题报道	金宁、何若秋、张谨	林博	临平区融媒体中心
	23	农民钢琴师	短视频专题报道	康娌娜、徐一鸣、唐亮、周丽娜、姚似宇、陈熙	吴娇媚、程昊	德清县新闻中心（德清县广播电视台）
	24	红星的幸福生活	短视频专题报道	刘兆明、施委、王卓、张轩瑜、陈帅	楼俊俊	磐安县融媒体中心

续表

概况篇 1
实践篇 2
创新篇 3
人物篇 4
理论篇 5
作品篇 6
展望篇 7
附　录

等级	序号	作品标题	参评项目	作者（主创人员）	编辑	刊播单位
三等奖	25	爱聚海曙！加油洞桥，我们一定行	短视频专题报道	王杨乐	李旭煌、邬盈蓓	海曙区全媒体中心
	26	田间"父女兵"种出"五彩路"	短视频专题报道	陈黎超、沈丹、叶炜、王柳莺、赵晶晶、阮佳波	贾彩萍、陈黎超、顾颖	绍兴市上虞区融媒体中心
	27	冬瓜上山记	短视频专题报道	裘伟、金展、张力、陈剑虹、徐浙峰	袁晓东、俞君	嵊州市融媒体中心
	28	众志成城！直击三江口抢险	移动直播	黄未、王世杰、杨超、张炎、史进、张旻、戴云龙	徐奇锋、宋健益、姚赛芬	鄞州区融媒体中心
	29	一颗猕猴桃的"下山入海"	移动直播	徐梦、顾佳妮、赵建华、周志伟、李梦霞、方天意、张平、冯云燚	张枫滟、陈曦灏、柳晴	海宁市传媒中心
	30	想生三孩不容易！	数据新闻	徐峰、丁月剑、莫非凡、张杰、吴鑫强	丁月剑	长兴县融媒体中心
	31	云助力再战长山河43年前他们用43天创造的奇迹在守护我们	创意互动	吾凯杰、任林	李刚	海盐县传媒中心
	32	多媒体国画动漫《追梦》	创意互动	周芝兰、蔡东森、周剑成、吴佳媛、夏德飞、陈少杰	宣浩军、叶淑秀、陈仲明	诸暨市融媒体中心
	33	龙溪数语	创意互动	徐峰、何悦、莫非凡、陈浩博、李毅、袁婷	集体(何悦、莫非凡、陈浩博、李毅、袁婷)	长兴县融媒体中心

等级	序号	作品标题	参评项目	作者（主创人员）	编辑	刊播单位
三等奖	34	萤火虫回"嘉"	融合创新	集体（王培澄、沈晓刚、陈瑜、顾燕、郝爽、沈坤明、钟诚、李靖、滕晓珍、周霞、傅善善、熊冰、于君、奚嘉瑶、郁林强、袁威）	集体（冯建萍、赵集文、张书、王晗滢、徐琪、戴黎杰、汤纯凤、萧蕾）	嘉善县传媒中心
	35	在乡村里发芽的"航天梦"	融合创新	周谧、徐迪兰、张学能、周页文、鲍春伟、徐佳圆	朱俊生、蔡美兴、郑煜纯	平湖市传媒中心
	36	坐上时光机，见证互联网之变	融合创新	许惠良、徐丹、李滢瑕、莫源、孙君媛、潘伊纯	徐伟东、宋佳	桐乡发布
	37	百年华诞12整点·《100年，正青春》	融合创新	宣浩军、许斐、吕岚、陈婕、夏德飞、陈金伟、缪海军、邵高锋	叶淑秀、陈璐、俞咪娜	诸暨市融媒体中心
	38	5年50万张！永康摄影家记录全国规模最大跨海桥梁群	融合创新	程德胜、王贻江、秦小建、吕旭光、卢俊龙、李梦楚、卢斌、杨成栋	胡华超、应栩漪、颜元滔	永康市融媒体中心
	39	与党同龄与党同行	融合创新	集体（孟再励、金波、王建平、龚洁、周颖、何可人、郑舒铭、蔡敏杰、管丽莎等）	陆伟岗、郭庚新	萧山日报社

概况篇 1
实践篇 2
创新篇 3
人物篇 4
理论篇 5
作品篇 6
展望篇 7
附 录

6.1.3 重大主题报道策划创新奖获奖作品目录

表 6-3 2021 年度浙江新闻奖（县级融媒体中心）
重大主题报道策划创新奖获奖作品一览表

等级	序号	作品	参评项目	作者（主创人员）	编辑	刊播单位
二等奖	1	老施来了	理论宣传	王晓伟、王志芳、郑琦、陈怡、钱超、钱岚、崔智翔	王胜国、吴洪涛、徐利利	长兴县广播电视台
三等奖	1	"义乌发展经验"15 周年系列报道	报刊类	丁丰罡、张旦萍、郑继宁、吴峰宇	赵一阳、沈锦磊、虞建飞	义乌商报
	2	千万工程	报刊类	集体（何可人、龚洁、黄婷、周珂、沈艳露、周越、范方斌、靳林杰）	集体（陆伟岗、刘斌云、徐桂龙、何学仁、李家连）	萧山日报社
	3	沿着红色足迹	报刊类	集体（史莹、吴旭华、胡鼎、陈勇、陈一点、斯向阳、陈林旭、蒋雯、胡媛、李磊、吕晶晶、陈巧颖）	集体（张婕、任旦雯、朱凯迪、杜思远、郭璐）	东阳市融媒体中心
	4	红色使命	广播类	吴峰平、潘一小、袁俊龙、陈佩焱、沈艳峰	尹世平、蔡章元、林熠	龙泉市融媒体中心
	5	仰峰岕百年正青春	新媒体类	王晓伟、王志芳、钦佩佩、莫非凡、施方明、黄浩栋、宋成、王健俊	赵占东、孙栩、李梦佳	长兴县广播电视台
	6	"奋力赶超干在今朝"系列述评	新媒体类	集体（黄晓华、方怡、方令航、缪思聪、周律江、朱杰超、黄黎明、魏新婷、蒋松涛、许乾虎、吕南卫）	陈东、邵建伟、石磊	浦江县融媒体中心

6.1.4 综合类获奖作品目录

表 6-4 2021 年度浙江新闻奖（县级融媒体中心）
综合类获奖作品一览表

等级	序号	作品标题	参评项目	作者（主创人员）	编辑	刊播单位
二等奖	1	12 年，从点亮一盏灯发展到万千点灯人（组照）	新闻摄影	朱胜钧	陈胜龙、李涵	上虞区融媒体中心
	2	共富路上追梦人（组照）	新闻摄影	郭斌、周雨文	倪钰、陈柏炬	诸暨市融媒体中心
	3	鄞州日报（2021 年 2 月 17 日 1 版）	版面类	余峰、陆丽君	余峰、葛吉华	鄞州日报
	4	心里不是滋味	新闻漫画类	于昌伟	杨光洲、赵一阳、丁丰罡	义乌市融媒体中心
	5	读懂县媒未来才能拥抱时代——安吉新闻集团县级融媒体建设实践探析	论文	祝青、朱炜、丁峰	黄一樑	《中国广播》/安吉县融媒体中心
	6	县级融媒体中心提升基层社会治理效能的路径探析——以"龙游通"App 运营实践为例	论文	余柏成、牛超杰	冯潇颖	《传媒评论》/龙游传媒集团
三等奖	1	改革开放试验田——义乌"蝶变"记（组照）	新闻摄影	吕斌、金福根	赵一阳、陈旭春	义乌融媒体中心
	2	直击"烟花"！风雨面前一起扛（组照）	新闻摄影	蒋力奔、杨凌燕	郭斌、楼婷	诸暨市融媒体中心
	3	台风"烟花"碰上天文大潮海面掀起巨浪（单幅）	新闻摄影	徐伟杰	蒋路娅	温岭市融媒体中心

概况篇 1
实践篇 2
创新篇 3
人物篇 4
理论篇 5
作品篇 6
展望篇 7
附 录

6.1.5　获奖作品赏析

6.1.5.1　一条"机器鱼"遨游万米深海——之江实验室牵手浙江大学 新成果登上《自然》封面

奖　　项：2021 年度中国新闻奖消息类三等奖

发布单位：余杭区融媒体中心

发布平台：《余杭晨报》第 1 版

首发时间：2021 年 3 月 5 日

作者（主创人员）：孙晨

编　　辑：贾国勇、杨兰、翟连宁

作品赏析：

在被喻为"地球第四极"海洋最深处的马里亚纳海沟，狮子鱼虽承受深海近百兆帕压力，仍能灵活游动。由狮子鱼的奇特构造得到启发，之江实验室与浙江大学合作，历时数年研制了一款仿生深海软体机器人，率先实现了软体机器人的万米深海操控以及深海自主游动实验。北京时间 2021 年 3 月 4 日，这个形似一条鱼的神器登上国际顶级期刊《自然》封面。研究团队表示，这款机器人在深海、极地、高冲击性等恶劣及特种环境下，具有良好的发展应用前景。

仿生深海软体机器人研制的想法萌生于 2017 年 5 月末。"马里亚纳海沟狮子鱼的奇特构造带给我们很大启发。如果能将深海的'生命奥秘'化作'机器之力'，我们就可以研发出适应深海极端环境的仿生、软体、小型化智能深海机器人，既可助力深海探索，又能发展新型机器人与智能装备。"谈及研发初心，该论文的第一作者（排名第一）李国瑞仍难掩兴奋之情。

明确了研究方向，2018 年 5 月，之江实验室智能机器人研究中心与浙江大学交叉力学中心李铁风教授团队启动了以狮子鱼为原型的仿生深海软体机器人研究。基于狮子鱼头部骨骼在软组织中的分散融合这一特点，项目组研发的这款机器人形似一条鱼，长 22 厘米，翼展宽度 28 厘米，大约为一张 A4 纸的长宽。

"控制电路、电池等硬质器件被融入集成在凝胶状的软体机身中；

通过设计调节器件和软体的材料与结构，实现了机器人无须耐压外壳，便能承受万米级别的深海静水压力。相比于传统的'铠甲式'抗高压深潜装备，我们以全新技术路线研制仿生深海软体机器人，争取大幅降低深海探测的难度和成本。"李国瑞拿着模型向我们解释道。

2018年8月，在上海深渊科学技术研究中心，仿生深海软体机器人在110兆帕（11000米水深所对应静水压力）的压力罐中实现了稳定的游动实验。这次成功来之不易，将近一年时间，李国瑞每半个月就要去上海做一次机器人的压力实验验证。2019年12月，仿生深海软体机器人在马里亚纳海沟坐底，海试影像记录显示，在10900米海深处，该机器人实现了稳定扑翼驱动。2020年8月27日深夜，该软体机器人在南海3224米深海处成功实现了自主游动。

未来，项目组将继续研究，提升仿生深海软体机器人的智能性，同时降低应用成本，并计划将关键技术运用到深潜器上，研制小型化的深海装备，实现深海通讯、深海检测等功能，为深海科考带去更多可能。

6.1.5.2 "鲸"险大救援

奖 项：2021年度浙江新闻奖新媒体类一等奖

发布单位：临海市新闻传媒集团（临海市广播电视台）

发布平台：临海新闻网

首发时间：2021年7月12日

作者（主创人员）：吴佳、张微煕、陈静、谢希

编 辑：陈基臣、金国辉

作品简介：2021年7月6日上午7时半左右，12头瓜头鲸被发现搁浅在临海市头门港一滩涂上。得到消息后，民警、村民和群众纷纷组成救援队伍，临海新闻网的记者也在第一时间赶到了现场，记录下救援的画面。资料拿到手之后，制作人员争分夺秒赶制该专题，通过多种媒体手段还原救援瓜头鲸的过程，作品界面设计以瓜头鲸搁浅的画面为背景，"开门见山"地交待了事件的背景，作品

作品赏析
（扫描二维码观看）

概况篇 1
实践篇 2
创新篇 3
人物篇 4
理论篇 5
作品篇 6
展望篇 7
附 录

上的元素运用和色调搭配经过了不断调整，力求在界面设计上兼具视觉的美感。该事件受到浙江及央视媒体的关注，纷纷来临海采访报道，并对临海救援瓜头鲸一事给予了高度的评价。

评　　语：通过救援瓜头鲸的事件，临海人让大家感受到了满满的正能量，大家对瓜头鲸的细致呵护，流露出人对自然界生物最为朴素的关爱之情，体现了对生命的尊重和敬畏。这样一个宣传正能量的主题，值得推荐。

6.1.5.3　列车上的招聘会

奖　　项：2021 年度浙江新闻奖新媒体类一等奖

发布单位：义乌市融媒体中心

发布平台："爱义乌"客户端

首发时间：2021 年 2 月 26 日

作者（主创人员）：楼志锋、赵一阳、黄超忆、林晓燕、傅建平

编　　辑：陈旭春、金洪斌、王海明

作品简介：新冠肺炎疫情来袭，义乌坚持一手抓疫情防控，一手抓复工复产。2021 年 2 月，为解决企业用工难问题，义乌派出 10 个工作组奔赴全国各劳务输出地招工。义乌第三复工返岗工作组了解到，在广州开往宁波的 K210 次列车上，有 130 余名外出务工人员尚未落实就业，连夜组织企业从阜阳赶往衢州，经杭州客运段同意，登上该列车开展招聘。记者跟随义乌第三复工返岗工作组，通过现场记录的形式，采集了大量的现场声、同期声，并以短视频的形式，运用新媒体手段进行了制作、编辑，第一时间在新媒体平台呈现。该作品在"爱义乌"微信号上发布后，一小时点击量 1 万余次，"爱义乌"客户端 24 小时点击量达 10 万余次。视频被"中国蓝新闻"、《人民日报》等新媒体平台引用。

作品赏析
（扫描二维码观看）

评　　语：该作品运用丰富的现场画面、现场声、同期声，剪辑节奏明快，充分展现出招工组"抢"的紧迫感，并通过音乐、字幕等形式进行渲染，具有很强的现场新闻感染力。

6.1.5.4　我不是牛肉西施

奖　　项：2021年度浙江新闻奖新媒体类一等奖

发布单位：余杭区融媒体中心

发布平台："看余杭"App

首发时间：2021年8月29日

作者（主创人员）：沈雯、吕悦、黄乐豪、孙嗣达、杨洋、陈可欣、沈诗晨

编　　辑：王媛媛、应侃、景悦

作品简介：余杭姑娘张婷，为了帮助父亲，在良渚的牛肉批发档口开了直播带货，在生鲜直播领域迅速蹿红。娇小甜美的她和批发市场里日夜颠倒、磨刀砍肉的环境形成鲜明反差，吸引了无数流量。但是她不想成为众人口中的"牛肉西施"，"90后"的她不愿被设定标签，只想勇敢做自己。该作品先后被"新华社"客户端、"央视新闻"客户端等国家级媒体平台转载，阅读量破百万人次，并获得了2021年第九届中国梦（浙江）网络视频大赛微纪录片一等奖、2021年"学习强国"全国县级融媒体中心优秀作品双月赛三等奖。

作品赏析
（扫描二维码观看）

评　　语：深夜1点的生鲜肉批发市场，腥臭的气味直冲脑门，蓝紫的灯光下，光着膀子的屠夫、成批堆积的肉类、鲜肉被分割时流淌一地的血水，和身材较小、皮肤白皙的"90后"姑娘形成了鲜明的对比。本片把直播经济背后年轻人努力刻苦、敢于面对挑战、勇敢做自己的另一面记录了下来，让观众马上就记住了人物形象。

6.2　2021年度浙江省县市新闻奖优秀作品目录

2021年度浙江省县市新闻奖由工委组织评审，全省77家融媒体中心及县市区报选949件作品参评，其中重大主题报道、党报县报报

概况篇 1
实践篇 2
创新篇 3
人物篇 4
理论篇 5
作品篇 6
展望篇 7
附　录

刊类、综合类共收到 199 件作品，最终评出一等奖 49 件，二等奖 63 件，三等奖 86 件；今日系列报刊类共收到 239 件作品，最终评出一等奖 61 件，二等奖 77 件，三等奖 101 件；新媒体类评选共收到 511 件作品，最终评出一等奖 111 件，二等奖 151 件，三等奖 245 件。最终遴选推荐 121 件作品参加浙江新闻奖评选，其中重大主题报道 3 件、报刊类 23 件、新媒体 92 件、论文 3 件。

6.2.1　2021 年度浙江省县市新闻奖（党报县报报刊类、综合类）获奖作品

表 6-5　重大主题报道获奖作品一览表

等级	报奖单位	主标题	作者（主创人员）	编辑
一等奖	东阳市融媒体中心	"沿着红色足迹"系列报道	集体（史莹、吴旭华、胡鼎、陈勇、陈一点、斯向阳、陈林旭、蒋雯、胡媛、李磊、吕晶晶、陈巧颖）	集体（张婕、任旦雯、朱凯迪、杜思远、郭璐）
	长兴传媒集团	你好，南太湖	王晓伟、王志芳、陈怡、孙栩、钦佩佩、胡苗苗、江国军	王胜国、徐利利、夏长厚
	萧山日报社	千万工程	集体（何可人、龚洁、黄婷、周珂、沈燕露、周越、范方斌、靳林杰）	集体（陆伟岗、刘斌云、徐桂龙、何学仁、李家连）
	义乌市融媒体中心	"义乌发展经验"15 周年全媒体报道	丁丰罡、张旦萍、郑继宁、吴峰宇	赵一阳、沈锦磊、虞建飞
	嘉善县传媒中心	牢记嘱托示范先行	周契	张霞蓉、赵丽鰕

等级	报奖单位	主标题	作者（主创人员）	编辑
一等奖	钱塘新区新闻文化传媒中心	"风华正茂2021亚运弄潮2022"年终特刊	集体	集体（裘瑞婷、余艳珍、陈浩杰、李莫微、陈鑫怡、何思源）
	天台县传媒中心	山区县何以飞出10只"金凤凰"	陆最	许婉琳
	武义县融媒体中心	解码武义"超"人经济	陶鸿飞、陶莎莎、金武剑、陶峰松、任广明、姜亮	陶莎莎、陶鸿飞、金武剑
	德清县新闻中心	骆驼戴上"北斗项圈"牧民在家远程放牧	孟琳、张哲萍、张伟、裘超奇、王涛、俞丹丹	罗垚
	宁海传媒集团	奋斗百年路 启航新征程——为无名烈士寻亲	陈俊、胡维、王鸫涞、潘云翔、杨思敏、丁倩倩、方岑	朱邦安、葛斌斌、童振祥
二等奖	富阳日报社	"富春红色故事"系列报道	集体（骆晓飞、仲芷菡、何芳芳、方宗晓、张柳静、董剑飞、臧一平、吴璇、徐丽亚、周晓露、许媛娇、朱啸尘）	集体（司小勇、施海、徐康亮、刘晓平、夏梦荻、蒋玲玲、俞高峰）
	慈溪市融媒体中心	系列报道：牢记嘱托，沧海桑田谱新篇	徐立荣、陆军如、俞建明、鲁奕呈、陈利群、陈运运、何晨薇	郭俊恒、袁哲侠
	鹿城区融媒体中心	共同富裕看鹿城	汪雪琼、吴蒙蒙、张子雨、林婷玮、施晴雯、谢小玲、徐冰晶	黄宇慧、林梅

概况篇 **1**
实践篇 **2**
创新篇 **3**
人物篇 **4**
理论篇 **5**
作品篇 6
展望篇 **7**
附 录

等级	报奖单位	主标题	作者（主创人员）	编辑
二等奖	海宁市传媒中心	走进城铁时代	集体（许涛、朱文、陈曦灏、徐梦、宋予佳、周志伟、柳晴、刘继靓、刘芳璐、谢君、褚晶君、周嘉怡、陈奕新、杨立超）	宋屹立、周峰、俞伟慧
	温岭市融媒体中心	小虎队重访革命老区	江盈盈、王萍、王妙德、朱海伟、谢晨阳	集体（姚天、颜婷婷、庞辉斌、曹钰）
	北仑区传媒中心	宁波舟山港年集装箱吞吐量首破3000万箱	严健中、王越、郑侃轩	曾丹华、张华
	瑞安市融媒体中心	共同富裕·瑞安实践	集体（金汝、林晓、苏梦璐、陈异俗、吴戍慧、项依晴、项颖、林瑞蓉、潘虹、陈成成）	集体（张翔、项颖、陈良和、金汝、陈丹丹、陈成成）
	椒江区传媒中心	照片里 de 椒江密码	集体[赵阳、林琦、丁玲、李琴、栾旖旎、王涵雪、屈扬帆、徐丽平、水水（王卫君）、葛嘉仪、白露]	蔡茜、王卫君、张亚妮
	遂昌县融媒体中心	百姓情 百年礼	尹世平、张春玲、翁静晓、章建辉	谢璐瑶、傅长琪
	江山传媒集团	"唱支村歌给党听"主题报道	集体（毛梦瑶、朱永春、赵晨、孙尔春、郑玉莲、危波、宋超、郑嘉豪）	集体（朱永春、周金、孙尔春、毛严庆）

等级	报奖单位	主标题	作者（主创人员）	编辑
二等奖	平湖市传媒中心	唱支赞歌给党听——"奋斗百年·十全拾美"大型主题报道	汪锦秀、胡佳英、居丹荔、金睿敏、林旭东、王茹彤、高洁	蔡美兴、黄金凤、戴琰
	嘉兴日报社南湖分社	"沿着公路瞰南湖"融媒体系列报道	徐亦为、杨秀娟、许冰洲、张佳丽、俞艳婷、高昱雯、谢梦骑	张斌
	海盐县传媒中心	可"盐"可甜 探寻共富密码系列	杨王平、李亦董、田辰东、朱洁、贺夏萍、徐鑫、安玉	李刚、柴火猛、杨王平
	柯城传媒集团	众人划桨开大船——柯城区探索推行户主大会的调查	葛志军、胡灵萍、郑晨、王思	陈岚
	安吉县融媒体中心	大国重器这样建	林泽宇、胡国稳、章婧、江汇、陈玉兰、陈丽君、潘学康、张卉	胡国稳、陈丽君
三等奖	长兴传媒集团	仰峰岕百年正青春	王晓伟、王志芳、赵占东、钦佩佩、莫非凡、施方明、黄浩栋	孙栩、李梦佳、宋成
	奉化区融媒体中心	来自全国爱国主义教育示范基地滕头村的报道	李婷婷	王也儿、康新欣、宗发旺
	诸暨市融媒体中心	再战疫，诸暨"疾跑"的14天	刁卓璐	郦海洋

226

概况篇 1
实践篇 2
创新篇 3
人物篇 4
理论篇 5
作品篇 6
展望篇 7
附　录

等级	报奖单位	主标题	作者（主创人员）	编辑
三等奖	奉化区融媒体中心	老闸门里飞出新乐章——盲人歌手将全会精神写进歌里唱给大家听	郑连乔、王层裕、宗发旺	康新欣、陈群力
	德清县新闻中心	看水利"德清样板"炼成记	黄欣怡	王福田
	临平区融媒体中心	感动临平共富样板	毛佳璐、周铭、罗佳豪、钟佳丽、孔令翔、贾延宗、姚桢	杨利军、徐呆呆、王旭平
	乐清市融媒体中心	雁山红遍献礼建党百年	集体	集体
	武义县融媒体中心	"'智''强'不息谋共富"主题系列报道	陶莎莎、林凯、姜亮、曲雨桐、陶鸿飞、叶南飞、金立超	陶莎莎、潘文忠、廖功亮
	柯城传媒集团	"窑"变——柯城区余东未来乡村联盟观察	陈明明、汪晨云、郑晨、葛锦熙	陈岚
	宁海传媒集团	奋斗百年路 启航新征程——红色印记	集体（娄伟杰、潘怡帆、张帆、胡琦、曹维燕、潘璐璐、卓佳洋、周韵健、章莉、方景霞）	徐荐荃、严亚平、黄海清
	浦江县融媒体中心	"奋力赶超干在今朝"系列述评	集体（黄晓华、方怡、方令航、缪思聪、周律江、朱杰超、黄黎明、魏新婷、蒋松涛、许乾虎、吕南卫）	陈东、邵建伟、石磊
	衢江传媒集团	"360度看乡村共富"系列	余慧仙、周志贤、臧诚、邵秀清、方宇杰、郑利文	余慧仙、臧诚

等级	报奖单位	主标题	作者（主创人员）	编辑
三等奖	临海市新闻传媒集团	头门港经济开发区高质量建设共同富裕示范区回眸与展望	金晓欣	陈基臣、林洁
	象山县传媒中心	"两进两回"绽放象山"乡创"之花	集体（孙建军、李延毅、覃京）	孙建军
	磐安县融媒体中心	庆祝建党100周年暨"党史学习教育"大型系列报道	虞晓峰、胡妙良、张黎明、施委、傅高强、杨适时	集体（虞晓峰、张黎明、陈鑫洪、胡瑞仙）
	北仑区传媒中心	寻访北仑"红色印记"	严武意、严健中、鲁勇辛、沈焰焰	曾丹华、张华
	金东区融媒体中心	"追寻·建党100周年"大型融媒体报道	集体	集体
	平阳县传媒中心	奋斗百年路 启航新征程——踏访红色地标	集体（平阳县融媒体中心融媒体采访部）	集体（平阳县融媒体中心《新平阳报》编辑部）
	缙云县融媒体中心	不忘来时路 创变再出发——缙云新一届县处级领导"初心之旅"纪实	刘晓玲、陈紫阳、周勰	叶佳鑫、夏霞
	洞头区融媒体中心	甲子融媒新起航 风雨如磐续传承——纪念洞头区融媒体中心建站办台65周年	余佩遥、张敏洁、彭晟佑、潘杉、洪建栋、王丛文、苏友凡	方荣巩、陈宣锟、郭婷娴

概况篇 1
实践篇 2
创新篇 3
人物篇 4
理论篇 5
作品篇 6
展望篇 7
附　录

表 6-6　消息获奖作品一览表

等级	报奖单位	主标题	作者（主创人员）	编辑
一等奖	余杭区融媒体中心	一条"机器鱼"遨游万米深海	孙晨	贾国勇、杨兰、翟连宇
	慈溪市融媒体中心	华东地区首个无人智慧农场落地慈溪	陈运运	黄央芳、罗建云、郭俊恒
	平湖市传媒中心	从 181 元到 150 亿元	汪锦秀、胡佳英、曹乃文	蔡美兴、戴琰
	诸暨市融媒体中心	去过月球逛过火星诸暨 20 人迷你小厂昨又"登天"	楼婷、陈柏炬	郦海洋、叶淑秀
	富阳日报社	富阳基层"议事厅"写进全国教材	吴璇	施海、徐时松
	嘉兴日报社南湖分社	30 多名农民大棚里"直播卖货"	俞艳婷	潘叶萍
	鄞州区融媒体中心	中东欧 6 国外交官直播带货	叶敏	俞珠飞、刘立中
	海宁市传媒中心	项目在建首笔收益 1200 万元已到账	朱文、周志伟	周锋、傅振明
	义乌市融媒体中心	义乌民企"包船"出海	龚艳	丁丰罡、虞建飞、石晓平
二等奖	萧山日报社	形成"5＋25＋X"架构绘好共富"施工图"	施丹丹、周婷、何可人	刘斌云、徐桂龙
	永康市融媒体中心	一条流水线"生产"32 件发明专利	程德胜、吕高攀、楼洁	王洁航、叶宁、程明星
	嘉善县传媒中心	率先将县级规划上升视为省级规划编制一体化示范区首个片区系列重点规划发布	许一楠、丁珩	张霞蓉
	鄞州区融媒体中心	鄞州社保卡"一卡通"全国领先	俞珠飞、谢莹萍	刘立中、祝永良

等级	报奖单位	主标题	作者（主创人员）	编辑
二等奖	兰溪市融媒体中心	"5G＋智慧矿山"项目实现矿山"机进人退"	徐桢瑾	徐国祁、陈红光、赵红霞
	乐清市融媒体中心	"共富保"变"共富宝"	戚梅丽、孔丽琴	刘丽娟林一笑、金龙江
	瑞安市融媒体中心	瑞安市"码上有地"应用入选省"数字国土空间"多跨应用场景试点	严小章、孙欣娜、郑拥拥	俞颖、李群、林翔翔
	上虞区融媒体中心	数字乡村，开启全域智治新模式	宋彦佩	吕万玖、章海宁
	海盐县传媒中心	五年内提供100亿元授信额度海盐发布全省首个"专精特新"企业专属信贷产品	潘成豪、汤伟华	李刚、赵日春、王振华
	诸暨市融媒体中心	把党史故事"种"进知识点西藏诸暨同上一堂红色情景课	楼婷、陈柏炬	马青华、倪钰
	柯桥传媒集团	首批16名"人才管家"上岗	沈潇	陶晓宇、邵荣英
	东阳市融媒体中心	横店LED虚拟数字棚惊艳亮相	吕晶晶	陈一点、杜思远
三等奖	嘉兴日报社南湖分社	数字改革撬动南湖区政务服务大变革	杨秀娟、徐亦为	徐宁
	奉化区融媒体中心	打破亚洲纪录圆梦东京奥运会：奉化小伙汪顺勇夺男子200米个人混合泳金牌	何好斌	王也儿、朱晓冬
	余姚市融媒体中心	相隔万里"云享"开学第一课	曹婷婷	徐渭明、唐贤峰
	嘉兴日报社秀洲分社	秀洲屏山打开共富新蓝图	耿俪洳	徐宁

230

概况篇 1
实践篇 2
创新篇 3
人物篇 4
理论篇 5
作品篇 6
展望篇 7
附　录

续表

等级	报奖单位	主标题	作者（主创人员）	编辑
三等奖	兰溪市融媒体中心	99.999%！我们的氢气从有机固废中来	王寅锋、杨一之	徐贤飞、赵红霞
	青田传媒集团	全国首批"科技特派员项目保险"保单落地青田	尹宇晓、夏昕怡	徐俊
	平湖市传媒中心	一堂五代同堂的"家庭党课"	李雨婷	蔡美兴、汪锦秀、翁辰辰
	诸暨市融媒体中心	1700多株挂果香榧树悉数送村民乡贤黄新华11年育一片"共富林"	杨凌燕、赵娟	郦海洋、宣浩军
	嘉兴日报社秀洲分社	4种农产品亩产值近1.8万元	富玲燕	姚仲金
	慈溪市融媒体中心	待到建党百年时万元积蓄献给党老党员九年前的遗愿圆了	余旭辉	徐立荣、俞建明、郭俊恒
	柯桥传媒集团	柯桥"青年议事厅"解基层难题	王思	邵荣英、陶晓宇
	平湖市传媒中心	"众筹＋"码头拍出强村富民"新标的"	李雨婷、曹乃文	蔡美兴、汪锦秀、翁辰辰
	永康市融媒体中心	"船老大"邀上岸港口直通车间	吕高攀	程德胜、程娉婷、徐敏
	嘉兴日报社南湖分社	好消息！居民加装电梯可分期付款了	高昱雯	潘叶萍
	瑞安市融媒体中心	"儿童超市"一站式服务儿童	林翔翔、林子涵	俞颖、郑拥拥、李群
	永康市融媒体中心	党课爷爷义务宣讲百堂党课	何福安	程德胜、王洁航、叶宁

表 6-7　通讯与深度报道获奖作品一览表

等级	报奖单位	主标题	作者（主创人员）	编辑
一等奖	瑞安市融媒体中心	华峰集团打造全省非公企业产改试点的"新样本"	黄丽云	陈瑞建、李雅
	萧山日报社	萧山为什么能产生两家世界500强企业	周珂	刘斌云、郭庚新
	鄞州区融媒体中心	一位企业家的三道选择题	俞珠飞、蔡梦珠	刘立中、葛吉华
	余姚市融媒体中心	"稻作之源"和"杂交水稻之父"的情缘	倪劲松	王圣仁、孙安杰
	富阳日报社	一张特殊的"合影照"	张柳静	刘晓平
	海宁市传媒中心	把忠诚写在雪域黑水	董维刚、钱赟珩	周峰、单劼懋
	奉化区融媒体中心	小故事里的大情怀《德德下乡日记》字字真情记录一位基层干部的赤子之心	严梓宁	王曙丹、朱晓冬
	上虞区融媒体中心	不让一名研考生因疫情而"掉队"	成波	何静媛、厉红祥
	嘉善县传媒中心	"小宇凡的课堂"：一位退休教师和脑瘫少年的"忘年交"	马叶芬、方珏、郝爽	沈建康、金芝兰
	嘉兴日报社秀洲分社	"好人群像"托起秀洲文明新高度	陈曦	夏玮珉
二等奖	余杭区融媒体中心	"一滴水"激活一个村——在青山邂逅"未来乡村"	贾国勇、陈坚	郭欣逸、杨兰
	奉化区融媒体中心	光伏发电"飞入寻常百姓家"奉化打造全省首个新能源"超级大脑"助力实现"双碳"目标	李婷婷	康新欣、许犇
	柯桥传媒集团	建成的"书房"被搁浅何时能开放？	陈丹梅、盛淑红、何情霞	范红梅、沈国红
	兰溪市融媒体中心	一根皮带用18年，却为家乡捐款1500万元	成超	郑晓明、王寅锋
	余杭区融媒体中心	山里来了年轻人	陈坚、吴一静、高瑶瑶	杨兰、林筱雨、濮玉慧
	嘉善县传媒中心	大舜纽扣的"瘦身"之路	王静皎	金芝兰、沈建康、薛林强

概况篇 *1*
实践篇 *2*
创新篇 *3*
人物篇 *4*
理论篇 *5*
作品篇 *6*
展望篇 *7*
附　录

等级	报奖单位	主标题	作者（主创人员）	编辑
二等奖	富阳日报社	60年前，中央调查组在富阳	何芳芳	蔡晓刚、司小勇、徐时松
	上虞区融媒体中心	一盒录音带解码乡村振兴路	冯洁娜、章海宁	厉红祥、陈黎超
	慈溪市融媒体中心	一株葡萄见证慈溪农业跨越式发展	陈运运	陆军如、袁哲侠
	东阳市融媒体中心	一对父子两任书记	胡剑文	史莹、杜思远
三等奖	海宁市传媒中心	父爱，那是条长长的公交线	王潞、裴誉骁	周锋、王永铭
	义乌市融媒体中心	党员主播红色直播间里带"干货"	张旦萍、王旭坚	朱雪梅、陈建权、刘军
	乐清市融媒体中心	碳交易"零门槛"	郑剑佩	集体（蔡甜甜、林一笑、张羽、罗定阳）
	东阳市融媒体中心	爆红网络的数学天才韦东奕是咱老乡	吕晶晶	陈一点、郭跃平
	柯桥传媒集团	乡村运营，让"美丽资源"变为"美丽产业"	郦曼丽	邵荣英、陶晓宇
	柯桥传媒集团	15年扶贫长跑既"输血"又"造血"	范红梅、许镜蕾	王争
	青田传媒集团	他活成了家乡的"一棵树"无问西东自成芳华	叶佳霁、季毅豪	张铷铷、张爱微
	乐清市融媒体中心	从"趴桌睡"转为"舒坦睡"	汤琴、杨海虹	集体（刘丽娟、林一笑、金龙江、罗定阳）
	柯桥传媒集团	"老张"走了，这次"铁血汉子"没能回来	郦曼丽	邵荣英、陶晓宇
	温岭市融媒体中心	鸟巢"救"事	赵云	赵云、李淑敏
	温岭市融媒体中心	一家四代六党员红色家风代代传	郑灵芝	颜婷婷、王巧平
	上虞区融媒体中心	战胜疫情，我们充满信心	叶圣一	厉红祥
	嘉兴日报社南湖分社	南湖百姓真切感受到"幸福来敲门"	高昱雯	徐宁

表 6-8　评论获奖作品一览表

等级	报奖单位	主标题	作者（主创人员）	编辑
一等奖	鄞州区融媒体中心	不断激发干事创业争先进位的强大动力	刘立中	余峰、刘立中
	余杭区融媒体中心	融入生活是对非遗最好的传承	翟连宇	贾国勇、李凌、杨兰
	慈溪市融媒体中心	加压更要"加油"	俞建明	袁哲侠
二等奖	海盐县传媒中心	发现不了问题才是最大的问题	郭章洪	李刚、王振华
三等奖	平湖市传媒中心	数字手段管住私车"揩公油"	汪锦秀	蔡美兴、黄金凤
	义乌市融媒体中心	让"义乌发展经验"点亮未来	张旦萍	朱雪梅、沈锦磊、朱启鸿
	青田传媒集团	军令如山誓言必行	张铷铷	叶秀未、张爱微

表 6-9 系列（连续、组合）报道获奖作品一览表

等级	报奖单位	主标题	作者（主创人员）	编辑
一等奖	乐清市融媒体中心	"100 分烧饼"连续报道	汤琴、杨海虹	集体（陈霄、徐琴微、程遥、罗定阳）
	萧山日报社	与党同龄与党同行	孟再励、金波、王建平、龚洁、周颖、郑舒铭、何可人	陆伟岗、郭庚新
	鄞州区融媒体中心	关注货运车乱停放现象系列报道	应科苗、王莎	集体（刘立中、徐琼辉、邵永松、祝永良、葛吉华、俞珠飞）
	海宁市传媒中心	我们的共富日记	朱文、徐梦、董维刚、马银淇、胡晓琳、许涛、张煜	周峰、宋屹立、沈虹
	温岭市融媒体中心	381 万多针、1200 多条围巾、290 顶帽子，"爱笑阿姨"编织大爱，暖冬又暖心	郑灵芝、潘国志	王萍、葛茜茜

概况篇 1
实践篇 2
创新篇 3
人物篇 4
理论篇 5
作品篇 6
展望篇 7
附 录

等级	报奖单位	主标题	作者（主创人员）	编辑
二等奖	嘉兴日报社南湖分社	我在南湖畔创业创新	杨秀娟、徐亦为、许冰洲、冯思家、高昱雯、俞艳婷、张佳丽	张斌、潘叶萍
	嘉兴日报社秀洲分社	"秀美'乡'遇 看均衡富庶"系列报道	集体(陈曦、赵晨、蒋彧淼、沈洁、富玲燕、竺军伟、沈沉缘、叶银芬、王韶韵、潘叶萍)	孙逊、姚仲金、钟惠花
	青田传媒集团	"80后"女教师捐献造血干细胞	林璐、项沁豪、刘献勇、季毅豪、叶佳霁、邹俊	陈玲俐、张爱微、张铷铷
	海盐县传媒中心	探寻共富"密码"	朱小芳、刘行、柴丽婷、董仕渊、邵祺、王中鹏	李刚、王振华、汤伟华
	嘉善县传媒中心	网红"神仙隔离点"养成记	许一楠	鲍引欢、王静皎
	永康市融媒体中心	"立信义弃陋习扬正气"系列（组合）报道	蒋中意、程德胜、王洁航、张赤奎、马忆玲、高婷婷、吕鹏	蒋立峰、俞晓赟、孔香翠
三等奖	乐清市融媒体中心	最帅"接锅侠"	金龙江、戚梅丽	集体（杨海虹、陈霄、施华泽、张羽、罗定阳）
	诸暨市融媒体中心	"我们的奋斗"之小康路系列报道（共十篇）	刁卓璐、周旦、杨凌燕、黄柳苞、周雨文、吴帆、章海男	马青华、郦海洋
	嘉兴日报社南湖分社	我的网格日记	杨秀娟、许冰洲、谢梦骑、冯思家、钟鑫媛、朱弼瑜、周明丽	张斌
	永康市融媒体中心	百年档案漫画党史	蒋中意、王洁航、应桃蕊、何福安、应柳依、胡锦	俞晓赟、王晓鸣、何悦
	余姚市融媒体中心	泗门镇高质量建设共同富裕示范区的先行镇系列报道	陈福良、黄庐锦、陈则宏	朱从谷、李志鹏、唐贤峰
	瑞安市融媒体中心	"产业链预警平台"让瑞安政企"心有灵犀"	夏盈瑜、陈京子、郑拥拥、王国荣	俞颖、项乐茹、张洵煜
	上虞区融媒体中心	赓续红色基因我区党史学习教育走深走实	毛可雯	集体（贾彩萍、厉红祥、章海宁、吕万玖、徐芳、陈黎超）

表 6-10　副刊获奖作品一览表

等级	报奖单位	主标题	作者（主创人员）	编辑
一等奖	余杭区融媒体中心	人物·传承匠心	陈坚、倪明伟	杨兰、倪珺、王子鹤
二等奖	鄞州区融媒体中心	治鄞三年，影响千年	吴海霞	马文丰、祝永良
二等奖	兰溪市融媒体中心	韩晓明：用剪纸刻画奥运健儿夺冠风采	蒋宇欣	徐国祁、沈冰珂、陈红光
三等奖	嘉善县传媒中心	瞻彼阙者虚室生白孟岩：在了凡故里描绘大善与大美	郁丽芳、方盛艳	张霞蓉
三等奖	义乌市融媒体中心	义乌消防员别样婚纱照走红	龚盈盈、陈文青	郑继宁、傅恭虎、华青
三等奖	奉化区融媒体中心	此心安处是吾乡 这个春节，我们过得挺好	袁伟鑫、康诗文	王曙丹、李婷婷

表 6-11　新闻版面获奖作品一览表

等级	报奖单位	主标题	作者（主创人员）
一等奖	萧山日报社	杭绍城际铁路昨日首通	金波、李晨曦
二等奖	富阳日报社	在"希望的田野"上尽展壮美丰收图	俞红烽、俞高峰
二等奖	余姚市融媒体中心	新闻纵深	孙安杰
三等奖	余杭区融媒体中心	深入地下16米探访文一西路提升改造工程	孙晨、倪明伟
三等奖	瑞安市融媒体中心	2021年7月1日2版	集体（李群、俞颖、李雅、黄婵如、郑拥拥）
三等奖	慈溪市融媒体中心	慈溪日报A1版	顾正蓉
三等奖	兰溪市融媒体中心	庆祝中国共产党成立100周年	陈红光、赵红霞、章益明

概况篇 1
实践篇 2
创新篇 3
人物篇 4
理论篇 5
作品篇 6
展望篇 7
附　录

表 6-12　新闻摄影获奖作品一览表

等级	报奖单位	主标题	作者 （主创人员）	编辑
一等奖	上虞区融媒体中心	飞人大战	朱胜钧	章海宁、何静媛
	温岭市融媒体中心	争分夺秒鲸险营救众人合力搭建起鲸鱼与海洋的生命链	徐伟杰	颜婷婷、朱海伟、郭文英
	余杭区融媒体中心	多方联动救助江豚，全力以赴一线生机！	徐梦雨	彭卓尔、贾国勇
	萧山日报社	奥体博览城地标建筑群亮灯"首秀"	丁力	徐桂龙
	长兴传媒集团	干群合力紧急除险	谭云俸	王健俊
二等奖	诸暨市融媒体中心	共富路上追梦人	郭斌、周雨文	陈柏炬、倪钰
	兰溪市融媒体中心	家庭农场助推乡村振兴	王萍	沈冰珂、王寅锋
	富阳日报社	吴菊萍与富阳中医骨伤医院终身荣誉院长张玉柱"掰手腕"	王桄羚	周晓露、刘晓平
	平湖市传媒中心	冠军回家	王强、高洁	蔡美兴、汪锦秀、丁阮育
	定海区融媒体中心	迎战"烟花"有一种力量叫共产党员	陈炳群	史峰、郭辉
	安吉县融媒体中心	生态鱼喜丰收	夏鹏飞	胡国稳、陈丽君
	海盐县传媒中心	书包不"回家"	朱小芳	李刚、王振华、崔文晗
	遂昌县融媒体中心	乡村游泳馆	章建辉	张春玲
三等奖	临平区融媒体中心	奋力追逐梦想力争再攀高峰"临"家军再出征征战全国残运会	周铭	王旭平、高宏丽、董媚
	海宁市传媒中心	杭海城际铁路正式通车	杨立超	周锋
	柯桥传媒集团	越窑青瓷：千年复活匠心依旧	高洁	李铭

237

续表

等级	报奖单位	主标题	作者（主创人员）	编辑
三等奖	玉环市传媒中心	玉环："云端"拜年路遥情不减（组图）	吴晓红	章雪丽
	东阳市融媒体中心	80辆轿车作奖品	包康轩、王江红	陈一点、杜思远
	余姚市融媒体中心	外籍人士接种疫苗	陈则宏	蔡丹丹
	海曙区全媒体中心	千里共婵娟	沙燚杉	张黎升
	青田传媒集团	以"岗"留人以"薪"留人以"情"留人	张永益	叶秀未
	苍南县融媒体中心	一针一线皆是情	李士明	肖雁
	瓯海区融媒体中心	温州市龙舟文化活动在我区举行扬"百龙竞渡"精气神赏"亚运新城"水灵韵	陈明铭	集体（周乐光、吴远、严建春、陈如）
	路桥区传媒中心	防疫生产"两不误"	王保初	陈丽安
	路桥区传媒中心	民兵助农抢收农作物	王保初	陈丽安

表6-13　新闻名专栏获奖作品一览表

等级	报奖单位	主标题	作者（主创人员）	编辑
一等奖	宁海传媒集团	主播帮帮帮	张旭灿、潘怡帆、周震霄、赵士超、娄文涌、俞樾咨、肖冉	童柄霖、张旭灿、潘怡帆
二等奖	海盐县传媒中心	新闻聚焦	朱敏露、董仕渊、潘成豪、张营、万琳华、朱小芳、陆军、马杰	李刚、王振华
	鹿城区融媒体中心	焦点追击	徐勇、张子雨	—
三等奖	余姚市融媒体中心	乡村创客	陈福良、朱从谷、张云霞、俞丽丹、赵静、赵晓晨、胡瑾中、沈家扬	孙安杰
	玉环市传媒中心	阿朗教你讲老话	江丹飞、刘智贵、陆绍朗、徐晓晓、罗天恩	王芳方、张伟、刘腾、林航宇、梁裕哲

概况篇 1
实践篇 2
创新篇 3
人物篇 4
理论篇 5
作品篇 6
展望篇 7
附 录

表 6-14　新闻论文获奖作品一览表

等级	报奖单位	主标题	作者（主创人员）
一等奖	萧山日报社	重塑新格局培育新力量挺进主战场	陆伟岗
	龙游传媒集团	县级融媒体中心提升基层社会治理效能的路径探析	余柏成、牛超杰
	金东区融媒体中心	县级融媒体中心组织管理优化创新路径	陈玉杰、楼盼
	平湖市传媒中心	融媒体时代记者发现力的养成路径	汪锦秀
二等奖	龙港市融媒体中心	"大部制"环境下的新闻传播困局及突围路径——以龙港市融媒体中心的实践为例	汤秋黎、夏孟胜
	鹿城区融媒体中心	H5 新闻产品开发的县域探析	叶明茜
	永康市融媒体中心	立足"红色根脉"　重温殷殷嘱托	蒋中意
	东阳市融媒体中心	全媒"穿越"百年党史融媒还原红色人物	史莹
	缙云县融媒体中心	基层媒体全融合背景下的"新势力"打造路径	樊建亮
三等奖	义乌市融媒体中心	传播"真理故事"　打造融媒精品	汪佑军
	衢江传媒集团	县级融媒采编人员如何"捡"线索	余慧仙
	椒江区传媒中心	媒体融合，关键要"做"到一起	蔡茜、吴敏东
	长兴传媒集团	网络新闻传播对传统新闻编辑理念的提升策略	倪佳乐
	开化传媒集团	论县级融媒体的社会功能及主流作用的发挥	胡萍
	桐乡市传媒中心	从网络直播和短视频看传统媒体与新媒体的融合突破分析	邓杰

6.2.2 2021年度浙江省县市新闻奖（今日系列报刊类）获奖作品

表 6-15 消息获奖作品一览表

等级	报奖单位	主标题	作者（主创人员）	编辑
一等奖	安吉县融媒体中心	全国首个县级竹林碳汇收储交易平台落地安吉	章婧	朱怀康、黄昀
	桐乡市传媒中心	历时10个月，桐乡农民花费近10万元造飞机起飞！	施玉婷、沈霄龙、沈泽瓴	杨文婕
	临平区融媒体中心	全省首个"双碳地图"率先在临平探索应用	潘怡雯	徐杲杲、吴菲、钱宇
	武义县融媒体中心	让挺进师无名英烈不再"无名"	陶鸿飞、陶峰松	钟美琴
	黄岩区传媒集团	黄岩制造登上中国空间站！2.5万个餐盒满足航天员3个月的饮食需求	章鸣宇	杨丽娜
	龙游传媒集团	龙游飞鸡"远嫁"天山	余柏成、求张锋、罗意	秦久兴、徐金渭
	庆元县融媒体中心	青山变"金山"——庆元卖出首笔会议类森林碳汇指标	吴梦飞	吴采芬、李健、吴凌莉
	德清县新闻中心	我县发布全国首个县域精神富有评价标准	徐超超、张若棋	罗垚、王福田
	定海区融媒体中心	"无人机送来救援物资，请签收！"	高佳敏、余秋凌	鲍婷婷、郑茵之
	瓯海区融媒体中心	广交会瓯企获总理点赞	庄苗苗、洪越风	集体（周乐光、吴远、陈婵娟、张闻哲）
	开化传媒集团	上安村共富模式"火出圈"	汪宇露	朱贞华、王锋、吴莉莉
	柯城传媒集团	秀才会计的"丰收账"	葛锦熙	章萍卿、缪艺璇
	天台县传媒中心	103个支部牵手103个山里娃	钱青、陆最	许婉琳
	宁海传媒集团	客货邮公交驶向农村物流"最后一公里"	周韵健	严亚平

等级	报奖单位	主标题	作者（主创人员）	编辑
二等奖	桐乡市传媒中心	一根丝牵引"跨省通办"破壁垒	张卓君	周玥
	开化传媒集团	开化"两山银行"贷来发展新活力	胡卓姗	朱贞华、王锋、郑信伟
	黄岩区传媒集团	"以虫攻虫"生物防治新式农资"瓢虫卵卡"上市	章鸣宇	杨丽娜
	嵊州市融媒体中心	战疫"一家人"同穿"一双鞋" 我市援虞医疗队一队员买鞋收获暖心礼物	间高桥、胡吉	黄生伟、王敏凤、袁晓东
	江山传媒集团	"江山黄精"飞天育种	朱永春、周志方	朱永春、孙尔春
	安吉县融媒体中心	三万三都职工安吉有"家人"	陈玉兰	胡国稳、黄昀、杨卫丽
	镇海区新闻中心	杭甬复线滨海互通组合梁首架成功	徐幼蕾、贝玙、汤越	成桂平
	钱塘新区新闻文化传媒中心	我区102个大学生项目拟获总额730万元	郁佳炜	余艳珍
	婺城区新闻传媒中心	迟来71年的祭扫 跨越千里的寻亲	梁亚伟	张明、戴建东、李英昌
	龙港市融媒体中心	龙港垃圾分类大奖赛揭晓 72岁郑阿婆"精准投放"摘桂冠	林武、陈庆丰、金君	陈绍晓、谢芳芳
	海曙区全媒体中心	山区旱地里优质早稻丰收了	张昊桦	李叶馨
	金东区融媒体中心	金东"垃圾分类4.0版"引领全国新风尚	倪国栋、季凯琳	陈玉杰、吴奕静、陈建豪
	龙泉市融媒体中心	全省首个液体接种菌棒加工基地建成并投产	季丹、吴根武、钟方忆	郑沐欣
	浦江县融媒体中心	上山文化考古特展在京举行	集体（缪思聪、傅澄衷、戴天、芮文秀）	郑家祥、王丽娟、钱益龙
	普陀区融媒体中心	葫芦岛常住居民家庭全部完成入户供水管网安装告别"挑担取水"实现"供水到家"	徐丽佳	张舒
	遂昌县融媒体中心	我县七旬老人"刷脸"免费坐城乡公交	郑雨薇	张春玲、周璐琳

等级	报奖单位	主标题	作者（主创人员）	编辑
二等奖	缙云县融媒体中心	缙云茭白"漂洋过海"到美国	夏霞	周凡
	岱山县融媒体中心	"航天科技"助力渔业安全蟹笼作业实现"机器换人"	张瑾	金柯妤、徐佳佩
	常山传媒集团	我县探索套养新模式做活茭白产业文章	郑月红、邹建辉	徐绍俊
	象山县传媒中心	让海鱼在黄河滩安家	马振	余志刚
	龙湾区融媒体中心	龙湾发现中国山水诗鼻祖谢灵运《石室山》之石室	王策	陈晓青、李希赛
三等奖	海曙区全媒体中心	海曙这位老顾客帮其吆喝卖菜	朱燕君	周唯轶
	普陀区融媒体中心	由舟山中创海洋负责研发并运营的全国首个新材料船舶综合服务平台上线	丁琪蜜	张舒
	安吉县融媒体中心	把科技服务送到田间地头	江汇	泮如皎、陈娇
	柯城传媒集团	柯城鲟鱼养殖用上超声检查技术	赵璐洁、钱洁瑗、王思	章萍卿、缪艺璇
	嵊州市融媒体中心	转移群众 民警"背起"警民情	陈链芳、邢吴波	黄生伟、王敏凤、袁晓东
	衢江传媒集团	全省首个"零碳智慧台区"在衢江投运	胡智晓、徐家和	金灵丽
	江山传媒集团	我市在全省首创残疾人服务数字化应用	毛梦瑶、吴鹏、祝小刚	朱永春、毛严庆
	龙游传媒集团	人社干部做细做实"三联工程"	郑依霖	方钧良、周国芳、王华慧
	常山传媒集团	一"码"提需求 一站解难事	俞国文、占振宇	罗曼琳
	衢江传媒集团	数字终端入掌进村 衢江村级代办员"动嘴不动腿"	余慧仙	金灵丽
	普陀区融媒体中心	普陀推出退役军人服务窗口"局长陪跑"制	翁瑜霞	张舒
	开化传媒集团	求职招聘一"键"搞定	汪宇露、汪亮亮、王娜	朱贞华、舒萍、吴莉莉
	云和县融媒体中心	云和"流动供销致富车"驶出山区群众致富路	程鹏鹏、兰荣霞	严晶晶、梅明益、陈雅雯

概况篇 1
实践篇 2
创新篇 3
人物篇 4
理论篇 5
作品篇 6
展望篇 7
附录

续表

等级	报奖单位	主标题	作者（主创人员）	编辑
三等奖	常山传媒集团	走"亲"帮扶	揭雨兴	罗曼琳
	桐庐县融媒体中心	警车变身"救护车"紧急救助受伤群众	邓晓忠	叶凌
	永嘉县融媒体中心	"早香柚之母"重新结出累累硕果	郑璐璐、谷周乐	徐贤泽、汤海鹏
	龙泉市融媒体中心	"良田"回归"粮田""非粮化"变为"米袋子"	项素兰、胡春麟	郑沐欣
	遂昌县融媒体中心	遂昌：党建联盟"牵"起共同富裕"千里姻缘"	龚隆淼	张春玲、杨曦
	庆元县融媒体中心	A股迎来"筷子第一股"——双枪科技在深交所主板上市	胡松	吴凌莉、陈芬、郑君
	洞头区融媒体中心	营地军营开放日，带你近距离认识"海霞"	彭晟佑、苏友凡、王艺	陈晓青、罗咪咪
	嵊州市融媒体中心	七旬老人手绘英烈图献礼建党百年	闫高桥、邢远红	黄生伟、王敏夙、袁晓东
	长兴传媒集团	"货运兄弟"主动报备乐观积极面对隔离	吴迪元	王玉坤
	常山传媒集团	余依婷，我们为你骄傲！	黄世超	郑晓丽、江琪
	龙湾区融媒体中心	全市首推司法拍卖不动产登记"一件事"	黄曼瑜、徐寒吟	郑懿
	龙湾区融媒体中心	温州5G创新中心项目首批产线正式试投产	李希赛	丁欣华、吴蕙芳
	龙湾区融媒体中心	温州大道东延线正式通车	余平、徐龙飞、吴蕙芳	吴蕙芳
	浦江县融媒体中心	全市首例非法捕捞诉讼案公开听证	陈晨镭	钱益龙
	象山县传媒中心	全人工养殖小黄鱼上市	陈佳雯	吴志蔚
	婺城区新闻传媒中心	推进乡村振兴促进共同富裕婺城打造特色村集体经济实践样本	马晓芬	张明、戴建东、李英昌
	龙泉市融媒体中心	"PDCA"循环模式推进党组织党建提质能力提升	叶萍、黄睿、管婧	吴向东

表 6-16　通讯与深度报道获奖作品一览表

等级	报奖单位	主标题	作者（主创人员）	编辑
一等奖	武义县融媒体中心	袁隆平：武义"荣誉市民"让我很受用——追忆"杂交水稻之父"和武义县的跨世纪情缘	陶鸿飞、潘文忠、刘梦菡	潘刘侠、朱学翰、俞向华
	苍南县融媒体中心	跨越2000公里的共富之路	陈薇拉、林乃鹏	林娟辉
	钱塘新区新闻文化传媒中心	驰援河南48小时爱与信念不被辜负	徐红燕、茅徐铿、赵邱峰	陈浩杰
	象山县传媒中心	海风中最靓的崽——"神话之鸟"缘定象山	郑丹凤	孙建军
	苍南县融媒体中心	苍南有座"全国最美书店"！走，去感受精神明亮之光	陈薇拉	林娟辉
	德清县新闻中心	德清女孩章宬：用孝心把伤痛打磨成幸福	张志炜、赵宁	张海滨
	嵊州市融媒体中心	一个冬瓜引发的"共同富裕"大合唱	章炳军	钱胜军、王敏凤、袁晓东
	龙港市融媒体中心	"自10月22日启动收费以来——智慧停车场为何无人停车？"深度报道	集体（林传帅、董恋恋、金君、上官杨帆、陈伟、王振党）	陈绍晓、董恋恋
	镇海区新闻中心	封控区十日	袁力波、张文波、马旭峰	斯玲娅
	龙泉市融媒体中心	全省唯一高出国家线97分盲人女孩叶景芬耳听手摸高分考取研究生	周彩萍、徐杰	吴向东
	云和县融媒体中心	揭开东晋古墓群的神秘面纱	雷倩	林学之、程鹏鹏
	开化传媒集团	"丰"碑	汪宇露、方晓璐、郑志平	郑信伟、舒萍、吴莉莉
	宁海传媒集团	强蛟下渔村拆围让路 铺就滨海"共富路"	严亚平、吴立高	严亚平

概况篇 1
实践篇 2
创新篇 3
人物篇 4
理论篇 5
作品篇 6
展望篇 7
附 录

等级	报奖单位	主标题	作者（主创人员）	编辑
一等奖	江山传媒集团	这一鞠躬，装着最纯粹的敬爱	徐冬云	朱永春、毛严庆
	嵊州市融媒体中心	打通"最后一公里" 绿茶西行一万里	胡吉	尹畅晨、王敏凤、袁晓东
	磐安县融媒体中心	天山共富的基因解码	张黎明、杨莹萍	虞晓峰、陈鑫洪
	桐乡市传媒中心	以乌镇为"圆心"，苏嘉湖交界区域奏响共同富裕"交响曲"	陈亚萍	谢金磊
	遂昌县融媒体中心	从青丝到白首"隐归山林"乐坚守	张巧燕	林丽辉、傅长琪
	庆元县融媒体中心	崔上红音飞入浙闽百姓家	范正民	吴凌莉、李健、陈芬
	开化传媒集团	93 岁老人义务讲解"红色故事"近 40 年	詹元鹏、余红军、姚雪	郑信伟、胡绍康
	玉环市传媒中心	"福天宝"年产淡水上百万吨	曹思思	陈瑶
	淳安县融媒体中心	一路风景一路歌 十年协作结硕果	汪苏洁	刘波
	临平区融媒体中心	我想把清水丝绵一直做下去	周铭、陈书缘	倪珺、高宏丽、钱宇
	龙游传媒集团	多部门联动护航"巨无霸"顺利入企	郑依霖、徐月	方钧良、周国芳、余欣
	三门县传媒中心	三门青蟹——横行二十年带富一方人	陈诺、章海英	任平、祁兴森、陈玲玲
	永嘉县融媒体中心	炉山恋	汪少芳、郑方形、陈胜豪	汪少芳、潘可静
	龙湾区融媒体中心	从富口袋到富脑袋——龙湾这位民营企业家在家门口建博物馆	郑懿、张银燕	陈晓青、郑懿
	新昌县融媒体中心	1 人当兵，16 位家长欢送	胡秋萍	胡秋萍
	缙云县融媒体中心	房东 80 年的等待和坚守，只为烈士的一句话	刘晓玲	丁思文

等级	报奖单位	主标题	作者（主创人员）	编辑
一等奖	常山传媒集团	他走了，常山百岁老党员完成了人生最后一件大事——遗体捐献！	程斌、郑徐丽、占振宇	汪杰、徐林
	高新区（滨江）融媒体中心	口袋公园激活城市"边角"空间	张婷婷	张婷婷
二等奖	三门县传媒中心	从"三无乡村"到"共富典型"——看浦坝港镇金家峙村如何"蝶变"	章雪瑶	任平、祁兴森、陈玲玲
	三门县传媒中心	花桥：零工业镇的共富"三重奏"	任平、章海英	任平、祁兴森、陈玲玲
	黄岩区传媒集团	跟着数据种西瓜 "瓜农天下"应用助四万瓜农增收	章鸣宇	杨丽娜
	庆元县融媒体中心	小海，别怕！我们做你的"双腿"	吴怡庆、吴采芬	吴凌莉、范正民、李健
	三门县传媒中心	奔波在共富路上的"劳碌敏"——记县农业技术推广基金会秘书长吴善敏	任平	任平、祁兴森
	淳安县融媒体中心	茶香满鸠坑	徐帆锦、陆吟、余来坤	刘波
	鹿城区融媒体中心	赞不绝口城西卧旗山之变	施晴雯	黄宇慧
	新昌县融媒体中心	呑桥里真有"呑桥"	胡秋萍	杨赟
	云和县融媒体中心	中山西路有块刻在百姓心中的"金字招牌"	吴梓嫣	林学之、王凤凤
	高新区（滨江）融媒体中心	金牌！谭玉娇东京残奥会一"举"定乾坤	张婷婷	张婷婷
	北仑区传媒中心	答好"一枢纽三中心一示范区"建设之题	蔡晓馨	支鸣飞
	江山传媒集团	46年的坚守	柴巍、徐泽标	张敏、徐丽兰

续表

概况篇 1
实践篇 2
创新篇 3
人物篇 4
理论篇 5
作品篇 6
展望篇 7
附　录

等级	报奖单位	主标题	作者（主创人员）	编辑
二等奖	云和县融媒体中心	何尚清：童话城里的"木头人"	陈雅雯	林学之
	钱塘新区新闻文化传媒中心	"海天样本"给小动物们规划温馨的家	徐红燕	陈鑫怡
	苍南县融媒体中心	苍南两姑娘不简单 千里驰援震区践行志愿精神	林明明	肖雁、唐文僡
	缙云县融媒体中心	缙云有支"阿婆红歌队"，平均75岁	钭小亚	夏霞
	淳安县融媒体中心	淳籍钢琴家洪勋琴声悠扬艺术人生	陆吟、刘波	徐丽
	鹿城区融媒体中心	耄耋漆匠"抢"出百万字专著	黄亦慧、章温曦	黄宇慧
	椒江区传媒中心	大陈岛垦荒邮局：打通快递上岛进村"最后一公里"	栾旖旎	赵阳
	永嘉县融媒体中心	超市老板返乡当羊倌	董秀燕	方炳光、汤海鹏
	玉环市传媒中心	为了五名深圳船员的生命安全	曹思思、龚松	陈瑶
	龙游传媒集团	才入云中又进山中	刘佳蓓、徐旺雨、吴森邦	方钧良、周国芳、余欣
	婺城区新闻传媒中心	百岁党员王风：用一生剪出一颗闪闪"红心"	张苑	张明、戴建东、李英昌
	缙云县融媒体中心	缙云山乡"共富"路上念起"山水经"	陈伟新	丁思文
	洞头区融媒体中心	洞头这五年："三区战略"绘就"海上花园"底色	陈宣锟、张敏洁	潘杉、叶谷风
	临海市新闻传媒集团	"光明使者"奚丙生	孙海康	孙海康
	建德市融媒体中心	书写经济高质量发展的"建德答卷"	仰武	龚一桦、宋胜清

247

等级	报奖单位	主标题	作者（主创人员）	编辑
二等奖	淳安县融媒体中心	共阅淳安宝典	汪苏洁、徐帆锦	徐丽
	磐安县融媒体中心	在山野间忘我在星空下入眠	甘凯、卢明	张黎明、胡瑞仙
	仙居县传媒中心	农村人居环境整治"红黑榜"晒出美丽乡村新"颜值"	张宇	张光剑
	仙居县传媒中心	誓教荒山换新颜	郑梦媚	郑芳
	路桥区传媒中心	打好"绿色生态"招牌，激活乡村振兴"涟漪"	梁亦慰	李敏
	三门县传媒中心	汪日钵：不会"算账"的"香山控"	陈诺	任平、祁兴森、陈玲玲
三等奖	椒江区传媒中心	枫山周边老人的"专属食堂"来啦	王卫君	蔡茜、赵阳
	瓯海区融媒体中心	我区"创梦山根""研学纸山"在全市亮相	黄冰娥、许文星	集体（周乐光、吴远、严建春、陈如）
	龙港市融媒体中心	23个拆迁小组的"5＋2"和"白＋黑"——沿江板块拆迁攻坚行动二三事	陈庆丰、林传帅、董恋恋	陈绍晓、谢芳芳
	岱山县融媒体中心	一个平凡党员的自我"身份认证"	赵嘉波、董冬	金柯好、徐佳佩
	磐安县融媒体中心	最忆回家的路	傅瑛侠	杨适时、胡瑞仙
	衢江传媒集团	太真乡72岁党员张康龙25年守护一座革命烈士纪念碑——为了不可忘却的红色记忆	陈馨	金灵丽
	仙居县传媒中心	安岭乡：小茶叶展现"大作为"	吕婷婷	沈芝秀
	遂昌县融媒体中心	我县人才新政筑就聚才新高地助力新发展	雷晓云	林丽辉、周璐琳
	三门县传媒中心	岩下潘村：点绿成金铺就共富路	陈诺	任平、祁兴森、陈玲玲

概况篇 1
实践篇 2
创新篇 3
人物篇 4
理论篇 5
作品篇 6
展望篇 7
附　录

等级	报奖单位	主标题	作者（主创人员）	编辑
三等奖	安吉县融媒体中心	电商带来的乡村之变	吴静	童海燕、黄昀
	玉环市传媒中心	我在玉环做党务工作	林云明	陈瑶
	玉环市传媒中心	将数字红利转化为发展红利	陈微斐	张美琴
	龙泉市融媒体中心	一缕茶香聚民心——道太乡际头村"茶水铺"里凝聚乡村振兴智慧	崔建霞、袁俊龙、周建花	吴向东
	浦江县融媒体中心	红色摄影家陈菁——用每一张照片记录下历史瞬间	杨媛敬	张方镇
	黄岩区传媒集团	从"腾笼换鸟"到"凤凰涅槃"——黄岩模具产业大脑激发"模具之都"新动能	章鸣宇	杨丽娜
	苍南县融媒体中心	宝剑锋从磨砺出 苍南龙舟队夺冠背后的故事	黄允祺	林娟辉
	洞头区融媒体中心	悄然兴起的海岛研学游	潘杉、陈昆龙、赵瑾	缪小霞、张敏洁
	柯城传媒集团	八旬老党员的无声"告白"	童玲	章萍卿、严嘉慧
	长兴传媒集团	千年紫笋合谋振兴	冯茹春、蒋璐、施芳	王玉坤、冯茹春
	永嘉县融媒体中心	107岁的老人还能练字看报打算盘	厉梦瑶	叶蒙、谷小东
	普陀区融媒体中心	蚂蚁岛村党总支带领村民走共同富裕之路的故事	郭杰	张舒
	定海区融媒体中心	品读"三毛"厚植文化底蕴	尹倩倩	韩超男、郑璐
	仙居县传媒中心	姚岸村：红色资源带动村美民富	郑凯波	郑芳
	路桥区传媒中心	下足"绣花功夫"破难题解难事	王恩兴	丁肖肖

等级	报奖单位	主标题	作者（主创人员）	编辑
三等奖	定海区融媒体中心	东海云廊掀开你的盖头来	尹倩倩、叶武杰、陈炳群	郭辉、王茂华、鲍婷婷
	仙居县传媒中心	跨越历史风云见证时代变迁	沈芝秀	郑芳
	路桥区传媒中心	以求贤若渴的诚意广招"第一资源"	徐蒙	李敏
	象山县传媒中心	创新工作方法倾心解决民忧用"心"征迁有速度更有温度	俞宇	吴春研
	金东区融媒体中心	"金都美地"演绎花样幸福生活	吴婷	唐宇昕、陈建豪
	仙居县传媒中心	村里来了一群"乡村设计师"	张光剑	张光剑
	黄岩区传媒集团	产学研融合汇聚乡村发展新动能聚焦"三农"工作奋力打造乡村振兴"黄岩样板"	章鸣宇	杨丽娜
	临海市新闻传媒集团	下涨村："原生态"致富绿了青山富了民	李嘉惠	林洁
	仙居县传媒中心	寄年味品乡情	周伊萍	郑芳
	柯城传媒集团	柯城全域土地综合整治打开共同富裕新大门	陈蓉蓉、赖小兰	章萍卿、缪艺璇
	仙居县传媒中心	沙湾村：致富路上我们心往一处想劲往一处使	张勇	郑芳
	椒江区传媒中心	大陈海洋生物入住新"豪宅"	王丹凤	赵阳
	路桥区传媒中心	"一事一议"绘村美民富幸福画卷	王恩兴、何家欢	陈丽安
	苍南县融媒体中心	我县以绿色能源项目为引领弹好富民"协奏曲"铺展幸福新画卷	李静静	郭永慧

概况篇 1
实践篇 2
创新篇 3
人物篇 4
理论篇 5
作品篇 6
展望篇 7
附 录

表 6-17　评论获奖作品一览表

等级	报奖单位	主标题	作者（主创人员）	编辑
一等奖	德清县新闻中心	赓续光荣擎旗奋进	盛永良	盛永良
	象山县传媒中心	对标高质量奋力翻一番	方子龙	孙建军
二等奖	镇海区新闻中心	"解封"不等于"解防"	赵景阳	赵景阳
	常山传媒集团	仕途路上"慢慢走"	新语（揭雨兴）	罗曼琳
	洞头区融媒体中心	最是精神有力量	陈宣锟、许生浩	陈素祯、叶谷风
三等奖	龙游传媒集团	主板上市的三重意蕴	吴晓龙	秦久兴、徐金渭、王华慧
	龙泉市融媒体中心	有呼必应无事不扰	杨震山	姜爱华、郑沐欣
	海曙区全媒体中心	文明厚土植出特"蔬"之菜	张黎升	李叶馨
	云和县融媒体中心	"哨响就到"暖民心	黄丽芬	林学之、王凤凤
	浦江县融媒体中心	共下"一盘棋"同筑防疫线	钱益龙	郑家祥

表 6-18　系列（连续组合）报道获奖作品一览表

等级	报奖单位	主标题	作者（主创人员）	编辑
一等奖	武义县融媒体中心	袁隆平与武义：半斤种子引出的跨世纪情缘	陶鸿飞、朱跃军、潘文忠	潘刘侠、陈林、朱学翰
	钱塘新区新闻文化传媒中心	"新钱塘人"陈位伟 钱塘以你为荣	徐红燕、茅徐锃、赵邱峰	裘瑞婷、余艳珍
	临海市新闻传媒集团	12头瓜头鲸搁浅北洋坝外滩涂 我市开展联动救援	金雅婷、蒋超颖、金露妮	张玉萍、于平
	天台县传媒中心	奋斗百年路 启航新征程	徐平、夏国生、陆最、陈夏愉、陈雨函	奚珍珍、许淑影
	北仑区传媒中心	向总书记报告	蔡晓馨、陈志明、沈焰焰、匡野	龚雯雯、支鸣飞
二等奖	婺城区新闻传媒中心	"两进两回"在婺城系列报道	马晓芬	张明、戴建东、李英昌
	永嘉县融媒体中心	守护我们的滩林	董秀燕	潘可静、方炳光、廖大志
	武义县融媒体中心	解码武义"超人"：畅通产供销构建区域小循环	陶鸿飞、陶峰松、陶莎莎、金武剑	潘刘侠、徐策、俞向华
	临海市新闻传媒集团	临海青年为浙大实验免费供橘受关注组合报道	牟再、钱梦华、杨红枫（杨红峰）	林洁、于平
	平阳县传媒中心	"平阳传媒中心公益行"助学系列活动	陈木遥（宋淑莹）、郑月丽	宋淑莹
	普陀区融媒体中心	《奋斗百年路启航新征程——传承》系列报道	励佳、胡晓、高阳、刘珈伶、徐丽佳、俞怡至	林继明、张舒、陈春燕

概况篇 1
实践篇 2
创新篇 3
人物篇 4
理论篇 5
作品篇 6
展望篇 7
附 录

等级	报奖单位	主标题	作者（主创人员）	编辑
二等奖	龙湾区融媒体中心	走读龙湾	集体（兰小春、丁欣华、张银燕、郑懿、吴蕙芳、李希赛、余平、黄曼瑜、蔡墨涵、孙煊）	郑懿、陈晓青、谷风
	云和县融媒体中心	"20人的20年"	程鹏鹏、陈雅雯、王凤凤、吴梓嫣、俞海友、叶珊珊、兰荣霞	集体（朱登峰、严晶晶、林学之、高璐霞、潘陈飞）
	江山传媒集团	"走进乡村看'共富'"系列报道	朱永春、冬云、郑雯倩、毛梦瑶、叶鹏、郑玉莲、宋超	集体（朱永春、周金、孙尔春、毛严庆）
三等奖	淳安县融媒体中心	红色淳安20章	集体	集体（张志鹏、王朝峰、义永华、杨奇、程就、方婷婷）
	钱塘新区新闻文化传媒中心	我们都是钱塘人	集体（沈逸柔、徐红燕、钱圆、许莉莎、谭敬、李林蔚、张华颖、王慧敏）	陈鑫怡
	桐乡市传媒中心	"百年荣光桐心向党"之红色印记系列报道	集体（黄薇、肖芳、陈亚萍、周玥、张卓君、沈晓洲、颜明芬、孙溟苑）	集体（周玥、张卓君、杨文婕、谢金磊）
	临海市新闻传媒集团	市林场精神系列报道	金晓欣	林浩、于平
	镇海区新闻中心	"暖阳镇行动共谱山海情"·金阳驻点组合报道	谢晔	斯玲娅、王日成

253

续表

等级	报奖单位	主标题	作者（主创人员）	编辑
三等奖	鹿城区融媒体中心	赞声一片数字贸易"一站通"；跨境电商半年掘金逾18亿；综保区验放首单"海运小包"	林婷玮	黄宇慧
	定海区融媒体中心	我们村的幸福事	集体(郑泓湖、董周一、毛武瑛、陆素静、顾晨艳、朱凯华、刘琪琳、史峰、郑璐、鲍婷婷、韩超男)	郭辉
	永嘉县融媒体中心	献礼百年红动永嘉	范海国、陈胜豪、吴南杰、汤海鹏	王志书、方炳光
	嵊州市融媒体中心	"推进共同富裕打造县域样板"系列报道	陈链芳、邢吴波、章炳军	钱胜军、黄生伟、王敏凤、袁晓东
	海曙区全媒体中心	共同富裕面面观	集体(程冰凌、裘保莉、忻之承、张昊桦、崔宁、蔡迪、励彤、沙燚杉、刘炎昊)	张黎升、李叶馨、王超
	瓯海区融媒体中心	"浙南火种·红动瓯海——庆祝建党100周年"系列报道	陈婵娟、黄冰娥、叶斯斯、陈丹、张心怡、胡思怡、林慧慧	吴远、严建春、陈如
	衢江传媒集团	建设信安北·华东(衢州)数字经济示范区打造四省边际商贸物流桥头堡	金灵丽、丰莉莎、胡智晓、杨睿、邵秀清、郑孙妙奇	金灵丽

概况篇 1
实践篇 2
创新篇 3
人物篇 4
理论篇 5
作品篇 6
展望篇 7
附　录

表 6-19　副刊获奖作品一览表

等级	报奖单位	主标题	作者（主创人员）	编辑
一等奖	武义县融媒体中心	"孤女"飞红和她的十个妈妈	陶鸿飞、郑丽佳、陶峰松	钟美琴、许军、陈林
	镇海区新闻中心	草婴：用翻译的方式接近托尔斯泰	张文波	成桂平
	金东区融媒体中心	双尖山，多少大爱在流传？！	陈玉杰、方璟、胡赣昌	楼海航、吴奕静、卢晨夏
	婺城区新闻传媒中心	一叶轻舟下碧波——讲述婺江畔最后的渔民故事	张苑	张明、戴建东、李英昌
二等奖	北仑区传媒中心	坚定支持丈夫革命事业的好妻子——记张人亚的妻子顾玉娥	周太福	喻凯芳
	海曙区全媒体中心	感受现代生活里的宋风雅韵	崔宁、蔡迪、忻之承	王超
	浦江县融媒体中心	把脱贫攻坚的胜利旗帜插上小凉山	张庆平	王丽娟
	庆元县融媒体中心	庆元站选址往事	谢力	吴凌莉、郑君、陈芬
三等奖	临平区融媒体中心	旧址守门人守住红色根脉	李金菱、高宏丽	钱宇、王旭平、王轲
	磐安县融媒体中心	土索面，时光里的味道	甘凯	张黎明、胡瑞仙
	龙游传媒集团	团石湾湾摩托飞扬	傅程、张凯淇	方钧良、王华慧
	磐安县融媒体中心	雕琢"核味"的浅喜深爱成就自由王国的俊杰	杨适时	虞晓峰、杨适时、胡瑞仙
	瓯海区融媒体中心	馒头	翁德汉	周乐光、林颖达

表 6-20 新闻版面获奖作品一览表

等级	报奖单位	主标题	作者（主创人员）
一等奖	岱山县融媒体中心	大桥时代来了	董冬、何丹燕、王晓琼
	天台县传媒中心	和合文化全球论坛特刊	陆最、袁涛
	普陀区融媒体中心	迎战"烟花"	王伟
	德清县新闻中心	时政要闻	罗垚、陈德明、林丹
	椒江区传媒中心	大陈岛"老缪"一家的幸福生活	栾旖旎、王卫君、张亚妮
二等奖	桐乡市传媒中心	《今日桐乡》七一特刊	集体（黄薇、陈亚萍、李莉莉、张祝弘、周玥、张卓君、杨文婕、沈晓洲）
	龙港市融媒体中心	《今日龙港》报纸0218（1版）	陈绍晓、刘艳艳、谢芳芳
	浦江县融媒体中心	从一粒米中窥见世界文明	缪思聪
	金东区融媒体中心	"追寻·建党100周年"大型主题报道号外	胡赣昌、方璟、吴奕静
	临平区融媒体中心	众志成城防控疫情——谢谢"你"，温暖了这个冬季	王轲、钱宇、吴菲
	建德市融媒体中心	美丽城镇建设助推"千年古府"换新貌	方仙、叶飞
	婺城区新闻传媒中心	大山深处跨越半个世纪的幸福回响	张红星

概况篇 1
实践篇 2
创新篇 3
人物篇 4
理论篇 5
作品篇 6
展望篇 7
附 录

等级	报奖单位	主标题	作者（主创人员）
三等奖	龙港市融媒体中心	《今日龙港》报纸 0903（2—3 版）	陈绍晓、董恋恋、刘艳艳
	北仑区传媒中心	光阴荏苒定格幸福——北仑区传媒中心记录金婚大型党建公益活动	张海鸳
	建德市融媒体中心	千鹤村："她"力量顶起半边天	方仙、叶飞
	高新区（滨江）融媒体中心	"牛"气开局迈向春天	吴瑾熠
	镇海区新闻中心	《今日镇海》2021 年 04 月 21 日第一版	赵景阳、胡彬、郭闻磊
	建德市融媒体中心	坚守疫苗接种一线铸起防疫铜墙铁壁	龚一桦、叶飞
	庆元县融媒体中心	时政新闻版	吴凌莉、李健、郑君
	淳安县融媒体中心	青山秀水间的小镇记忆从"老排岭"到"千岛湖"的三十年	刘波、陆吟、李杰
	定海区融媒体中心	让小山村融入大时代——定海打造净零碳乡村样本的战略意义	集体
	瓯海区融媒体中心	《今日瓯海》版面	集体（周乐光、吴远、陈婵娟、张闻哲）
	宁海传媒集团	2021 年 2 月 2 日第一版	徐荇荃

6.2.3　2021年度浙江省县市新闻奖新媒体类获奖作品

表6-21　网络新闻专题获奖作品一览表

等级	报奖单位	主标题	作者（主创人员）	编辑
一等奖	长兴传媒集团	《以奋斗之名——走进乡村看共富》第一季《共同富裕的乡村变迁》	集体（王晓伟、黄朝军、茆爱敏、胡宝刚、黄明亮、臧月、潘丹、卢媛媛、赵婷、陈碧云、陈云峰、钱岚、钱瑶、王珏）	集体
	临海市新闻传媒集团	"鲸"险大救援	吴佳、张微煦、陈静、谢希	陈基臣、金国辉
	镇海区新闻中心	跨越时空尘封了80年的革命情书	钱跃晶、陈饰、苏莹莹、王丹丹、徐争艳、赵舸	徐争艳、王丹丹
	宁海传媒集团	"'他们是谁'——宁海全城寻访无名烈士"专题	黄浓珍、李炯炯、张颖、罗孙志、金芳、邱雯雯、葛艺	应刘意、李江林、林佳怡
	临平区融媒体中心	计大姐和她100多个弟弟	王怡、沈璐、江舟、张宏睿、林倩雯	吴巍峰、钟佳骅
	普陀区融媒体中心	北纬30°的幸福海岸线	虞娜、叶森、项超燕、韩方定、陆庐舟、王梦倩、黄科润	虞娜、邱勇、蒋裕娜
	余杭区融媒体中心	庞爷爷的爱心书屋	沈梦莹、沈诗晨、吕悦、孙嗣达、沈雯、王廷君、黄乐豪	应侃、章蕾、施清仪
	上虞区融媒体中心	疫情之下，浙东新商都如何成功突围	孙卫国、李涵、龚洁颖、刘金平、顾江锋、景彬	集体（陈胜龙、阮宇芳、李梦婕、章思瑜）
	兰溪市融媒体中心	"木寸精神"为什么这么红？——讲中国好人故事扬中国好人精神	汪雅婷、杨纤、傅倩玲	集体（王寅锋、郑建斌、汪雅婷、杨纤、傅倩玲）
	岱山县融媒体中心	你好，大桥	陆双燕（策划）、王朋（策划）、刘王明（制作）	於兰燕（编辑）、徐立（技术）

概况篇 1
实践篇 2
创新篇 3
人物篇 4
理论篇 5
作品篇 6
展望篇 7
附　录

等级	报奖单位	主标题	作者（主创人员）	编辑
一等奖	婺城区新闻传媒中心	我们曾经从这里出发	张苑	张明、戴建东、李英昌
	建德市融媒体中心	建德1.8米高巨型稻迎来大丰收！袁爷爷，您的禾下乘凉梦成真了！	叶芳、潘奕含、李宛谦、胡燕群、纪婕妤	李宛谦、吴燕
二等奖	萧山日报社	亚运，萧山主场	集体（胡吉楠、黄婷、吕术燕、何可人、童宇倩、魏乐钇、蒋超、韩振羽）	集体（徐京、郭钰、韩柳青、丁嘉兵、俞钦洋）
	海盐县传媒中心	追寻百年足迹·传承红色基因系列	杨王平、田辰东、李亦董、贺夏萍、朱洁、王伊婷、安玉	李刚、柴火猛、杨王平
	武义县融媒体中心	十年：孤女飞红和她的十个"李焕英"	陶莎莎、林凯、陶鸿飞、金武剑、金立超、曲雨桐、姜亮	陶莎莎、潘文忠、叶南飞
	高新区（滨江）融媒体中心	爱上滨江的101个理由	余小平、刘姿吟、章霞、潘抗忌、吴梦娴、周枫、王珏	嵇思蕴、张宇辰、薛丁菲
	庆元县融媒体中心	"我们做你的双腿！"上下课爬楼梯上厕所……庆元这所学校的师生五年如一日照顾患病同学	吴怡庆、吴采芬、李泽华	陈惠珍、周爱琴、范丹萍
	富阳日报社	公望富春共绘新图——《富春山居图》合璧十周年纪念活动	集体（何芳芳、朱啸尘、陈凌、骆晓飞、俞高峰、黄睿、许荆楠、徐丽亚）	集体（金琳婷、王永杰、姜群、李思思、胡红吉）
	瓯海区融媒体中心	浙南火种红动瓯海	王建旺、马慧琼、夏卢克、陈奕如、黄冰娥、叶斯斯、庄苗苗	许文星、严建春、陈婵娟

等级	报奖单位	主标题	作者（主创人员）	编辑
二等奖	北仑区传媒中心	向总书记报告	张丽丽、项秋冰、郝玉亮、姚雪娇、张璐、虞海波	张丽丽、姚雪娇、张璐
	玉环市传媒中心	海上升"明月"	徐梦婷、章雪丽	何文新、金飞
	温岭市融媒体中心	为爱止步四海一家	王妙德、朱良章、陈涵婷、毛军波、郭文英、陈远笛	陈涵婷、金敏、黄晓慧
	乐清市融媒体中心	致敬乐清90后民警陈源凯	程遥、叶泱程、曾盼、陈霄、徐琴微、黄如曦	集体（金龙江、施华泽、张羽、章蓓、王林佩、倪小龙）
	温岭市融媒体中心	曙光行	王妙德、陈涵婷、毛军波、郭文英	陈涵婷、金敏、黄晓慧
	余姚市融媒体中心	防御"烟花"记者在现场	集体（徐千、叶葵、魏士丁、张雯、沈媛仪、杨月云、李培妮、肖宇芳、方思娴、莫沁悦、夏蔚逸）	集体（刘霞飞、夏丽霞、应红渊、鲍飘、魏力谨、汪锋标）
	青田传媒集团	"百首红歌大家唱"创意H5	季勇伟、朱锡伟、李斐雅、蔡霄霞	单华锋、刘江帆、章晨阳
	鄞州区融媒体中心	奋斗百年路 启航新征程——学党史 悟思想 办实事 开新局	徐奇锋、宋健益、金建锋	俞珠飞
三等奖	柯桥传媒集团	柯桥区众志成城万众一心防御烟花	范红梅、来颖亮、邵荣英、陈芳、叶红	陈春艳、张菁华
	龙游传媒集团	奋斗百年路 启航新征程	余柏成、林晨、夏瑞莹、张凯淇、傅程、刘心怡	章承月、邵美霞

等级	报奖单位	主标题	作者（主创人员）	编辑
三等奖	海宁市传媒中心	村物志	王哲能、徐晓燕、杨帆	徐晓燕、王哲能
	洞头区融媒体中心	奋斗百年路 启航新征程	郭芬芬、陈莉莉、唐文静、庄缘、韩栋翁、翁蓓蕾	张敏洁
	新昌县融媒体中心	新虞相连——记者连线新昌在上虞白衣战士①—④	陈薇、吕烨云、吴涵颖	陈玥君、李炫怿
	钱塘新区新闻文化传媒中心	解锁钱塘密码	冉佳鑫、吴宇翔	冉佳鑫
	缙云县融媒体中心	大美云集"缙"在这里	樊建亮、陈紫阳、胡玮敏、虞萧道、汪易霖	汪易霖、陈魁、王莹
	建德市融媒体中心	骄傲！一等功！这位95后建德小伙，好样的！今天，更楼这里锣鼓喧天热闹非凡……	叶芳、孙力图、江涛、李宛谦	李宛谦
	庆元县融媒体中心	奋斗百年路 启航新征程	胡松、吴继峰、吴慧萍、练玉萍、吴海斌、钟靖芳、胡惠菲	吴采芬、陈沛沛、范丹萍
	天台县传媒中心	优化营商环境	许群芬、夏国生、许天翔	陈夏婷、陈佳佳
	上虞区融媒体中心	壮观！上万只白鹭现身陈溪山头	魏新宇、贺陶	贾彩萍、朱雪非
	天台县传媒中心	和合文化在天台	许群芬、许天翔	刘程程
	椒江区传媒中心	我家门口看共富	集体（李琴、林琦、栾旖旎、徐丽平、王涵雪、丁玲、王丹凤、杨成龙、水水、白露、葛嘉仪）	集体（蔡茜、吴敏东、王艳、王卫君、赵阳、张亚妮）

等级	报奖单位	主标题	作者（主创人员）	编辑
三等奖	龙泉市融媒体中心	叶圣益：带领农民致富，是我的初心 我想对党说⑥	周旭华、季卓奕、钟伟林、谢巍、吴琪琪、谢舒	王苏珍、林熠
	遂昌县融媒体中心	共富遂昌在路上系列	郑雨薇、江丽俊、傅长琪、潘雨妍	集体（王程程、张春玲、杨曦、翁静晓、周璐琳）
	婺城区新闻传媒中心	婺城"喜憨儿"圆梦央视舞台	王静姝	张明、戴建东、李英昌
	龙湾区融媒体中心	"共同富裕龙湾加速度"专题报道	集体（兰小春、孙默静、张银燕、蒋超、夏秋冬、郑懿、吴蕙芳、方亚特、桂寅、陈出、李铁印）	集体（陈静、孙晓敏、缪瑞祥、张亦彤）
	江山传媒集团	回江山是否需要隔离？跟着记者一起沉浸式回家！	张阳咪、周耕、余明明	张阳咪、余明明、周耕
	象山县传媒中心	任凭四季流转，美人始终相伴！象山柑橘"四大美人"惊艳亮相	吴敏勇、欧乔娜、陈佳雯、周永利	周衍欣
	龙泉市融媒体中心	龙泉 他在收"废品"的时候收集了乡愁和历史	谢舒、钟伟林、林欣颖、叶驰龙	练丹
	象山县传媒中心	"十四运"帆船比赛（宁波赛区）系列报道	吴敏勇	吴敏勇
	龙港市融媒体中心	蛟龙出港续传奇(龙港市第二次党代会)	李甫仓、杨培红、林武	钱贤豪、林细仲、黄徐转
	海曙区全媒体中心	书送希望	崔海波、王杨乐	李旭煌、徐慧琳

概况篇 1
实践篇 2
创新篇 3
人物篇 4
理论篇 5
作品篇 6
展望篇 7
附　录

表 6-22　新闻评论获奖作品一览表

等级	报奖单位	主标题	作者（主创人员）	编辑
一等奖	永康市融媒体中心	活螃蟹死规定，"王宝强们"的人在囧途怎么破	赵文河、吕真珍、牛晨光、应秀蔚、王兆辉	王贻江、陈厉娜、宋思成
	乐清市融媒体中心	"无人村"为何被评为"最脏村"	张全	王林佩、汤琴
	余杭区融媒体中心	为省级标准选择山区样板点赞！	王子鹤、沈梦莹、翟连宇、李凌	应侃、施清仪、彭卓尔
二等奖	海宁市传媒中心	校外教育更应"普照"农村孩子	陈曦灏、马文静	周向华、金敏月、顾佳妮
	萧山日报社	萧山，干得漂亮！	姚潮龙	孟再励、贺一萍
	鹿城区融媒体中心	全市首创"红色纳凉亭"！来滨江别样游园	林婷玮	吴蒙蒙
	嵊州市融媒体中心	袁先生，为什么老百姓那么爱你	张元、商藜青	马蔡荣、王珊珊
	海曙区全媒体中心	你过不来，我帮你卖	李旭煌	崔海波、邬盈蓓
	余姚市融媒体中心	疫苗"服务小补丁"彰显社会治理大智慧	徐千	刘霞飞、杨月云
	诸暨市融媒体中心	此刻，让我们为胜利欢呼	吕岚、郭斌、周升蓉	宣浩军、俞咪娜
三等奖	衢江传媒集团	当个不像干部的干部	余慧仙	朱正炜
	镇海区新闻中心	隔离不隔心　断疫不断情	计怀斐、胡馨文	赵景阳
	淳安县融媒体中心	莫让"智能"取代"智慧"	杨奇	义永华、姜智荣
	常山传媒集团	奋发探索"两山"转化的常山路径	常山传媒评论员（揭雨兴）	徐林
	云和县融媒体中心	向侵权说不　为创新护航	陈雅雯	王凤凤
	临平区融媒体中心	小药丸撬动共富杠杆	王怡、沈璐、董媚	吴巍峰、王海颖
	玉环市传媒中心	漠视防疫规则硬闯小区，别拿志愿者不当"干粮"	丁君朋	林怡彤、王莉莎
	三门县传媒中心	让志愿服务成为文明创建最温暖的底色	陈诺	祁兴森、陈玲玲、蒋周宏

263

表 6-23　短视频专题报道获奖作品一览表

等级	报奖单位	主标题	作者（主创人员）	编辑
一等奖	余杭区融媒体中心	是谁路过我的相机	沈雯、王廷君、黄乐豪、孙嗣达、杨洋	贾国勇、杨兰、章蕾
	义乌市融媒体中心	"苹"水相逢为了我的新疆大哥	赵一阳、楼志锋、傅建平、王汉卿、经丹敏、张静恬	陈旭春、金洪斌、罗献超
	德清县新闻中心	骆驼之约	张哲萍、张伟、俞丹丹、王涛、裘超奇、何丽丽	钱卓飞、程昊、潘潇
	安吉县融媒体中心	一面旗一片叶	董孝烽、朱佩颖、余文、张洁云	朱怀康、童海燕、俞娇娜
	慈溪市融媒体中心	美兮·慈溪	琼珊、胡安	琼珊、胡安
	兰溪市融媒体中心	小城大匠国宝"重生"	楼莉雯、叶环环、伍惠民、冯艳艳、叶帝伯	楼莉雯、伍惠民
	嵊州市融媒体中心	冬瓜上山记	裘伟、金展、张力、陈剑虹、徐浙峰	裘伟、金展
	上虞区融媒体中心	田间"父女兵"种出"五彩路"	陈黎超、沈丹、叶炜、王柳莺、赵晶晶、阮佳波	贾彩萍、陈黎超、顾颖
	临平区融媒体中心	铁艺人厉柏海	金宁（编导摄像剪辑）、何若秋（策划编导）、张谨（后期）	林博
	淳安县融媒体中心	基层人物 杭州淳安·胡建明：光影之间探秘水下古城	胡俊、胡建明、徐丽	滕晶晶
	武义县融媒体中心	11年的血汗20万人的水源	何华挺、叶南飞、郑静静、俞向华、陈徐俏、陶莎莎、董悦悦	童苾莎、周超、陶宇航
	德清县新闻中心	农民钢琴师	康娌娜、徐一鸣、唐亮、周丽娜、姚似宇、陈熙	吴娇媚、程昊
	乐清市融媒体中心	新学期，道午安	胡帅、汪洋、陈瑶璐、曾盼、黄如曦、金瑶璐	金龙江、汤琴、杨云峰
	磐安县融媒体中心	红星的幸福生活	刘兆明、施委、王卓、张轩瑜、陈帅	楼俊俊

等级	报奖单位	主标题	作者（主创人员）	编辑
一等奖	诸暨市融媒体中心	足球加油!	编导：周芝兰；摄像：蔡东森、姚铭阳；剪辑：吴佳嫒；美编：夏德飞；文案：赵娟	宣浩军
	余杭区融媒体中心	我不是牛肉西施	沈雯、吕悦、黄乐豪、孙嗣达、杨洋、陈可欣、沈诗晨	王媛媛、应侃、景悦
	永康市融媒体中心	"箱"思记	赵文河、胡剑、应秀蔚、陈钧湘、叶建丽	吕真珍、施俊涛
	海曙区全媒体中心	爱聚海曙! 加油洞桥，我们一定行	王杨乐	李旭煌、邬盈蓓
	柯城传媒集团	衢州柯城余东村：乡野毕加索	叶剑亮、杜蔚晓、黄超忆、胡友财、蒋阿玮	李建胜
	路桥区传媒中心	建党100年之路桥自信系列《追光者》	阮王琦、凌斌、罗淑、尹张聪	金珍娇
二等奖	临海市新闻传媒集团	"鲸"心动魄——头门港海域搁浅瓜头鲸救援始末	王观勇、周倩倩、何笑妍、陆浩明、郭碧媛	金国辉
	义乌市融媒体中心	"浙江好人"骆光丰：儿子当兵救人牺牲，他接棒，多次救人常做好事	赵品卫、蒋文斌、赵一阳、方国宏	吴剑平、陈华超
	衢江传媒集团	姜丽珍：把婆婆当做女儿来宠爱	张艺、朱惠、曾晓佩、吴晨	卢建华
	宁海传媒集团	《大艺术"＋"》系列	黄浓珍、吴帅、朱鲁瑶、杨凯程、张颖、邱雯雯	应刘意、杨矜矜、张嘉宸
	岱山县融媒体中心	3′43″! 舟岱大桥来啦!	陆双燕、王朋、周磊	龚碧瑜、徐佳佩、姚培杰
	慈溪市融媒体中心	Olivia 的夏天	琼珊、罗阳、罗钰姗	琼珊、罗阳、罗钰姗
	鹿城区融媒体中心	公益变身记	戚祥浩、王康伟、徐月萍	章志义、林梅
	普陀区融媒体中心	孤岛不孤	叶森、虞娜、黄科润、陆庐舟	虞娜

等级	报奖单位	主标题	作者（主创人员）	编辑
二等奖	遂昌县融媒体中心	《独白》系列	张巧燕、廖晨辰、张秋阳	杨曦、周璐琳、王程程
	海盐县传媒中心	海盐成为南方首个核能供暖城市	吾凯杰、顾海飞、任林	李刚赵日春
	庆元县融媒体中心	百山祖冷杉守望者	吴梦飞	周爱琴、吴俊、陈沛沛
	镇海区新闻中心	家书里的故事	计怀斐、方迎丹、郑家齐、仇凯、徐晋晟、方琦、王余晨寅	方迎丹、计怀斐
	新昌县融媒体中心	非遗里的清廉 新昌调腔传承人王莺：演绎古今故事涤荡历史尘埃	王杰辉、梁越谡、王文杰	梁越谡
	婺城区新闻传媒中心	疫线·面孔专题系列	戴翔	张明、戴建东、李英昌
	金东区融媒体中心	谢谢你，堂嫂"母亲"！	缪小芬、吴瑜涛、李方政	楼盼、马丽萍
	开化传媒集团	钱江源头的"农民科学家"	胡思逸、汪盈、杨帆、宋佳男	叶红、徐泽欢
	象山县传媒中心	海风中最亮的崽——神话之鸟缘定象山	郑丹凤、夏雨、徐观霖	郑丹凤
	奉化区融媒体中心	奉化设区五周年记者五度看奉化	成功、周渊民	成功、周渊民
	浦江县融媒体中心	浦江人的一天	陈海楠、李少俊、郑丽珍、陈柳柳	郑丽珍、陈柳柳
	龙泉市融媒体中心	方松林：木偶也有故事	周旭华、钟伟林、徐伊瑶、杨帆、李锦添	练丹
	兰溪市融媒体中心	不一般的"老温"	徐瑛、郑佩、黄浙川、丁成、何丽萍	徐文相、王寅锋、徐瑛
	龙游传媒集团	前方到站——龙游站	牛超杰、夏瑞莹	章承月、邵美霞
	柯桥传媒集团	地铁生活·双城记	邵荣英、薛妙珏、傅林垚、方剑萍、丁文尔	傅懿懿、史维颖、洪欣宇

266

概况篇 1
实践篇 2
创新篇 3
人物篇 4
理论篇 5
作品篇 6
展望篇 7
附 录

续表

等级	报奖单位	主标题	作者（主创人员）	编辑
二等奖	椒江区传媒中心	今天，95 岁老兵时隔 66 年"云"见面，话马尾松种子"登陆"一江山岛	李琴、王涵雪、沈智鸿	吴敏东、罗梦露
	建德市融媒体中心	泰国小哥的建德味	叶芳、张红卫、于衍博、周国军、陈捷、周芳	胡燕群、纪婕好、魏强
	北仑区传媒中心	仑·美食	杜倩、曹佳敏、娄君杰、项秋冰、邓梦佳、郝玉亮	姚雪娇、张璐、江思超
	长兴传媒集团	人间正道	卢媛媛、潘丹、臧月、赵婷、王俊、万锋	王晓伟
	余姚市融媒体中心	视频 跟着人物学党史	徐千、孙景石、楼斯婷、叶葵、莫沁悦	刘霞飞、刘文治
	江山传媒集团	平凡人的力量	周耕、方晶晶、杨雪、张阳咪、姜晨蕾、陈恺文、徐存仁	集体
	庆元县融媒体中心	"当代吴三公"吴克甸获"全国优秀共产党员"荣誉称号	邢玉超、毛以飞、戴健佳	吴采芬、周爱琴、吴俊
三等奖	庆元县融媒体中心	这所小学，只有 19 名学生——浙江最偏远小学的坚守和希望	吴梦飞、谢力、吴海斌、周意含	吴采芬、陈沛沛、陈惠珍
	镇海区新闻中心	初心回响：霜枫犹似日前红	颜逸超、何顺、高凌宵、马旭峰、王君美	—
	玉环市传媒中心	用生命谱写扶贫壮歌	蒋巍、王敬、梁裕哲、刘腾、王依依	何文新、张荣
	嘉善县传媒中心	传"嘉"宝	计剑平、陈瑜、沈坤明、傅善善	计剑平、冯建萍、李易
	仙居县传媒中心	与信仰同行 "我为什么要入党"	徐家耀、郑志刚、郑燕晥	应倩颖
	建德市融媒体中心	劝学——大同书院的故事	叶芳、孙力图、周芳、陈捷、胡燕群、纪婕好	李宛谦

等级	报奖单位	主标题	作者（主创人员）	编辑
三等奖	磐安县融媒体中心	大山的馈赠——葛根粉	施委、刘兆明、王卓、陈帅、张轩瑜	楼俊俊
	柯城传媒集团	柯城万名党员"初心屋"里检"初心"	叶剑亮、黄淑妍、胡友财、祝方林、汪洋	李建胜
	温岭市融媒体中心	20 组镜头，见证温岭发展新篇章	王迪青、赵力、王达福	王迪青
	瑞安市融媒体中心	国旗教育馆讲解员许嘉妮：我第 1530 次讲国旗故事！	陈瑞周	俞颖、郑拥拥
	江山传媒集团	毛江土：用光影"点亮"留守乡村	毛梦瑶、危波、过肖芸	柴巍
	衢江传媒集团	一封红色家书传递信仰的力量	张艺、朱惠、吴晨、曾晓佩	曾晓佩、卢建华
	洞头区融媒体中心	闽南方言版防疫小短片，你听懂了吗？	方莹莹、翁蓓蕾、韩栋	方荣巩
	仙居县传媒中心	感谢师恩 致敬教育路上的筑梦人！	徐家耀、郑燕睆、王玲玲	郑燕睆
	宁海传媒集团	《遇见宁海》系列	集体（王鸫涞、应刘意、高悦雯、周震霄、黄敏、童泽芝、宋芷珩、项韬）	黄浓珍、吴帅、罗孙志
	瓯海区融媒体中心	亚运新城温州瓯海欢迎您	张灼晖、林慧慧	周乐光、王进华、项震江
	常山传媒集团	2021 感动"常"在！	朱珊、曾奇、肖薇、姚晴佩、周志亮、陈王宁	曾奇
	温岭市融媒体中心	"强国青年说"四期系列短视频	郭文英、李淑敏、朱良章、陈远笛、王博、江欣雅、庄晨高娃	毛军波
	金东区融媒体中心	"盛夏·人间"	集体	集体
	东阳市融媒体中心	乡贤与家乡菜	陈姣、胡勇、王凌峰、李忙	徐凌云、包羽
	遂昌县融媒体中心	百年党史·忆遂昌	郑雨薇、詹成、潘雨妍、金豪龄、吴卢军	集体（杨曦、张春玲、周璐琳、张巧燕、林丽辉）

268

概况篇 1
实践篇 2
创新篇 3
人物篇 4
理论篇 5
作品篇 6
展望篇 7
附　录

等级	报奖单位	主标题	作者（主创人员）	编辑
三等奖	柯桥传媒集团	共同富裕柯桥行	陶逸平、陈颉	集体（陈芳、叶红、陶泽铭、孙唯）
	开化传媒集团	百名党员讲党史话发展	胡思逸、徐泽欢、汪建能、宋佳男、余一鸣、徐文杰、叶红	汪阳、詹元鹏、方晓璐
	庆元县融媒体中心	"媒体人走进电力"系列① 在大山深处装"眼睛"的人	吴梦飞	陈沛沛、陈惠珍、吴淑君
	龙港市融媒体中心	我和我的家乡	方璐璐、王木记、李其安、方崇直、林传帅、杨丽丽、陆许可	李甫仓、林武、李武哲
	定海区融媒体中心	战"疫"科普短视频	吴曙华	闻袁军
	龙泉市融媒体中心	万名龙泉剑瓷娃"唱支山歌给党听"	周旭华、钟伟林、徐伊瑶	—
	岱山县融媒体中心	红色展馆系列	陆双燕、王朋、赵彦骅	於兰燕、姚培杰、邱叶培
	柯城传媒集团	新农人稻田养起大闸蟹	叶剑亮、黄超忆、胡友财、黄淑妍	李建胜
	鹿城区融媒体中心	温州首单跨境电商9610海运渠道正式打通"海运小包"为跨境电商排忧解难	林婷玮、戴武杰、李素洁	林梅高、菲菲
	江山传媒集团	江山最"红"线路	张阳咪、陈恺文、周耕	张阳咪、周耕、余明明
	定海区融媒体中心	定好玩	集体（黄光亮、周宇超、吴曙华、冯梦琪、周燕、陈超、张梦洁、郭磊怡、韩超男）	应海玲、闻袁军
	新昌县融媒体中心	新昌制药厂保健品分厂党支部：科技创新撬动美好未来	周鑫、梁越谡、陈卓颖、王珊之	周鑫、梁越谡

等级	报奖单位	主标题	作者（主创人员）	编辑
三等奖	嘉兴日报社秀洲分社	听TA们说遇见美好秀洲	集体（耿俪洳、赵晨、陈曦、富玲燕、沈洁、徐昊、蒋彧淼、竺军伟、沈沉缘、王如舟）	沈洁、耿俪洳
	柯桥传媒集团	迎建党百年讲新闻故事	集体（邵荣英、范红梅、吴坚、丁文尔、章哲农、陶泽铭、曹梦婕、吕鹏、孙唯、赵鸣珂）	集体
	浦江县融媒体中心	山乡红灯	陈海楠、李少俊、郑丽珍、陈柳柳	郑丽珍、陈柳柳
	三门县传媒中心	续写新时代芹溪"新"红色故事	熊威、黄俊、郑浩、董军省、周雷洲	陈艳萍
	龙港市融媒体中心	斯人已逝，笔墨长存——记谢云先生	谢陈啦、方崇直、李其安	陈晓敏、方小洁
	路桥区传媒中心	建党100周年之路桥自信系列《共富"石榴情"》	阮王琦、凌斌、张聪、罗淑尹	金珍娇
	婺城区新闻传媒中心	唱支山歌给党听	集体（陈婷、张妙娟、方婕、翁哲宁、戴嘉明、许珂、邱琪、胡展翔、田双双、徐乐、范卓峥、蔡阳彪、蔡君楠）	集体（张明、戴建东、李英昌、戴翔）
	青田传媒集团	侨博会来了	尹宇晓、潘伯丽、乐时捷、陈佳莹、吴箫	陈芩芩
	象山县传媒中心	象山聋哑姑娘用竹丝编织梦想	陈和李、吴启超	陈和李
	龙湾区融媒体中心	龙湾：把"未来城区"打造成龙湾城市"金名片"	兰小春、王鹭汪洋、张超、黄曼瑜、桂寅、刘煜	孙煊、林敏、李铁印
	钱塘新区新闻文化传媒中心	钱塘区2021年度十大民生项目巡礼	余梦梅、陈浩杰、徐红燕、张雪依、蔡依卢	余梦梅、蔡依卢
	龙湾区融媒体中心	《奋斗百年路 启航新征程》之"走进我们的幸福生活"：温州奥林匹克中心体育场计划8月申报联合验收	张超、陈出、李希赛、汪洋、孙煊、蔡秋渊、陈宸剑	李铁印、桂寅、刘煜

概况篇 **1**
实践篇 **2**
创新篇 **3**
人物篇 **4**
理论篇 **5**
作品篇 **6**
展望篇 **7**
附 录

表 6-24　短视频现场新闻获奖作品一览表

等级	报奖单位	主标题	作者（主创人员）	编辑
一等奖	余杭区融媒体中心	迷路的小江	沈雯、王廷君、黄乐豪、杨洋、金于城	应侃、景悦、吕悦
	鄞州区融媒体中心	一段短视频暖了全国网友鄞州八旬教授插着鼻胃管给小病友讲题	王莎、王世杰、章良开、司徒凯	徐奇锋、金建锋
	义乌市融媒体中心	列车上的招聘会	楼志锋、赵一阳、黄超忆、傅建平、罗献超	陈旭春、金洪斌、王海明
	镇海区新闻中心	心疼，医务工作者深夜累到晕倒，醒来后呢喃："我不用去医院，让我睡一觉就好了"加油镇海	朱蓓蕾、章振剑	陈潇
	嵊州市融媒体中心	嵊州 90 后小伙直播钓鱼救起落水老人	王珊珊、商蔡青、凌慧佳	马蔡荣
	瑞安市融媒体中心	"太帅了，跑起来都带着霞光！"交警雨中狂奔跑出了生命通道	杨微微、李心如	金行哲、金晓锋、管舒勤
	安吉县融媒体中心	打造"水火箭"放飞航天梦	董孝烽、王璐、俞娇娜	蒲璇、祁乐乐
	乐清市融媒体中心	车子意外落水四名男子跳河救人	曾盼、程遥	罗定阳、金龙江、杨云峰
	海曙区全媒体中心	菜农隔离不能出摊，海曙这位老顾客帮其吆喝卖菜	朱燕君、陈心琪	邬盈蓓、叶维肖
	萧山日报社	130 余个小勇士镇定出发去往隔离点	金波、周颖、周越、杨圆圆、靳林杰	陈蓉、邱芳、陆意
	东阳市融媒体中心	这场婚礼我们为你买单东阳轮椅上的姑娘今天被帅小伙娶回家	徐航、黄保平	陈柏安
	平湖市传媒中心	深夜救孩子一命！全网关注的电动车女士找到了	朱俊生、徐迪兰、张学能、陈鑫誉、林宇晟	周谧、蔡美兴、郑煜纯

等级	报奖单位	主标题	作者（主创人员）	编辑
一等奖	洞头区融媒体中心	"三无"快艇非法电鱼多部门联合终截获	韩栋、翁蓓蕾、方莹莹	方荣巩
	海宁市传媒中心	我们是浙江海宁的	朱瑞庭、顾佳妮、胡宇宁、周浩、俞佳婧	王潞、徐梦、金新颜
	瑞安市融媒体中心	"网红"张文宏 VS 学长张文宇，博士校友现场精彩"互撕"	陈瑞周、徐思佳、潘晓艳	杨竞、林甲双、杨华
	龙湾区融媒体中心	温州龙湾：摆进派出所大院的"水果摊"严格执法下的温情相助	王鹭、林敏、蔡秋渊、李铁印、陈宸剑	桂寅、刘煜、陈出
	鹿城区融媒体中心	666！这个村干部调来挖掘机，暴雨洪水中抢回4条人命！	吴蒙蒙、李素洁	林梅
	奉化区融媒体中心	生死时速9分钟！奉化最美"托举姐"成功救助脐带脱垂孕妇	方振、郑连乔、宗发旺	邢良军、张裕定
	海宁市传媒中心	医学隔离点9岁小女孩突发疾病医生一把抱起狂奔下楼	贺洁靓	金新颜
	萧山日报社	能办高大上G20也能成为两万名建设者避险点，国博中心暖心港湾	曲行森、吕术艳、高艺炯、徐心瑶	陆伟岗、王丽芳、陈蓉
	永嘉县融媒体中心	铁血硬汉眼眶红了，全国优秀共产党员杨晓峰载誉归来仍难掩激动	汤无名、李晓、郑光义	潘蕾蕾、赵佳贞
	桐庐县融媒体中心	第24金！桐庐姑娘陈雨菲勇夺羽毛球女单金牌	程佳园、王泽、叶舟	程佳园
二等奖	云和县融媒体中心	发钱啦！浙江云和紧水滩镇的村民乐开花	兰荣霞、梅明益、涂燕	李维娜、涂燕
	玉环市传媒中心	发钱啦！	刘腾、蒋巍、苏丹丹	何文新、章雪丽
	定海区融媒体中心	一小时抵达！定海到上海无人机运输新航线来了！	周宇超、张艇、陆素静	闻袁军、毛武瑛

续表

概况篇 1
实践篇 2
创新篇 3
人物篇 4
理论篇 5
作品篇 6
展望篇 7
附　录

等级	报奖单位	主标题	作者（主创人员）	编辑
二等奖	义乌市融媒体中心	开学第一课：向戍边英雄致敬！	赵一阳、何妮蔚、蒋文斌、金梦雅、吴剑平	方国宏、吴滢滢
	东阳市融媒体中心	追忆红色革命情百岁党员姐妹花再"相见"	董之震、卢玮、胡媛	杨慧萍
	椒江区传媒中心	椒江温度 下陈警民联手救回女童	徐丽平、沈智鸿	蔡茜、王艳
	诸暨市融媒体中心	齐心战疫！诸暨医护人员紧急驰援上虞	采写：陈泽燕、傅铁飞，摄像：蔡建夫、崇广亮，剪辑制作：王海杰	陈婕、宣浩军、倪钰
	桐乡市传媒中心	高铁上的"不雅照"	沈燚茜、施玉婷、宋佳	徐伟东
	东阳市融媒体中心	记者妈妈蹲点抗疫一线，7岁儿子"寄宿"消防站	徐航、王潇	许琳琳
	金东区融媒体中心	这一次！这一生！	徐盼、马丹青	陈玉杰、吴奕静
	普陀区融媒体中心	风雨夜，他们守护普陀，护你安好	叶森、虞娜、黄科润	虞娜
	青田传媒集团	生死瞬间！青田民警三分钟救起跳江男子	叶佳霁、季毅豪	陈芩芩
	嵊州市融媒体中心	一点"盐"不能少	费敏、马蔡荣	马蔡荣
	柯桥传媒集团	村干部"扎猛子"徒手疏通积水村道	陶泽铭、郦曼丽	集体（邵荣英、陈芳、范红梅、叶红）
	长兴传媒集团	糟心！措手不及的停水	王志芳、蒋璐、王玉坤、叶方超、崔智翔	徐利利
	诸暨市融媒体中心	决胜	集体（费晓笑、蔡燕鸣、何金振、袁迪凯、姚铭阳、傅铁飞）	宣浩军、蔡东森、陈璐
	普陀区融媒体中心	这么壮观的晒鱼鲞场面你见过吗？	叶森、陆庐舟、黄科润、王梦倩、吴铠宇	虞娜

等级	报奖单位	主标题	作者（主创人员）	编辑
二等奖	江山传媒集团	雨中的陵园一位8岁少年的敬意	赵晨、过肖芸	柴巍
	黄岩区传媒集团	致敬！黄岩方舱医护人员累倒在疫苗接种岗位上	卢奎、张淞	李琦、金益朵
	富阳日报社	2004年在恩波广场丢失的灵桥男孩今天回家了	姜炜、张柳静	胡红吉
	磐安县融媒体中心	刷屏了！"超人"真的穿短裤！磐安男子四进火海，勇救4人！	傅利刚	傅利刚
	宁海传媒集团	宁海下渔村：95户村民主动"让地"铺就美丽振兴路	赵士超、陈锦波、吴帅	黄浓珍、罗孙志
	北仑区传媒中心	"阿哥，我们很想你！"	娄君杰、虞海波、林思谕	姚雪娇、刘天宏、张华
	永嘉县融媒体中心	百岁"姐妹花"唠嗑太可爱了	戴亚琼	汤无名、李晓
	慈溪市融媒体中心	慈溪12条海豚搁浅，村干部和渔民共30多人紧急救助，仅用4小时全部送回大海	吴迪明、卢晔、岑天炜	吴迪明
三等奖	兰溪市融媒体中心	皮带打着补丁用了20年，"木寸"老人一生节衣缩食却为家乡公益捐资1500万元	黄诗恒、赵倩、成超、余展、黄浙川	王寅锋、龚献、徐瑛
	缙云县融媒体中心	缙云石笕：党旗下的"别样插秧节"	集体（樊建亮、陈紫阳、胡玮敏、林佳婕、杨小虎、朱红阳、陈魁）	林佳婕、虞萧逍、王莹
	龙港市融媒体中心	龙港市君越制袋有限公司加急赶制P2P3口罩，8月6日下午完成105万只口罩装车驰援河南省濮阳市台前县	方崇直、上官、杨帆、方璐璐	李甫仓、杨培红

概况篇 1
实践篇 2
创新篇 3
人物篇 4
理论篇 5
作品篇 6
展望篇 7
附 录

等级	报奖单位	主标题	作者（主创人员）	编辑
三等奖	婺城区新闻传媒中心	闻"汛"而动，彰显婺城担当	戴翔	张明、戴建东、李英昌
	慈溪市融媒体中心	捡到手机后去刷机？店老板怒斥："做回好人吧"	张天红	施春叶
	上虞区融媒体中心	谢谢！那些感动我们的陌生人	集体（李丽、陈婷、赵晶晶、张衍益、陈颖佳、邓巍、龚日开、王柳莺、周恬仪）	集体（孙卫国、贾彩萍、章海宁、叶炜、李丽）
	龙游传媒集团	数字龙游 硬核！无人驾驶驶入农田	余柏成、秦久兴、牛超杰、曾麒、季真婉	邵美霞
	仙居县传媒中心	就地过年暖在身边 一家三代人留仙过大年	郑燕皖、郑俊、徐家耀	郑燕皖
	德清县新闻中心	生死守望！	周丽娜、唐亮、姚似宇、王涛	庞江宏、程昊
	黄岩区传媒集团	热心民警自发清扫山路	朱宇阳、施佳丽、王小青	李琦、金益朵
	宁海传媒集团	7岁男童被压车下众人合力抬车抬起生的希望	黄浓珍、吴帅、沈洁、杨利民、屠以撒	应刘意、张嘉宸
	三门县传媒中心	三门：献礼建党百年百名儿童绘百米长卷	章翀、李佳宁、邓佰成	祁兴森、王俊一
	常山传媒集团	暴雨来袭常山党员干部奋战一线展开救援	朱珊、周志亮、吴贤林	陈王宁
	永康市融媒体中心	一碗等了34年的鸡子索面	赵文河、吕旭光、应秀蔚、卢俊龙、牛晨光	吕旭光、杜高成、胡剑
	天台县传媒中心	香米丰收稻浪金黄	蓝建雄、褚倩倩	蓝建雄
	开化传媒集团	有梦想谁都了不起！开化独臂少年笑对生活，追梦篮球！	汪盈、吴雅璐、叶红、刘王超、郑霞凤	徐泽欢、朱贞华、舒萍

等级	报奖单位	主标题	作者（主创人员）	编辑
三等奖	金东区融媒体中心	奔跑吧，金华！——市域轨道交通金义段通车试运行	胡赣昌、吴婷	陈玉杰、吴奕静
	云和县融媒体中心	姑娘，你奔跑的样子真美！	李维娜、兰荣霞、涂燕	李维娜
	富阳日报社	你为国尽忠，我替你尽孝	姜群、姜炜、张柳静、谢雨天、华苗	姜群、胡红吉
	三门县传媒中心	三门：暴雨后，他们冲进了水里，开展"人工泄洪"	章翀、李佳宁、阮芳芳	祁兴森、邓佰成
	龙泉市融媒体中心	仗剑从戎强国有我	集体（林熠、袁俊龙、周旭华、胡春麟、叶驰龙、王亚成）	潘一小、钟伟林
	遂昌县融媒体中心	潜入遂昌仙侠湖水下10米是一种什么体验	郑雨薇、潘雨妍、傅长琪	杨曦、周璐琳、王程程
	东阳市融媒体中心	"我不想回家，我想去找妈妈！"6岁小女孩深夜坐上外卖小哥的车	徐航	陈柏安
	武义县融媒体中心	乘客突然昏迷公交车"秒变"救护车	叶南飞、朱加佳、金武剑、任广明	集体（叶南飞、朱加佳、金武剑、任广明）
	常山传媒集团	暖心！女交警冒雨执勤网友直呼心疼	朱珊、姚晴佩、周志亮	李玲倩
	开化传媒集团	泪目！接英雄回家。"敏敏，你要记得回家的路，你的家在开化。"	徐泽欢、余立成、徐文杰	詹元鹏
	高新区（滨江）融媒体中心	直击台风"烟花"现场，滨江严阵以待	余小平、刘姿吟、王春松	薛丁菲、张宇辰
	桐乡市传媒中心	"白车男"，全城都在找你！	王喆	徐伟东

概况篇 1
实践篇 2
创新篇 3
人物篇 4
理论篇 5
作品篇 6
展望篇 7
附　录

等级	报奖单位	主标题	作者（主创人员）	编辑
三等奖	龙湾区融媒体中心	《奋斗百年路 启航新征程》"建党百年龙城红迹"："宣讲直通车"开进基层党史学教深入人心	汪洋、孙煊、张超、陈出、叶晓东	王鹭、林敏、陈宸剑
	嘉善县传媒中心	生死时速！早高峰小孩昏迷抽搐交警紧急开道送医	徐子涵、李靖、蔡培源	徐琪、沈晓刚
	椒江区传媒中心	不忘初心跟党走——台州市椒江区庆祝建党百年灯光秀	李顺敏、吴敏东	吴敏东
	柯城传媒集团	女子到派出所报警，结果开心到飞起	毛昌盛	陈岚
	婺城区新闻传媒中心	熊猫猪猪·两头乌国际牧场开园，小布带你抢先体验	张易、田双双	集体（张明、戴建东、李英昌、傅晓婧）
	缙云县融媒体中心	我心向党，"缙"情歌唱！缙云县庆祝中国共产党成立100周年拉歌活动隆重举行	集体（樊建亮、陈紫阳、胡玮敏、杜昭莹、张晋恺、刘凯、王柯竣）	杜昭莹、陈魁、虞萧逍
	鹿城区融媒体中心	让党史流动起来！"移动党史馆"首班发车	张子雨、金小晖	林梅
	余姚市融媒体中心	避灾点前依依惜别	徐千、魏士丁、周妍辰	刘霞飞、应红渊
	瓯海区融媒体中心	男孩贪玩手指被卡，消防员第一时间帮其"解套"	许文星	张佐杲、项震江、陈奕如
	象山县传媒中心	奥运冠军罗雪娟代言象山，为亚运加油！	陈和李、吴启超	陈和李
	定海区融媒体中心	"碳"路的弄潮儿	陆小俊、董周一、唐祝波	王金晶、戴高乐、方迪
	龙港市融媒体中心	7928万！温州彩票史最大奖降临龙港	王木记、陈伟、钱贤豪	李甫仓、林武

表 6-25　融合创新获奖作品一览表

等级	报奖单位	主标题	作者（主创人员）	编辑
一等奖	诸暨市融媒体中心	百年华诞12整点·《100年，正青春》	宣浩军、许斐、吕岚、陈婕、夏德飞、陈金伟、缪海军、邵高锋	叶淑秀、陈璐、俞咪娜
	嘉善县传媒中心	萤火虫回"嘉"	集体（王培澄、沈晓刚、陈瑜、顾燕、郝爽、沈坤明、钟诚、李靖、滕晓珍、周霞、傅善善、熊冰、于君、奚嘉瑶、郁林强、袁威）	集体
	永康市融媒体中心	"党课爷爷"有个故事匣子	王贻江、何福安、陈维坚、李梦楚、宋思成	胡华超、应栩漪、王兆辉
	长兴传媒集团	跨越5000公里的爱	陈怡、莫非凡、施方明	陈怡
	北仑区传媒中心	留在北仑过大年	张丽丽、张璐、姚雪娇	张丽丽、张璐、姚雪娇
	德清县新闻中心	"鹦"我家族梦	张哲萍、何丽丽、程昊、裘超奇、刘一凝、张欲飞、张伟、俞丹丹	赵翠茹、章毅归、李喆
	慈溪市融媒体中心	红色印记——重温那一段不能遗忘的历史	郑亚清、郑恬	施春叶
	平湖市传媒中心	在乡村里发芽的"航天梦"	周谧、徐迪兰、张学能、周页文、鲍春伟、徐佳圆	朱俊生、蔡美兴、郑煜纯
	嵊州市融媒体中心	@嵊州人，你的专属"地图"已上线，掌上红色之旅！安排……	袁晓东、李光富	李光富、何东铭、周曼
	永康市融媒体中心	5年50万张！永康摄影家记录全国规模最大跨海桥梁群	程德胜、王贻江、秦小建、吕旭光、卢俊龙、李梦楚、卢斌、杨成栋	胡华超、应栩漪、颜元滔
	萧山日报社	与党同龄与党同行	集体（孟再励、金波、王建平、龚洁、周颖、何可人、郑舒铭、蔡敏杰、管丽莎等）	陆伟岗、郭庚新

概况篇 1
实践篇 2
创新篇 3
人物篇 4
理论篇 5
作品篇 6
展望篇 7
附　录

等级	报奖单位	主标题	作者（主创人员）	编辑
二等奖	龙游传媒集团	H5 一份永不过时的宣讲稿	余柏成、求张锋、牛超杰、游佳、林晨	章承月、邵美霞
	义乌市融媒体中心	选品员，快来找宝贝	金洪斌、丁丰罡、楼志锋、罗献超、季媚瑶、张静恬、楼杭娟	赵一阳、陈旭春、应悦
	高新区（滨江）融媒体中心	滨滨迎亚运	余小平、刘姿吟、王春松、吴梦娴、徐青青、张宇辰、薛丁菲	周枫、章霞、王珏
	建德市融媒体中心	屋基哥被骗记系列原创音乐反诈短视频	纪婕好、许在诚、付敏强、孙力图、陈亚仙	纪婕好、许在诚
	临海市新闻传媒集团	V临海系列短视频	王观勇、周倩倩、陆浩明、何笑妍	陈基臣
	建德市融媒体中心	好汉遗风！来建德这个千年古城，做第 109 位"好汉"	叶芳、李宛谦、周卉茗、胡燕群、纪婕好	李宛谦
	兰溪市融媒体中心	兰溪李渔说	徐瑛、郑佩、丁成、姜维、黄浙川、叶环环	徐文相、王寅锋
	余杭区融媒体中心	"90后"对话"90"后	陆文华、杨兰、姚王欣	贾国勇
	东阳市融媒体中心	《老吴讲故事》的老吴昨晚走了！他留下了6000多个精彩的方言故事	李俏	李俏、韦丽洁
	宁海传媒集团	《从"艺"条路开始》专题	集体（黄浓珍、吴帅、张颖、朱鲁瑶、罗孙志、杨凯程、高悦雯、葛艺、金芳、邱雯雯、邬可楠、杨思敏、周震霄、蒋攀、尤才彬）	集体（应刘意、赵维华、严亚平、徐荇荃、黄海清、杨矜矜）
	江山传媒集团	《红色传家宝》系列短视频	过肖芸、危波、赵晨	柴巍

续表

等级	报奖单位	主标题	作者（主创人员）	编辑
二等奖	桐乡市传媒中心	穿越 坐进数字仓，带你飞跃桐乡！	邓杰、宋佳、钱志君、王波、黄汉鋆、施玉婷、徐伟东、潘菊良	杨雪乾、宋佳、莫源
	瑞安市融媒体中心	良田翻作调色板看曹村田野里绘出"潮生活"	夏盈瑜、林洁霞、陈浩、陈瑞周	俞颖、郑拥拥、钱枫枫
	金东区融媒体中心	"20年·金东表情"系列报道和活动策划	集体	集体
	庆元县融媒体中心	从"关键性一仗"到"江南小延安"长兴—庆元新闻联合行动	策划：吴晓群、蔡章元、吴明标；记者：李泽华、吴梦飞、钟靖芳、吴丽玉；主持：范海萍	吴采芬、周爱琴、陈沛沛
	富阳日报社	外卖小哥温暖全城	何芳芳、金易梵、周晓露、华苗	胡红吉、李思思、刘晓平
	萧山日报社	萧报圆桌汇	集体（周颖、龚洁、朱林飞、项亚琼、蒋超、王俞楠、靳林杰、郭立宏、韩振羽、蔡敏杰）	丁嘉兵、韩柳青、徐京
	慈溪市融媒体中心	和你在一起，致敬50年初心	卢晔、吴奇林、徐施荻、岑政阳、胡霄萌、徐波杰、黄海波	徐波杰
三等奖	鄞州区融媒体中心	变变变，在城杨的"春天里"	陈时飞、王世杰、史久阳、林银海、黄升乐	徐奇锋、金建锋、宋健益
	海宁市传媒中心	潮妹城铁西游记——大型乡村共富"基因"融媒寻访活动	徐梦、顾佳妮、周志伟、张小栋、姚家莹、姚芸霞、张平、方天意	周浩、张枫滟、陈曦灏
	温岭市融媒体中心	领票抢大奖，"曙光"号共富列车启航	李淑敏、王妙德、蒋路娅、毛军波、江天升、林雨霞、陈姚希、张安	江欣雅、庄晨高娃
	瓯海区融媒体中心	瓯海区第十次党代会融媒报道	王建旺、马慧琼、夏卢克、陈奕如、黄冰娥、叶斯斯、庄苗苗	许文星、严建春、陈婵娟
	余姚市融媒体中心	全城寻找"最美背影"连续报道	徐千、刘霞飞、胡张远、俞冰、徐宇文、霍轶卿	王润、刘霞飞、夏丽霞

等级	报奖单位	主标题	作者（主创人员）	编辑
三等奖	海盐县传媒中心	致敬最可爱的人系列	田辰东、贺夏萍、朱洁、安玉、王伊婷、沈云松、徐鑫	李刚、柴火猛、杨王平
	瑞安市融媒体中心	华峰两位"救火英雄"冲上热搜	黄丽云、杨微微、陈瑞建、金晓峰	金邦寅、李雅、俞颖
	定海区融媒体中心	第三届"三毛散文奖"	闻峥静、夏剑雄、闻袁军、王金晶、唐祝波、方迪、胡于川	应海玲
	嘉善县传媒中心	大宣讲 媒体记者互动讲	丁珩、陈瑜、唐芳园、蔡培源、袁震、钟诚、傅善善、帖海东	戴黎杰、汤纯凤
	椒江区传媒中心	我们一起打疫苗，一起苗苗苗苗苗	李顺敏、吴敏东、王涵雪	蔡茜、罗梦露
	婺城区新闻传媒中心	推进共同富裕建设美好社会 金秋盛"柿"，婺城农民用一段"脆柿枝"换来一片"黄金林"	张红星、余凌智、黄诗媛	集体（张明、戴建东、李英昌、傅晓婧）
	桐乡市传媒中心	"万名党员话初心"——庆祝建党100周年线上线下互动平台	莫源、许惠良、金悦欢	沈众元、徐伟东
	金东区融媒体中心	拜年金义新区的地标会说话，新年祝福来呈上！	张拉静、程梦倩、王鹤之、舒凯悦	唐宇昕、张静
	淳安县融媒体中心	就地过年的消防员久违地吃上一口"妈妈的味道"	余青青、王蕾	刘波姜、智荣
	上虞区融媒体中心	共同富裕路上，一个不能少！	章海宁、叶炜、陈思洁、邓巍、孙昭、阮佳波	贾彩萍、李丽、沈丹
	黄岩区传媒集团	2021"十大网络用语"你都知道吗？	周晓越、金一朵、李琦	金一朵、李琦
	钱塘新区新闻文化传媒中心	17来8一起来吧！杭州地铁8号线一期开通融媒体主题报道	集体（茅徐锃、赵邱峰、郁佳炜、吴宇翔、赵一霖、许莉莎、徐红燕、余梦梅、陈浩杰、王慧敏、方波、童志忠、马晗聪）	集体（栗杰、莫易茗、胡丹、陈鑫怡、黄婧雯）

等级	报奖单位	主标题	作者（主创人员）	编辑
三等奖	庆元县融媒体中心	庆元方言版防疫rap	毛以飞、邢玉超、戴健佳	吴俊、范丹萍、陈惠珍
	婺城区新闻传媒中心	向着幸福出发！党徽在婺城大山深处闪光	余凌智、张红星、黄诗媛	张明、戴建东、李英昌、傅晓婧
	仙居县传媒中心	心团圆家团圆	徐家耀、郑燕晥、应颖倩	项展宏
	淳安县融媒体中心	"赤脚"行医50余年淳安大下姜78岁乡村医生圆梦入党	余青青、方俊勇	义永华、王志仙
	遂昌县融媒体中心	唱段rap给党听	廖晨辰、张巧燕	翁静晓、杨曦
	柯城传媒集团	"柯视界：徐徐道来防疫记"系列报道	刘秀芬、汪洋、胡友财、鲁艺文、叶剑亮、徐瑜琳、徐宇强	陈岚、詹叶钦
	洞头区融媒体中心	东海伏季休渔结束乘风破浪全面开渔	余佩遥、王丛文、邵康妍	邵康妍
	普陀区融媒体中心	这首MV唱出普陀年味别样甜！	叶森、王梦倩、黄科润、陆庐舟、杨翼荣、蔡幸幸	虞娜、蒋裕娜、翁诗卉
	洞头区融媒体中心	"璀璨霞光红动温州"第二届海霞旅游节开幕！打造洞头"红色产业带"让红色资源"活"起来	彭晟佑、陈鑫、陈彩妮、曹炯	方荣巩、苏红
	洞头区融媒体中心	陈松国：身残志坚冲在前防疫场上的"守门人"	方莹莹、王丛华、邵康学	方荣巩
	黄岩区传媒集团	到底是哪里的冬天更冷？	周晓越、杨珂、王西迪	金一朵、李琦

概况篇 **1**
实践篇 **2**
创新篇 **3**
人物篇 **4**
理论篇 **5**
作品篇 **6**
展望篇 **7**
附　录

表 6-26　页（界）面设计获奖作品一览表

等级	报奖单位	主标题	作者（主创人员）	编辑
一等奖	海宁市传媒中心	潮妹城铁西游记——跟着潮妹一起乘坐"海宁乡村共富号"	赵建华、顾佳妮、张枫滟、张小琴	徐梦、袁文君、金新颜
	长兴传媒集团	神奇精灵在长兴	王晓伟、徐峰、何悦、金建强	施方明、钱瑜、卢骏、李毅、严越峰、夏长厚
	萧山日报社	星星的孩子：美丽名字的背后	郭钰	郭钰
	安吉县融媒体中心	今天，让我们与安吉的山水精灵"云上相逢"！	俞娇娜、周飞燕、张心禹	吴志英、董孝烽
	余杭区融媒体中心	一支竹笛飞上天：一个特色亿元村的诞生	沈梦莹、王媛媛、徐梦雨、施怡	应侃、孙嗣达、徐可
	海盐县传媒中心	"百里风景少年行"红色研学	沈琳艳、潘同心	朱云、杨帆
	镇海区新闻中心	翻山越岭来帮你救助"巨痣"女孩露露	集体（金施施、姜思思、赵舸、陈饰、徐争艳）	金施施
	高新区（滨江）融媒体中心	滨江"大小莲花"，看完太过瘾了！	余小平、刘姿吟、徐青青	周枫、章霞、周乐蒙
二等奖	北仑区传媒中心	在这里，遇见北仑春天	贾磊	贾磊
	龙游传媒集团	7 分钟龙游 18 岁高中生救下一个人	余柏成、林晨、梁艺璇	章承月、邵美霞
	鄞州区融媒体中心	奥运"倩"影！冠军是这样炼成的	徐奇锋、陈时飞	金建锋、宋健益、俞珠飞
	黄岩区传媒集团	暴露年龄的小测试，8090 后看了全都会！	杨珂、王西迪	王彬旭、叶骋
	桐乡市传媒中心	可爱的中国，可爱的桐乡	黄薇、张祝弘	黄薇

表6-27　文字消息获奖作品一览表

等级	报奖单位	主标题	作者（主创人员）	编辑
一等奖	德清县新闻中心	青海骆驼戴上德清产"北斗项圈" 牧民实现"宅家"放牧	集体（张哲萍、张伟、张志炜、裘超奇、俞丹丹、王涛）	程昊、陈羽然
	长兴传媒集团	山海呼应东成西就！这场联学联训，村书记们直呼"学到了"！	朱奇森、丁亮	钦诗韵、江国军
	青田传媒集团	有惊无险！青田这位二胎妈妈安全渡过"生死劫"	黄玲晓	陈芩芩
	鄞州区融媒体中心	拿下东京奥运首金！杨倩创鄞州奥运历史	林幼娟、李超	徐奇锋、金建锋、宋健益
	慈溪市融媒体中心	"活该你赚钱！"慈溪这位老板登上《人民日报》，获10万+点赞	陈思言	施春叶
	平阳县传媒中心	"90后"对话"90"后，平阳两代党员共话初心使命	赵哲璐	赵哲璐
	平湖市传媒中心	凌晨冲进火场！平湖90后小伙1人守护身后52个家庭！	朱俊生、张敏慧、张学能	周谧、徐迪兰、郑煜纯
	诸暨市融媒体中心	惊艳！诸暨外卖小哥随手"秀"钢琴！网友：被外卖耽误的钢琴家！	杨钰可、周志润、吕岚	倪钰、沈雅妮、陈璐
	柯桥传媒集团	浙江省第一家——袁隆平"爷爷的水稻田"落户柯桥这个地方	吴坚、范小鹏、缪勤权	叶红、王君
	上虞区融媒体中心	今天，我又见到了那个"最可爱的人"！两个因抗美援朝结缘的老人63年后再"聚首"	刘金平、赵晶晶	贾彩萍、孙昭、龚洁颖
	新昌县融媒体中心	最美背影！两小时连救三人！	李炫怿、周煌盛	李炫怿
	浦江县融媒体中心	19个少数民族的同胞在咱村走上共富路	集体（陈海楠、李少俊、郑丽珍、陈柳柳）	郑丽珍、陈柳柳
	江山传媒集团	搭乘"神舟十二"的江山黄精成功返回，一起期待他们"变身"！	方晶晶、姜晨蕾	方晶晶、余明明、周耕
	龙游传媒集团	出发！今晚5000只龙游飞鸡带着新使命入天山	余柏成、邵美霞、张凯淇	邵美霞、张凯淇

续表

概况篇 1
实践篇 2
创新篇 3
人物篇 4
理论篇 5
作品篇 6
展望篇 7
附 录

等级	报奖单位	主标题	作者（主创人员）	编辑
一等奖	常山传媒集团	"常山老酒厂"邻里话"幸福"	郑月红、郑德新	揭雨兴、李玲倩
	衢江传媒集团	衢江区发出全省首张"两山银行"生态资源储蓄单	臧诚、余慧仙、丰莉莎	余慧仙
	临海市新闻传媒集团	浙大研究生和蜜桔商家的一条聊天记录，让涌泉这家网店"火出圈"了！	牟再、陈基臣	郭碧媛、张玉萍
	仙居县传媒中心	开学前，我县约4000名教师先"开考"	张勇、张宇、尹畅	尹宇华
	龙泉市融媒体中心	全省唯一！龙泉这位盲人女孩考上研究生，还高出国家线97分！	蒋加丽、周彩萍、徐杰	王苏珍、林熠
	义乌市融媒体中心	四千多万元"沉睡的存款"找到主人	赵一阳、丁丰罡、余依萍	金洪斌、何翼格、罗献超
二等奖	青田传媒集团	今天，我们跨越山海学党史！	黄玲晓、刘献勇	陈佳莹
	萧山日报社	萧山在全省率先打破部门间"平台壁垒"数字化改革让农户建房"一件事"到底	靳林杰	郭钰
	富阳日报社	最后一批！再见，富阳江南造纸！	王永杰、金琳婷	胡红吉
	桐庐县融媒体中心	创造历史！桐庐姑娘陈雨菲东京奥运会夺冠！	集体（童赛男、程佳园、应致远、王泽）	程佳园
	奉化区融媒体中心	骄傲！今天，这位奉化姑娘受到习近平总书记会见	毛超峥、肖瑶、陈海波	毛超峥、肖瑶、陈海波
	乐清市融媒体中心	乐清弹簧助"天问一号"着陆火星	张全、汪洋	王林佩、陈微微、汤琴
	永嘉县融媒体中心	有人行道！还能骑车！瓯江特大桥今天通车，永嘉去市区又多了一种选择！	陈秋芬、谷周乐、厉梦瑶	汤无名、李晓、赵佳贞
	瓯海区融媒体中心	团圆！被拐31年后的回家路	陈伟超	周乐光、项震江、严建春
	海宁市传媒中心	海宁80后女孩一头扎进农村搞起了这个！90后硕士海归也要加入！	姚娟红、姚家莹、张枫滟	顾佳妮、柳晴、蔡金霖

等级	报奖单位	主标题	作者（主创人员）	编辑
三等奖	永康市融媒体中心	说声再见，梦开始的地方！金温铁路永康段全部拆除完毕	吕红英	吕红英
	磐安县融媒体中心	列车前方到站——磐安南站！今天全磐安人民共同见证这历史一刻！	陈圆、王丹红	王丹红
	磐安县融媒体中心	激活旅游淡季催生新兴业态"炼火"让花溪景区持续"升温"	应燕航、顾贤芝	叶江垚
	江山传媒集团	两天70辆违停车被拖移，江山市区违停整治动真格了！	杨雪、姜晨蕾	杨雪、余明明
	常山传媒集团	"孝老之城"爱意浓百岁老人收获"征收红包"	揭雨兴、刘建华、陈王宁	程斌、李玲倩
	柯城传媒集团	"佩奇"搬进"智能小区"	陈岚、王礤	陈璐
	柯城传媒集团	浙陕两地首次！柯城新生儿出生"一件事"跨省通办扩大"朋友圈"	王思	陈璐
	临海市新闻传媒集团	缅怀袁隆平，临海粮田中有他的回响	钱梦华	卢璐、郭碧媛、陈静
	玉环市传媒中心	华电玉环1号海上风电场（北区）实现全容量并网发电	张思寒、罗凯文、陈灵恩	章雪丽、黄利军
	仙居县传媒中心	跨越一千多公里也要从仙居寄出的包裹，这里面装了什么	周伊萍	尹宇华
	三门县传媒中心	三门：蛇蟠渡口别样的党史课	章雪瑶	祁兴森、陈艳萍
	三门县传媒中心	三门让大数据为共同富裕再赋能 精准画像送帮扶按需点菜送产业	任平、章海英	祁兴森、陈玲玲
	椒江区传媒中心	挺身而出，椒江街头群众秒变"消防员"接力救火！	王涵雪、王敏佳、沈智鸿	吴敏东、罗梦露
	缙云县融媒体中心	一趟列车缙云下车675人！缙云彻底火了	徐敏慧、樊建亮、陈紫阳	胡玮敏、徐敏慧、陈魁
	缙云县融媒体中心	文创 丽水景区首支文创雪糕来啦！快来仙都打卡吧～	李赟、樊建亮、陈紫阳	胡玮敏、陈魁、李赟
	遂昌县融媒体中心	遂昌首个无人机巡检队上线！仙侠湖水域开启"天眼"模式	郑雨薇、潘雨妍	张春玲、杨曦

概况篇 1
实践篇 2
创新篇 3
人物篇 4
理论篇 5
作品篇 6
展望篇 7
附 录

表 6-28 移动直播获奖作品一览表

等级	报奖单位	主标题	作者（主创人员）	编辑
一等奖	德清县新闻中心	朱鹮放飞记	张伟、裘超奇、俞丹丹、王涛、姚杰杨、张欲飞、程昊、张哲萍	何丽丽、赵翠茹、章毅
	鄞州区融媒体中心	众志成城！直击三江口抢险	黄末、王世杰、杨超、张炎、史进、张旻、戴云龙	徐奇锋、宋健益、姚赛芬
	宁海传媒集团	直播 突发！两只糙齿海豚搁浅！宁海紧急救援……	黄浓珍、应刘意、吴帅、邱雯雯、俞枝秀	李炯炯、杨矜矜、林佳怡
	海宁市传媒中心	"跨越山海共'富'美好"大型融媒体公益直播——看武义猕猴桃一路从深山来海宁	徐梦、顾佳妮、赵建华、周志伟、蔡金霖、李梦霞、方天意、张平	金新颜
	平湖市传媒中心	平湖众志成城抗击台风"烟花"	周谣、徐迪兰、蔡美兴、鲍春伟、王伟、俞夏雯、邵磊、陆文跃	朱俊生、张学能、郑煜纯
	开化传媒集团	直播 4月28日，我们接丰晨敏烈士回家！	集体（詹元鹏、胡绍康、王欣、郑宏钧、余家希、戴杰、余一鸣、童亚文、叶勋、舒畅、宋佳男、方达、余志耀、郭玉凤、方文涛、孙振）	姚玲、徐泽欢
	临海市新闻传媒集团	直播12只瓜头鲸搁浅头门港海域多部门合力救援……	牟再、王鑫淼、金洋亦、金雅婷、洪艺溶、李嘉惠、任刚、钱梦华	陈基臣、黄晓萍、汪璐霞

等级	报奖单位	主标题	作者（主创人员）	编辑
二等奖	萧山日报社	龙湖春江天玺解封	金波、周颖、魏乐钇、周越	胡吉楠、贺一萍、俞凌峰
	建德市融媒体中心	禾下乘凉梦，一梦逐一生，建德市三都镇新和村巨型稻收割现场直播	叶芳、陈捷、潘奕含、孙力图、付敏强、何一峰、李黎	胡燕群、纪婕好
	临平区融媒体中心	46.38公里，全程仅需半小时！记者带你感受杭海城际铁路	张宇彤（主持人）、唐子叶（策划）、马轶颖（导播）、张谨（摄像）	仲字陶
	乐清市融媒体中心	"世界级首创"温州瓯江北口大桥正式合龙	陈都、叶周圣、金晓光、驰凯、陈小舒	杨晓海、罗定阳
	安吉县融媒体中心	自制"水火箭"升空！90后科学老师揭秘"水火箭"是怎么制作的	董孝烽、余文、王璐、潘衡、章琦	俞娇娜、蒲璇
	嵊州市融媒体中心	嵊州绿茶"驶"出国门"春力号"鸣笛发车！	胡吉、吕梦佳、王逸林	王珊珊、商蓼青
	温岭市融媒体中心	"东海第一网"卫星直播 温岭网红渔民彬哥bingo带你出海捕鱼	郭文英、李淑敏、朱良章、陈远笛、江欣雅、庄晨高娃	朱良章、庄晨高娃
	玉环市传媒中心	直播：探访国内最大最先进的海上加工船	刘腾、黄潇以、潘俊、赵瑛瑛、罗双双、李宇涛	章雪丽、刘智贵
	天台县传媒中心	龙六村池塘之谜	徐平（策划）、夏国生（编导）、柴静（主持）、杨剑（摄像）、范志高（摄像）、奚晋阳（导播）	许群芬、王晨曦
	黄岩区传媒集团	寻访黄岩红色地标系列直播	鲍怡彤、卢奎、郑维伦、周晓越	李琦、金益朵
	义乌市融媒体中心	牛年首趟"招工专列"抵达义乌	赵一阳、王显辉、季媚瑶、傅建平、王汉卿、朱敏、余江伟、厉倩雯	陈旭春、金洪斌、楼志锋

概况篇 1
实践篇 2
创新篇 3
人物篇 4
理论篇 5
作品篇 6
展望篇 7
附　录

等级	报奖单位	主标题	作者（主创人员）	编辑
三等奖	青田传媒集团	直击青田热门网红餐厅后厨，现场直播无死角！	季勇伟、朱锡伟、李斐雅、蔡霄霞	单华锋、刘江帆、章晨阳
	建德市融媒体中心	澄清正名为实干者撑腰鼓劲——澄清门下道澄清发布会	叶芳、陈捷、孙力图、付敏强、封伟、汪文康、周国军、钱国兴	胡燕群、纪婕好
	淳安县融媒体中心	寻红色根脉看锦绣新安——浙皖两省三地共庆建党百年大型融媒直播活动	集体	集体
	临平区融媒体中心	探营！浙江首批改扩建亚运场馆正式启用	浦健（主持人）、马轶颖（策划）、张谨（摄像）、唐子叶（导播）	仲字陶
	奉化区融媒体中心	万朵鲜花送雷锋暨"致敬最美志愿者"	周钰莹、张迪、周渊民、周婷婷	周钰莹、吕小琴
	洞头区融媒体中心	直播 喜迎国庆！迎接东海第一缕曙光	韩栋、周盼盼、翁蓓蕾	方荣巩
	洞头区融媒体中心	【网络安全】跟着警花一起学防范	韩栋、王进宏、戴王政、林芝、翁蓓蕾	方荣巩
	鹿城区融媒体中心	Young 朋友遇上温州瓯窑	王甜温、蔡志坚、赵文文、姚雯	集体（王甜温、蔡志坚、赵文文、姚雯）
	嘉善县传媒中心	防台抗台生命至上记者走进嘉善体育中心安置点	计剑平、陈瑜、唐昊、邹鲁尊、陆丹、滕晓珍、沈晓刚	沈晓刚、王晗滢、冯建萍
	上虞区融媒体中心	年的味道（女儿红片段）	叶炜、黄加慧、周恬仪、王汀、李天一、钟毅、邓巍、龚日开	王柳莺、李丽、邵金璐

等级	报奖单位	主标题	作者（主创人员）	编辑
三等奖	常山传媒集团	一起来常山猫头鹰"月子中心"陪伴小猫头鹰"云成长"	程斌、朱珊、曾奇、鲁致远、姚晴佩、陈倩、周志亮、陈王宁	徐琳瑾
	临海市新闻传媒集团	临海小伙捐橘子"火"出圈	王观勇、何笑妍、陆浩明、王鑫淼、周倩倩、于恺	陈基臣、金国辉
	玉环市传媒中心	山海玉环主播带你走乡村——我和我的村（上栈头村）	陈峰、宇洋、颜群欢、管志武、林斌峰	陆琼、许祥红、金朝晖
	三门县传媒中心	直播 11 月 26 日，主播带你现场探秘三门黄金柚	章翀、李佳宁、郑君频、徐俊、王彬彬、朱朝栽	祁兴森、王俊一
	黄岩区传媒集团	直播 春光无限好采茶正当时	金益朵、鲍怡彤、卢奎、郑维伦、周晓越	李琦
	云和县融媒体中心	龙跃播鼓，挥桨竞渡！丽水云和热闹龙舟赛开赛	俞海友、潘陈飞、高璐霞、夏丽玲、雷剑飞、梅明益、徐春方、陈叶峻	李维娜
	高新区（滨江）融媒体中心	一起来浙江警察学院探营来看看学警小哥哥的警训日常	余小平、刘姿吟、王春松、张宇辰、夏煌磊、骆一格	张宇辰、薛丁菲
	岱山县融媒体中心	融媒助农直播系列	陆双燕、王朋、赵彦骅	龚碧瑜、姚培杰、邱叶培
	海曙区全媒体中心	视频：庆祝宁波建城 1200 年暨"好风明月是生涯"中秋诗词晚会	王杨乐、应铮、赵文文	李旭煌、邬盈蓓、徐慧琳

概况篇 **1**
实践篇 **2**
创新篇 **3**
人物篇 **4**
理论篇 **5**
作品篇 **6**
展望篇 **7**
附　录

表 6-29　创意互动获奖作品一览表

等级	报奖单位	主标题	作者（主创人员）	编辑
一等奖	长兴传媒集团	龙溪数语	徐峰、何悦、莫非凡、陈浩博、李毅、袁婷	集体（何悦、莫非凡、陈浩博、李毅、袁婷）
	安吉县融媒体中心	H5 春风又绿苕溪畔	俞娇娜、周飞燕、周洁、张心禹、王璐	吴志英、董孝烽
	嘉兴日报社南湖分社	H5 山浜，"网红河"下有片"水下森林"	杨秀娟、张佳丽、钟鑫媛、应红振、温蓉、王嘉颖	张佳丽
	诸暨市融媒体中心	多媒体国画动漫《追梦》	策划：周芝兰、蔡东森，国画创作：周剑成，剪辑：吴佳媛，美编：夏德飞，技术：陈少杰	宣浩军
	三门县传媒中心	H5 跟着地图学党史，一图游览浙江省红色地标，快来打卡！	陈玲玲、祁兴森、章翀、邓佰成	秦旦娟、胡娜、杨颖
	椒江区传媒中心	坐杭台高铁忆初心故事——全国首条民营控股高铁等你"漫游"	李顺敏、吴敏东、蔡茜	罗梦露、王涵雪
	海盐县传媒中心	云助力再战长山河 43 年前他们用 43 天创造的奇迹在守护我们	吾凯杰、任林	李刚
二等奖	余姚市融媒体中心	H5 红色文物告诉你	徐千、孙景石、楼斯婷、李培妮	刘霞飞、刘文治
	镇海区新闻中心	送你一番美景，一起为镇海战"疫"助力	胡馨文、赵寅	章振剑
	北仑区传媒中心	打卡吧，北仑精品线	贾磊、石梦蕴、蔡苏杰、王奕丹	贾磊、石梦蕴、刘天宏

等级	报奖单位	主标题	作者（主创人员）	编辑
二等奖	乐清市融媒体中心	百年初心路薪火永相传	戴丽莎、赵路	谢宁、杨晓海
	桐乡市传媒中心	坐上时光机，见证互联网之变	许惠良、徐丹、李滢瑕、莫源、孙君媛、潘伊纯	徐伟东、宋佳
	平湖市传媒中心	我与瓜灯节 30 年	周谧、徐迪兰、蔡美兴、鲍春伟、王伟、钟梅	朱俊生、张学能、郑煜纯
	诸暨市融媒体中心	追寻——沿着红色足迹学党史	蔡东森、陈少杰、夏德飞、吴佳媛、赵娟	宣浩军、费晓笑
	嵊州市融媒体中心	"嵊凤"快递，虽远必达	张铭、李光富、马丽萍、董铭	袁晓东、王敏凤
	永康市融媒体中心	进击吧！！！蝴蝶卵！！！	胡华超、陈维坚、宋思成、陈凯璐、张晨冉	卢嘉乐、施俊涛、李智耿
	东阳市融媒体中心	H5 打卡东阳"红色地图"，我为建党 100 周年送祝福	刘海杰、郭璐、董之震	刘海杰
	云和县融媒体中心	打卡红色地标追寻红色足迹	严晶晶、李维娜、潘陈飞、高璐霞	李维娜
三等奖	德清县新闻中心	畅游德清文明城	集体（康娌娜、程昊、何丽丽、赵翠茹、冯怡鑫、吴娇媚、蔡俊、白羽、赵宁）	吴娇媚、归李喆
	富阳日报社	富阳记忆·寻找老照片中的你	骆晓飞、胡红吉、姜炜	胡红吉
	钱塘新区新闻文化传媒中心	找茬钱塘秋色，两处就是真爱，我找出三处！	黄婧雯	黄婧雯

296

续表

概况篇 **1**
实践篇 **2**
创新篇 **3**
人物篇 **4**
理论篇 **5**
作品篇 **6**
展望篇 **7**
附　录

等级	报奖单位	主标题	作者（主创人员）	编辑
三等奖	鄞州区融媒体中心	宋韵文化知多少	陈时飞、王世杰、叶维娜	徐奇锋、金建锋、柴尔峰
	余姚市融媒体中心	打卡余姚红色胜迹，领略四明红色风采	徐千、刘霞飞、徐继华、罗佳超、魏力谨、沈妮妮	杨华平
	奉化区融媒体中心	宁波10区县（市）联合发布 今天，看奉化！	喻兴萍、陈海波	喻兴萍、陈海波
	象山县传媒中心	象山—普陀山直达航线要开船啦！几点开？你来定！（文内有福利）	周衍欣、应霞艳、林爱雪	吴启超、方子龙
	瑞安市融媒体中心	《重走红色之路重温百年党史》H5	彭乐洲、黄淑可	唐亦佳、叶玲玲
	瑞安市融媒体中心	泪目！这些烈士家书与瑞安有关！字字让人动容……	季瑞芳、张彤瑶	唐亦佳、潘勤勇
	鹿城区融媒体中心	走，跟着外籍主播去"荡街"	李素洁、谢小玲、徐家涵	林梅、高菲菲
	安吉县融媒体中心	H5 畅游安吉，你得先对 TA 们 Say No	俞娇娜、周飞燕、周洁、张心禹、王璐	周飞燕
	嘉善县传媒中心	来吧！和他们一起用奔跑书写祝福！	冯建萍、王晗滢、钟诚	王培澄、沈晓刚
	永康市融媒体中心	奥运冠军成最强"带货天团"永康这个五金产品火了！	赵文河、王贻江、应芳蒙、胡华超、施俊涛、李学东	吕真珍、吕旭光
	龙游传媒集团	《年货派》系列	邵美霞、张凯淇、夏瑞莹	邵美霞、张凯淇

续表

等级	报奖单位	主标题	作者（主创人员）	编辑
三等奖	定海区融媒体中心	市民卡更新换代需要打开一个陌生链接，你怎么做？	闻峥静、夏剑雄	应海玲、闻袁军
	温岭市融媒体中心	"四史"学习教育积分赛	王妙德、林雨霞、毛军波、林玲、王海威、郑智颖、陈姚希	林雨霞
	天台县传媒中心	"天台山号"高铁已发车，快上！	许群芬、范晶薇	陈夏婷、刘程程
	黄岩区传媒集团	测测你适合当哪个科目的老师？	周晓越、杨珂、王西迪	周晓越
	缙云县融媒体中心	德国肖特落户缙云案例入高考甲卷，看看你能考几分？	王丽玲、樊建亮、陈紫阳、胡玮敏、陈魁、虞萧逍、王莹	王丽玲
	高新区（滨江）融媒体中心	滨滨拍拍团，领大奖咯！	余小平、刘姿吟、章霞、吴梦娴、周枫	王珏、黎晗、董子榕
	海曙区全媒体中心	永远跟党走！海曙庆祝中国共产党成立100周年短视频特辑	陈心琪、邬盈蓓、崔海波	李旭煌、应铮、王杨乐

概况篇 1
实践篇 2
创新篇 3
人物篇 4
理论篇 5
作品篇 6
展望篇 7
附 录

表 6-30　数据新闻获奖作品一览表

等级	报奖单位	主标题	作者（主创人员）	编辑
一等奖	长兴传媒集团	想生三孩不容易！	徐峰、丁月剑、莫非凡、张杰、吴鑫强	丁月剑
二等奖	镇海区新闻中心	数字化改革如何改变镇海人的生活？一组数据告诉你	杨淑芸、姜思思、鲍云辉、苏莹莹、王余晨寅、钱跃晶	杨淑芸
	北仑区传媒中心	仑知识 最小受骗者才 9 岁，1—9 月受骗金额近 9000 万……听听这段防电信诈骗顺口溜	蔡苏杰、邓梦佳、王奕丹、石梦蕴、王孟思	张丽丽、虞海波
	上虞区融媒体中心	战疫进行时！ 60 秒看懂这些天发生了什么	叶炜、傅永苏、傅佳欣、顾诗元、杨怡焰	孙卫国、叶炜、李丽
	遂昌县融媒体中心	一"数"一故事系列报道	傅长琪、郑雨薇、张巧燕、龚隆淼、潘雨妍	集体（王程程、张春玲、周璐琳、杨曦）
三等奖	钱塘新区新闻文化传媒中心	277.5 亿元！增长 25.4%！钱塘一季度经济成绩单出炉！	黄婧雯	黄婧雯
	象山县传媒中心	数说台风风从海上来	陈佳雯、胡星艺	胡星艺
	桐乡市传媒中心	跃然纸上看报告！ 2021 年桐乡市政府工作报告来了	邓杰、钱志君、宋佳、施玉婷、徐伟东、潘菊良	潘菊良、徐伟东、宋佳
	桐乡市传媒中心	《天眼看桐乡》系列报道	宋佳、钱漓舟、黄福锦、唐琰铭、聂子清	徐伟东
	柯桥传媒集团	最新公报！柯桥常住人口超百万，十年增长 14.38%	邵荣英、陈芳、叶红、施逸超	黄唯诚
	开化传媒集团	创文让开化更美好！ 100 秒，见证城市看得见的改变和摸得着的幸福	吴莉莉、姚雪、汪亮亮、余一鸣	徐泽欢、余睦成、王锋
	龙游传媒集团	龙游"创文"成功！谢谢路上的每个你……	林晨、邵美霞、夏瑞莹	邵美霞
	龙港市融媒体中心	迎接两周年 展示新成果 龙港市十大重点改革项目	林传帅、董恋恋、方璐璐	钱贤豪

7 展望篇

7.1 浙江县级融媒体从"相加"到"相融"

2021 年，面对经济发展新常态和媒体发展新业态带来的考验，浙江省县级融媒体中心建设交出阶段性答卷，近百家县级融媒体中心建设已基本完成全覆盖，从"相加"到"相融"，浙江县级融媒体中心建设进入下半场。

浙江省县级融媒体中心建设顺应时代发展洪流，抓住机遇，积极探索，培养了一批采、编、播、发多技能全媒体从业人员，将传统媒体、新兴媒体、社会宣传资源逐步融为一体，形成传媒发展新格局，整体水平处于梯队前沿。

第一，机制体制优化先行，运行平稳后程发力。

浙江省县级融媒体中心的探索创新，从内部架构调整、考核机制完善、中央厨房建设、采编流程再造等方面着手，全面提高融媒体中心运行效率。浙江省湖州市所属的德清、长兴、安吉几家县级融媒体中心的发展长期走在全国前列。2019 年 9 月，由湖州市委宣传部牵头，长兴传媒集团负责发布全国首个市级地方标准《县级融媒体中心管理与服务规范》，在县级融媒体中心管理和服务配套措施方面建立了统一标准，规范了县级融媒体中心内容生产、采编、制作的流程，让融媒体中心各生产环节统一管理、有机联系，使平面端、网络端、移动端产品有序发布，对关键性、基础性业务提出规范化和市场化发展标准。这对我国县级融媒体中心建设具有重要的示范和现实意义。

各市县在推进县级融媒体中心建设中，会遇到一些共性问题，如体制机制建设、采编流程再造等，《县级融媒体中心管理与服务规范》这一标准化体系，不仅可在湖州地区县级融媒体中心运用，还把"长兴模式"升级为全国推广的"融媒样本"。当然这个规范在推广运用中也必然会遇到一些个性化问题，比如县域经济基础不同、媒体市场化程度不同、读者文化层次差异、网络覆盖程度不同等，所以，该规范在不同地区推广时，也要做因地制宜的调整。

此外，浙江仙居、淳安、义乌等多数县级融媒体中心，也出台了

概况篇　1
实践篇　2
创新篇　3
人物篇　4
理论篇　5
作品篇　6
展望篇　7
附　录

一系列与融合改革相配套的人事管理考核制度和激励机制。比如，建立编委会负责制，对各类报道题材的选定、报道策划建起报刊网站、广播电视、两微一端等多种媒体形态和终端，优势互补，形成宣传舆论引导的合力。投入使用的融媒体平台，打通了从生产、管理、交易、发布到归档的全流程产业链，依托融媒体协同指挥系统，实行中央厨房运作，打破了过去媒体按板块分割的采编播模式，统筹采访、编辑和技术力量，集中策划、点题定制，多平台全媒联动，多终端发布，全时空占领阵地，为传媒中心建设提供了强大的驱动力量。

义乌市融媒体中心联手"中国蓝云"省级融合平台，投资678万元建成全媒体"中央厨房"，整合原有新媒体发布终端，打造"1＋3＋N"新媒体矩阵。淳安县融媒体中心对原来两家新闻单位的19个媒体平台进行内容整合，关停掌上千岛湖等11个平台，优化资源配置，提高新闻传播和舆论引导能力。

浙江省县级融媒体中心大力建设网站，利用微博、微信、抖音等新兴媒体平台，推动传统媒体和网络媒体融合，通盘考虑内容、渠道、平台，统一协调经营、管理，实现深度融合。县级融媒体中心围绕当地党委、政府中心工作，充分发挥主流媒体特点与优势，运用视频、H5、动图和传统的图表、照片、记者手记、评论等方式，互为补充，丰富报道内容，做有影响力的新闻，进一步提升主题报道传播力，对影画、版面编排、内容审核及导向把控等制定规范。通过"全员轮训""上挂锻炼""实战练兵"等措施，不断提升新闻人员全媒体采编能力，提升新闻质量和服务水平。

2021年，浙江省县级融媒体中心建设还存在一个比较普遍的问题，就是人才短缺，不同程度影响和制约着一些县级融媒体中心的建设与发展。要高质量推进县级融媒体中心建设，亟须创新人才引进机制，加大全媒体人才引进和培养力度。浙江一些县级融媒体中心立足事业发展和工作需要，实行"两条腿"走路，一方面出实招、求实效，针对高层次人才和紧缺人才的引进与管理，出台更加积极、开放、有效的引进政策，确保人才引得进、用得好、留得住；另一方面加强内部培养，通过优化考核办法、开展双向选择、打破身份限制等，给压力、给通道、给待遇，进一步优化人才队伍结构，为县级融媒体中心的发展提供制度保障。

第二，从"相加"到"相融"，融合进入下半场。

浙江省县级融媒体中心在制度建设的基础上，进行平台升级，推动媒体从"相加"到"相融"，理顺运行机制，聚合内容，机构融合从"你是你、我是我"的层次进入到"你就是我、我就是你"的状态，从物理层面融合进入化学层面融合，融合进入下半场。这顺应了融合传播大趋势，打造与主流媒体品格和气质相一致的移动新闻精品，增强了主流媒体品牌影响力，在舆论格局重构中占领主动权。

比如，海宁市传媒中心由海宁日报社和海宁市广播电视台整合而成，按照"资源统筹、深度融合"原则，整合多种媒体形态，优化媒体资源，影响力、引导力、公信力得以提升。

第三，移动优先，做大做强 App 等新媒体平台。

浙江省县级融媒体中心坚持移动优先策略，通过深耕优质内容，丰富传播形式和手段，致力于发展短视频等可视化表现形式，将内容优势转变为传播优势，不断强化媒体品牌影响力，借助移动平台抢占传播制高点，建成新型主流媒体，扩大主流价值影响力版图。

浙江省县级融媒体在移动媒体开发方面先行一步，在移动端新闻的采集、生产、分发、反馈上，交叉使用多元传播载体，比如文图、动漫、微视频、弹幕、小游戏、表情包等。根据网民关注的热点设置网络公共议题，把握移动媒体使用者的传播心理，在小众化、圈层化社群中，提供更多真实客观、观点鲜明的信息内容，凝聚主流共识，掌握舆论场主动权和主导权。探索将人工智能技术运用到新闻报道和传播中，提高精准推送能力。

浙江省有些县级融媒体中心开发了移动端功能强大的 App，比如"掌心长兴"App 定位"新闻＋政务＋服务"，对接《人民日报》党媒平台，通过一站导引、一网通办、一端服务，开通掌上政务服务 1200 余项，自主研发民生应用 17 项，开发的指尖饭卡应用，截至 2021 年底有 215 家单位入驻，资金沉淀达 1600 多万元。鄞州区融媒体中心打造以"鄞响"客户端为龙头的新媒体矩阵，构建"互联网＋

概况篇 1
实践篇 2
创新篇 3
人物篇 4
理论篇 5
作品篇 6
展望篇 7
附 录

媒体＋智慧政务＋政府数据公开＋智慧城市运营"的智能媒体新平台。截至 2021 年底，"鄞响"客户端总用户数近 40 万人。慈溪市融媒体中心把"慈晓"客户端、慈溪手机台与报纸、广播、电视等传统媒体互联互动，开发"兰精灵"App，对接抖音号、蓝媒号等平台，依托"兰精灵"App 与兰溪市矛盾调解中心共同打造网上矛盾调解中心，积极探索媒体参与基层社会治理的新方式。

通过移动终端，县级融媒体中心创新内容产品，全面提升新闻报道质量，短视频、直播等日渐成为融媒发展的拳头产品。萧山日报社组建"几维视频"团队，2020 年仅 6—10 月就推出各类短视频近千条。"几维视频"把一些网民和机构提供的"偶发＋原生态"视频，经过精心剪辑传播出去，产生了很大的影响力。如一女子河边意外落水，被一名老党员救起的 10 秒视频，在"萧山发布"抖音号发布后，以原汁原味的特色打动了数十万网民，获得 10.7 万网民点赞。乐清日报新开设"乐清日报"百家号、"乐清日报"今日头条号，共计传播 166 条阅读量超 10 万次的精品原创内容。安吉广播电视台研发 VR 全景视频创作，成为全省首家掌握 VR 全景视频创作的县级媒体。该台与法国 3D 模型设计师合作研发的 AI 主持人 Angela（安吉拉）已上线，开全国县级媒体先河。

第四，多元经营，向文创类产业集聚。

浙江县级融媒体中心发挥媒体品牌和资源优势，坚持"有用、有趣、有温度"的理念，坚定"本土化、社区化"方向，以用户为核心，围绕"内容＋技术＋运营"驱动高质量媒体建设，做深做透"新闻＋政务＋服务"的文章，为职能部门、企业用户和百姓提供新闻宣传、活动策划、便民服务等，提升服务的精准性和价值。在稳定主业的基础上，浙江省县级融媒体中心积极寻求产业突破和创新，向教育、文创、会展、市政服务等方向集聚，实现经营稳健发展。

瑞安市融媒体中心经营的电商文创园区管理面积为 12 万平方米，滚动入驻率维持在 95% 以上，采取服务、孵化、创投三位一体的护航模式，为企业提供资源、资本、资讯等配套支持，已成为温州文化产业发展的领头羊。

2019年，杭州日报报业集团所属的萧山日报社创刊《少年学报》，是杭州市首份有独立刊号的少年儿童类报纸，由专业团队采编，年发行量13.4万份，面向萧山、杭州市区，乃至浙江省义务教育阶段中小学生发行。《少年学报》还打造了网站、微信公众号、微博、App等多个发布端口，形成新媒体矩阵，进行融媒体发布，成为广大学生的良师益友，取得了良好的社会效益和经济效益。

浙江省一些县级融媒体中心建设除了依托政府专项财政资金支持外，还在面向市场的多元经营中取得较好收益，提高了自我造血能力，从而反哺媒体主业，推动其进一步发展。

移动媒体时代，省、市级主流媒体和一些市场化新媒体纷纷开辟下沉市场，抢占县级媒体用户，县级融媒体中心发展面临更大的压力。浙江省县级融媒体中心通过推动媒体融合转型，立足内容生产，创新技术，积极探索多元经营，在多方面试水，拓展融合深度和广度，实现从"相加"到"相融"，全方位、多角度、立体化整合媒体资源，构建新型融媒体平台，整体进入县级融媒体中心建设的下半场，后程发力可以预期。

7.2　两委工作计划

2022年是开启第二个百年目标新征程的第一年，是实施"十四五"规划承上启下的关键一年。浙江省的县级融媒体中心要继续深入贯彻落实习近平总书记关于宣传思想工作、新闻舆论工作和媒体融合发展的系列重要论述，守正创新、稳中求进，履行好党的新闻舆论工作的职责和使命，深入推进媒体融合发展，持续提升主流舆论的传播力、引导力、影响力、公信力，浙江省的县级融媒体中心将在两委的指导下，开展以下工作。

（1）发布营收超亿、利润超千万、融合创新项目三大榜单。

如何在推进媒体深度融合中，重塑媒体商业模式，拓展"新闻+"服务和营收能力，进而更好地反哺融媒体中心，一定程度上考验着县级融媒体中心的持久发展力。2021年初，浙江省新闻工作者协会县级融媒体工作委员会、浙江省报协县（市、区）传媒工作委员会将对各

概况篇 1

实践篇 2

创新篇 3

人物篇 4

理论篇 5

作品篇 6

展望篇 7

附　录

融媒体中心进行情况调查，推出营收超亿、利润超千万、融合创新项目三大榜单。

（2）启动"喜迎二十大大型采访接力"活动。

（3）举办年会，启动浙江媒体看"某地"活动。召开省记协融媒体工作委员会第21次年会、省报协县（市、区）传媒工作委员会第19次年会，打造县（市、区）传媒品牌。表彰2021年度优秀作品、20强、系列十佳，推广专家论坛，启动浙江媒体看"某地"等活动。

（4）开展2022年度20强、系列十佳等评选，表彰先进。开展年度融媒中心20强、十佳报纸、十佳广播频率/电视频道、十佳新媒、十佳领军人物、十佳创新人物、十佳经营人物、十佳主播等评选工作。

（5）开展年度新闻奖评选，继续保持报纸系列20件作品、新媒系列90件作品报送省新闻奖。结合县市传媒发展实际，参照浙江新闻奖评选办法，做好2021年度浙江省县市新闻奖的评选。

（6）加强业务培训交流工作，上半年与下半年各一次。继续加强与省记协、中国记协的合作，组织各会员单位参加相关培训活动。上半年、下半年各举办一次理论和采风实战相结合的培训活动。

（7）加强与"学习强国"学习平台的深度合作，评选十佳单位。在评奖评优、技能培训、考察交流等方面展开合作。

（8）充实智库团队，发挥智库作用。为各县（市、区）融媒体发展出谋划策，提供智力服务；开展经常性调查研究，到各会员、成员单位了解真实情况，做好重点课题调研工作。

（9）开好两委主任会议，落实重点工作。召开两次主任会议。总结上阶段工作，提出下一年度工作思路，讨论人事调整，加强媒体融合交流。组织考察交流采风活动，其中至少有1次考察交流，可与主任会议、业务培训等结合开展。

（10）办好微信及杂志，传播信息和经验。及时反映、总结两委会工作动态，宣传交流各会员单位的新举措新动向新情况。办好会刊《浙江县域传媒》，重点办好微信公众号"浙江县域传媒"的编辑发布工作。

附　录

附表 1 浙江省县级融媒体中心 20 强年度统计数据表

序号	融媒体中心名称	主管单位	主要平台	开展的媒体服务	2021年营业总收入（万元）	2021年报纸收入（万元）/报纸发行量（万份）	2021年广播电视收入（万元）	2021年新媒体收入（万元）	2021年广告收入（万元）	2021年多元经营收入（万元）	其他收入（万元）
1	义乌市融媒体中心	义乌市委宣传部	报纸、广播、电视、PC端网站、手机App、微信公众号、微博、短视频(抖音,快手等)	党建服务、政务服务、民生服务、文化服务、教育服务、其他增值服务	20727	1471/7.4	11422	1175	4750	1191	718
2	安吉县融媒体中心	安吉县委宣传部	报纸、广播、电视、PC端网站、手机App、微信公众号、微博、短视频(抖音,快手等)	党建服务、政务服务、民生服务、文化服务、教育服务、其他增值服务	40120	300/1.8	2550	3773	1609	28621	3627
3	海宁市融媒体中心	海宁市委宣传部	报纸、广播、电视、PC端网站、手机App、微信公众号、微博、短视频(抖音,快手等)	党建服务、政务服务、民生服务、文化服务、教育服务、其他增值服务	14838	880.24/3.28	847.26	2825.8	13515	11.48	431.12

概况篇 **1**
实践篇 **2**
创新篇 **3**
人物篇 **4**
理论篇 **5**
作品篇 **6**
展望篇 **7**
附 录

续表

序号	融媒体中心名称	主管单位	主要平台	开展的媒体服务	2021年营业总收入（万元）	2021年报纸收入（万元）/报纸发行量（万份）	2021年广播电视收入（万元）	2021年新媒体收入（万元）	2021年广告收入（万元）	2021年多元经营收入（万元）	其他收入（万元）
4	嵊州市融媒体中心	嵊州市委宣传部	报纸、广播、电视、PC端网站、手机App、微信公众号、微博、短视频(抖音、快手等)	党建服务、政务服务、民生服务、文化服务、教育服务、其他增值服务	12430	—/2	—	—	2180	10250	—
5	奉化区融媒体中心	奉化区委宣传部	报纸、广播、电视、PC端网站、手机App、微信公众号、微博、短视频(抖音、快手等)	党建服务、政务服务、民生服务、文化服务、教育服务、其他增值服务	11796	1038.7/—	892.18	228.07	1156.6	8011.8	468.54
6	鄞州区融媒体中心（鄞响文化传媒集团）	鄞州区委	报纸、广播、电视、PC端网站、手机App、微信公众号、微博、短视频(抖音、快手等)	党建服务、政务服务、民生服务、文化服务、教育服务、其他增值服务	8421.1	1210.69/3.49	1215.7	260.66	955.31	440.76	4338

续表

序号	融媒体中心名称	主管单位	主要平台	开展的媒体服务	2021年营业总收入（万元）	2021年报纸收入（万元）/报纸发行量（万份）	2021年广播电视收入（万元）	2021年新媒体收入（万元）	2021年广告收入（万元）	2021年多元经营收入（万元）	其他收入（万元）
7	嘉善县融媒体中心	嘉善县委宣传部	报纸、广播、电视、PC端网站、手机App、微信公众号、微博、短视频(抖音、快手等)	党建服务、政务服务、民生服务、文化服务、教育服务、其他增值服务	6895.96	500.52/250	847.6	876.34	900.6	1998.8	1772.1
8	柯桥区融媒体中心	柯桥区委	报纸、广播、电视、PC端网站、手机App、微信公众号、微博、短视频(抖音、快手等)	党建服务、政务服务、民生服务、文化服务、教育服务、其他增值服务	9027	1035/—	761	221	1264	381	5365
9	瑞安市融媒体中心	瑞安市委	报纸、广播、电视、PC端网站、手机App、微信公众号、微博、短视频(抖音、快手等)	党建服务、政务服务、民生服务、文化服务、教育服务、其他增值服务	13035	439/1.65	1516	146	1739	5659	3536

概况篇 1
实践篇 2
创新篇 3
人物篇 4
理论篇 5
作品篇 6
展望篇 7

附　录

续表

序号	融媒体中心名称	主管单位	主要平台	开展的媒体服务	2021年营业总收入（万元）	2021年报纸收入（万元）/报纸发行量（万份）	2021年广播电视收入（万元）	2021年新媒体收入（万元）	2021年广告收入（万元）	2021年多元经营收入（万元）	其他收入（万元）
10	上虞区融媒体中心	上虞区委	报纸、广播、电视、PC端网站、手机App、微信公众号、微博、短视频、抖音、快手等）	党建服务、政务文化服务、民生服务、教育服务、其他增值服务	5406.87	943.26/3.5	1615	—	1856.55	992.05	—
11	平湖市传媒中心	平湖市委宣传部	报纸、广播、电视、PC端网站、手机App、微信公众号、微博、短视频、抖音、快手等）	党建服务、政务服务、民生服务、文化服务、教育服务、其他增值服务	4157.7	90.1/1.0	—	—	3675.7	—	391.95
12	乐清市传媒中心	乐清市委	报纸、广播、电视、PC端网站、手机App、微信公众号、微博、短视频、抖音、快手等）	党建服务、政务服务、民生服务、文化服务、教育服务、其他增值服务	12800	4800/3.5	8000	1300	3650	3580	4270

续表

序号	融媒体中心名称	主管单位	主要平台	开展的媒体服务	2021年营业总收入（万元）	2021年报纸收入（万元）/报纸发行量（万份）	2021年广播电视收入（万元）	2021年新媒体收入（万元）	2021年广告收入（万元）	2021年多元经营收入（万元）	其他收入（万元）
13	永康市融媒体中心	永康市委宣传部	报纸、广播、电视、PC端网站、手机App、微信公众号、微博、短视频（抖音、快手等）	党建服务、政务服务、民生服务、文化服务、教育服务、其他增值服务	—	—/2.52	544.44	242.77	1866.95	5814.68	172.99
14	临平区融媒体中心	临平区委宣传部	报纸、电视、PC端网站、手机App、微信公众号、微博、短视频（抖音、快手等）	党建服务、政务服务、民生服务、文化服务、教育服务、其他增值服务	3800	800/3.5	500	300	1600	2000	200
15	宁海传媒集团（宁海县广播电视台）	宁海县委宣传部	报纸、广播、电视、PC端网站、手机App、微信公众号、微博、短视频（抖音、快手等）	党建服务、政务服务、民生服务、文化服务、教育服务、其他增值服务	8437	60/2.5	3690	158	1713	2684	132

概况篇 1
实践篇 2
创新篇 3
人物篇 4
理论篇 5
作品篇 6
展望篇 7
附 录

续表

序号	融媒体中心名称	主管单位	主要平台	开展的媒体服务	2021年营业总收入（万元）	2021年报纸收入（万元）/报纸发行量（万份）	2021年广播电视收入（万元）	2021年新媒体收入（万元）	2021年广告收入（万元）	2021年多元经营收入（万元）	其他收入（万元）
16	北仑区传媒中心	北仑区委宣传部	报纸、广播、电视、PC端网站、手机App、微信公众号、微博、短视频(抖音、快手等)	政务服务、民生服务、文化服务、其他增值服务	2474.8	86.65/2	1034.4	238.92	360.63	164.97	589.25
17	淳安县融媒体中心	淳安县委宣传部	报纸、广播、电视、PC端网站、手机App、微信公众号、微博、短视频(抖音、快手等)	党建服务、政务服务、民生服务、文化服务、教育服务、其他增值服务	1200	220/—	450	160	610	100	270
18	海盐县传媒中心	海盐县委宣传部	报纸、广播、电视、手机App、微信公众号、短视频（抖音、快手等）	—	4610	300/—	1386	66	800	—	2058

续表

序号	融媒体中心名称	主管单位	主要平台	开展的媒体服务	2021年营业总收入（万元）	2021年报纸收入（万元）/报纸发行量（万份）	2021年广播电视收入（万元）	2021年新媒体收入（万元）	2021年广告收入（万元）	2021年多元经营收入（万元）	其他收入（万元）
19	龙游传媒集团	龙游市委宣传部	报纸、广播、电视、PC端网站、手机App、微信公众号、微博、短视频、抖音、快手等）	党建服务、政务服务、民生服务、文化服务、教育服务、其他增值服务	3874	218/314	2471.3	15	701	413.06	55.66
20	桐庐县融媒体中心	桐庐县委宣传部	报纸、广播、电视、PC端网站、手机App、微信公众号、微博、短视频、抖音、快手等）	党建服务、政务服务、民生服务、文化服务、教育服务、其他增值服务	2166	220.8/1.9	372.1	361.3	1401.4	484.4	260.1

注：本表格数据均由各单位统计上报。其中，报纸、广播电视和新媒体收入互相独立，广告、多元经营和其他收入则有部分交叉。

概况篇 **1**

实践篇 **2**

创新篇 **3**

人物篇 **4**

理论篇 **5**

作品篇 **6**

展望篇 **7**

附 录

2018—2020 年度浙江县（市、区）传媒奖

2018 年度：

一、集体单项奖获奖名单

（一）十强报

萧山日报、余杭晨报、乐清日报、海宁日报、诸暨日报、上虞日报、永康日报、东阳日报、义乌商报、富阳日报

（二）最强报（今日系列）

今日大江东、长兴新闻、今日江山、今日临海、今日玉环

（三）十佳新媒

"爱诸暨"微信公众号（诸暨日报）、"掌上余杭"App（余杭晨报）、"萧山日报"微信公众号（萧山日报）、"东阳日报"微信公众号（东阳日报）、"微龙游"微信公众号（龙游县委新闻宣传中心）、"鄞响"App（鄞州日报）、"瑞安发布"微信公众号（瑞安日报）、"淳安发布"微信公众号（淳安县千岛湖传媒中心）、"富阳日报"微信公众号（富阳日报）、"爱海宁"App（海宁日报）

二、先进个人奖获奖名单

（一）十佳领军人物

金烽（萧山日报）

时任萧山日报社副总编（统筹采编工作），萧山网总编，高级编辑。

金烽，在传统媒体里坚守，在新媒体里创新，2018 在新闻的路上走过 26 个年头。曾获全国地市网媒"十大领军人物"，杭州市首届年度十大优秀人物奖。

2018 年，他主抓"区域党报、品质萧报"的深度改版，转换跑道，探索萧报从大众传媒向分众传媒转型的可持续发展之路。

2018 年，他专注于新闻报道和策划。主创的《今天，我们送别鲁冠球》融媒体报道，获省新闻二等奖。组织实施的"种下一片英雄林""世

界读书日 萧山从江两地视频连线"公益活动成为当年度萧山最有影响力品牌活动。

2018年，他致力于将萧山网打造为全国县（市区）第一网、中国地市新闻网前十强。主导实践的"四化工程"（平台化、移动化、社群化、活动化）让萧山网的融媒体走在全国网媒前列。

2018年，他的《分众传媒，区域报转型路上探索》《最多跑一次，政务服务平台实践的5年样本》等论文刊发在核心期刊，获业界好评。

俞建新（余杭晨报）

杭州余杭新闻传媒中心主任、余杭晨报社总编辑。

俞建新，从区委宣传部调任余杭晨报社主要负责人岗位以来，始终坚持党管媒体原则，锚定"争做全国一流县市报"目标，积极推进媒体融合发展。

在管理上，突出党建引领，强化了党委议事、理论学习、团队凝聚力建设；突出队伍培养，建立了摄影、视频、民生、评论员等专业力量；突出制度规范，完善了全媒指挥、采编策划、采访联系点、镇街部门常态联系服务等制度。

在经营上，他深化资源整合与战略合作，积极推进传统报业向现代文化产业转型升级。

2018年，《余杭晨报》成功实现了小报改版大报，发行量超9万份，经营利润超2000万元，综合效益位居全国县市区域报前列。

顾国庆（永康日报）

永康日报常务副总编，主任编辑。

他从事新闻行业35年，被誉为"全能型"的办报人。

他先后获中国县市报"百佳报人"、浙报集团"先锋人物"、永康市"共产党员示范岗"等荣誉称号。

他主持改版达6次之多，亮点纷呈；主持策划的时政报道每年获当地市领导的批示和表扬近百次；常年培训年轻记者，主持举办讲座近50场；近几年，获浙江新闻奖4个，先后发表论文10多篇。

概况篇 1
实践篇 2
创新篇 3
人物篇 4
理论篇 5
作品篇 6
展望篇 7

附 录

在他和永康日报班子团队的带领下，永康日报近几年的经营业绩一直高位营运。2017年，全社营收达4200万元，利润1300万元，确保了报社的健康运行。

丁丰罡（义乌商报报业集团）

义乌商报报业集团党委副书记、副总编辑（主持工作）。

他是报业改革创新的实干家。

2018年，他组织实施了庆祝改革开放40周年、撤县建市30周年、"信仰的味道"、"争做新时代谢高华式好干部"等多项重大主题报道，以全媒体融合形式呈现。

他把一版让给老百姓、让给基层一线，一般性的时政报道让位到第二版，形成了新的开门办报理念。

他善用"新闻的力量"助推市委市政府中心工作，建立和完善了改革体验官、市民监督团等队伍，开设了《今日观察》《监督台》等栏目，直面全市各项重点工作的堵点、难点和盲点，使舆论监督报道成为常态化。

2018年，报社各项营收达到7000多万元，报纸发行量突破7万份。

罗定阳（乐清日报）

乐清日报党组书记、总编辑。

他是乐清日报"掌门人"，新时代媒体融合的践行者。

他力推全媒体融合播报，打造了移风易俗、"托接哥"义举事迹、众人合力救落水女孩、公交车上"最美背影"系列报道等一大批影响深远的全媒体报道，全年共有400多条10万＋新媒体原创精品被广泛传播，50多件作品获得国家、省、市等各类新闻奖。

他探索"新闻＋服务"新路径，带领经营团队与乐清50多个镇街部门建立战略合作，并承接了众多大型活动。

他开拓"媒体＋文化产业"新模式，将融媒体基因注入旗下文化综合体项目，综合体内的乐报·保利影城和乐清大剧院实现社会效益、经济效益双丰收。

施顺民（景宁畲族自治县畲乡报社）

畲乡报社党组书记、总编辑。

他是全国唯一畲族自治县的县委机关报主要负责人。

2007年1月任职以来，不断理顺内部管理体制机制，建立以稿酬绩效为核心的考核激励制度；加强班子和干部队伍建设，规范采编发流程管理。

适应受众阅读习惯变化和媒介技术发展，使畲乡报社从单一的纸质媒体平台，发展为融纸质媒体、网络媒体和移动端为一体的"一报一网二微一端"综合性新闻媒体平台。

改革创新，积极思考，推动县级融媒体中心建设，努力为当地经济社会发展营造良好新闻舆论氛围。

蒋豪杰（余姚日报）

余姚日报新媒体事业中心主任。

他的心中始终有个"铁肩担道义"的理想。9年记者、10年编辑，激扬的青春与纸媒黄金时代同行。

2010年底转向网络和新媒体，采编经营一肩挑，尽心尽力做好每一件事。先后任报社要闻部副主任、网络新闻部主任、新媒体事业中心主任。

被评为余姚市首届优秀新闻工作者，获得过浙江省、宁波市和中国地市报、中国县市报、浙江县市报、宁波县市报等各级新闻奖。

郭文英（温岭日报）

温岭日报副总编。

从教育系统转战新闻战线二十载，她一步一个脚印，践行着一名新闻工作者的初心和理想。

1999—2001年担任温岭日报记者期间，兢兢业业跑一线，见证了温岭发展的大事要事；2001—2009年一直在编辑岗位，参与了温岭日报的多次改版，在文风引导和版面风格改变方面做了不少努力。

概况篇 1
实践篇 2
创新篇 3
人物篇 4
理论篇 5
作品篇 6
展望篇 7
附 录

2010 年到编委岗位后，尽力协助分管副总编做好业务线工作，致力于数字化新闻、温岭日报媒体矩阵建设。2017 年任副总编，分管新闻业务，把新闻可视化、视频直播化作为工作重点，一直在媒体融合的道路上前行。

袁晓东（嵊州市新闻传媒中心）

嵊州市新闻传媒中心党组成员、副主任。

从事新闻工作 25 年，坚守照亮初心使命。

2018 年，他分管网络新媒体、广告经营、报纸印刷投递等工作。为领导决策做好参谋助手，致力于完善单位内部管理，建章立制运作有序，广告稳步增长，新媒体形成矩阵，两次获浙江省县市区域报最具媒体影响力奖。嵊州新闻网连续入选浙江在线十佳支站，"嵊州发布"获评全国最具区域影响力政务头条号（区县）。

个人获全国县市区域报百佳优秀报人、嵊州市先进工作者、市直机关优秀共产党员、市优秀新闻工作者、市政府奖励基金嘉奖、市宣传系统先进工作者等荣誉，并获全国、省县市报新闻业务奖项数十件次。

徐峰（长兴传媒集团）

长兴传媒集团编委、融媒体中心主任。

他从事传媒工作 22 年，是单位的业务骨干。他自我奉献，凝聚了一支团队。他善于学习，争做学习型干部。个人许多作品获得国家和省级大奖。

他努力落实，有着极强的执行力。担任活动专题部主任期间，带领团队每年开展大型活动 130 多场，专题、记录片屡获大奖；在担任融媒体中心主任期间，负责开展与人民日报等主流媒体的合作，开辟推介长兴新渠道，每年的新媒体作品创作不少于 150 件，连续获得上级部门的好评嘉奖。

（二）十佳创新人物

应侃（余杭晨报）

余杭晨报社新媒体中心主任。

在报社的 17 年时光里，他当过编辑，干过记者，如今转战新媒体也已经 14 个年头。从最早的建网站、上论坛，随后玩微博、编微信、刷抖音，所有的新媒体一线岗位他都亲身经历。多年来始终以"坚守、创新、突破"六字要求自己，学无止境，不断探索。

2018 年，他组织成立"飞跃余杭"宣传组，利用半年时间，走遍余杭的山山水水，进行了全域航拍摄制，实现 20 个镇街全覆盖。

他策划实施了"共擎千方国旗，共祝祖国华诞"线上线下互动活动，吸引了新华社、央视等 10 多家中央、省、市级媒体来到现场报道。

他带领的新媒体团队将电子阅报栏列为晨报新媒体重点推进方向，首批 5 台样机已经在 2019 年两会期间率先进驻了大会会场和代表驻地。

马亦伟（宁海县新闻中心）

宁海县新闻中心副总编。

2014 年底调入新闻中心，带领团队建立了以"看宁海"客户端为龙头，以宁海新闻网、"宁海发布"微信公众号为两翼的移动新媒体舆论主阵地。

"看宁海"客户端上线一年注册用户达 16 万多名，"宁海发布"入选 2018 年度宁波政务发布十强。

在做大做强阵地的基础上，他有序推进新闻平台融合，集聚各方优质资源；着力新闻生产改革创新，增强融媒体生产能力；组织策划各类粉丝活动，增强网络舆论引导力。同时，积极推进广告经营多元化发展，网络新媒体经营业绩从 2014 年的 167 万元增长到 2018 年的 408 万元，为新媒体发展提供强力支撑。

陈怡如（瑞安日报）

瑞安日报有限公司发展中心副主任，产业园项目组负责人。

概况篇 1
实践篇 2
创新篇 3
人物篇 4
理论篇 5
作品篇 6
展望篇 7
附 录

她是瑞安日报有限公司发展中心副主任、产业园项目组负责人，同时兼任共青团瑞安市委创业创新事业部副部长、浙报传媒瑞安电商文创园工会联合会主席等社会职务。

2013 年 9 月进入瑞安日报，从事过采编记者、品牌策划工作，2017 年接手瑞安日报产业园项目，负责瑞安日报旗下四个产业园项目的整体运营、团队培育以及园区连锁化发展，带领团队取得浙江省级重点文化产业园区、浙江省级众创空间、浙江省创业孵化示范基地、浙江名牌产品（服务业）、温州市级产业创新服务综合体等近 30 项荣誉。

蔡美兴（嘉兴日报社平湖分社）

平湖市传媒中心党组成员、副主任，嘉兴日报社平湖分社副社长。

他始终以提升"思想力、执行力、影响力、创新力、新锐力"为目标，大胆创新，敢于实践，不断加强科学管理，深化媒体融合，在新闻创优、经营创收、管理创新等方面取得了显著成效，业绩走在同行前列。

他有多篇论文在《新闻战线》《中国记者》等国家级核心期刊发表，新闻作品获得省新闻奖一、二等奖和省县市区域报新闻奖，报社年度新闻创优数量列嘉兴市前列，配合创收列嘉兴市县域媒体首位，为县域传媒融合发展贡献了创新力量。

余柏成（龙游县委新闻宣传中心）

龙游县委新闻宣传中心党组书记、主任。

从事新闻采编工作 20 年，近几年在负责中心新闻管理和采编业务工作中，充分发挥媒体优势，创新报道思路，为提高"今日龙游""龙游新闻网"和"微龙游"的传播力、影响力、公信力和舆论引导力做出了较大贡献。

他先后被龙游县委、县政府授予"龙游县第一届名记者""龙游县第二批优秀人才""龙游县第三批领军人才"等荣誉称号，被衢州市委宣传部授予衢州市第二届"华岗奖"名编辑，入选浙江省县市区域报"十佳采编工作者"等。

胡吉楠（萧山日报）

萧山日报融媒体中心副主任。

走过 2018 年，她已经在萧山日报就职 8 个年头。作品曾获浙江省新闻奖三等奖，多篇作品在全国、省、市新闻竞赛中获奖。

2014 年开始，担任"无线萧山"App 项目负责人，带领团队探索内容制作、技术外链、品牌活动，以及经营业务开拓等。

2018 年，她牵头策划了"萧山地标·青年城市定向赛""萧山爱心婚宴公益基金""萧山未来图鉴"等项目与活动，广泛整合社会资源，利用多种形式进行传播，获得较好的社会影响力。

如今，无线萧山项目转型升级，更名为"萧山发布"App。她为萧山日报融媒体事业出点子、做策划⋯⋯以脚踏实地的实践、以积极勇敢的创新，为所运营的项目添活力、谋发展。

张哲萍（德清县新闻中心）

德清县新闻中心采访部副主任。

从事新闻工作 13 年，长期在基层一线采访，被评为德清县优秀新闻工作者。

2018 年，采写和策划了酒泉"德清一号"卫星发射、首届联合国世界地理信息大会、游子文化节等县内重大新闻活动。

采写的《勤劳村的美丽蜕变》等稿件获浙江省县市区域报一等奖；《德清探索职业化党务工作者》在新华社浙江领导参考刊发，获时任省委书记车俊和时任省委常委、组织部长任振鹤批示。在《传媒评论》等刊物刊发《县级融媒体国际性大会报道创新探索》《以融合打造一流区域新型媒体主阵地》等论文。

范建新（兰江导报）

兰溪市融媒体中心党委委员，兰江导报编委。

从事媒体工作 21 年，其间从事经营管理工作 13 年。作为全媒体环境下的报业经营管理者，加快转变传统运营模式，推进报业经营理

概况篇 1
实践篇 2
创新篇 3
人物篇 4
理论篇 5
作品篇 6
展望篇 7
附 录

念、方法、机制等全方位与时俱进，打造了符合兰江导报实际而又助推报业事业向高质量发展的运营、管理模式。

2018 年，带领经营团队积极探索教育创新模式，努力尝试开拓文创市场，主动承接政府大型项目，为报社经营提供新的发展机遇。范建新策划的教育、文创产品和李渔戏剧文化季等创新活动创收 600 多万元，实现了社会效益和经济效益双增长。

郭斌（诸暨日报）

诸暨日报社新闻部副主任

多年来，郭斌刻苦钻研新闻业务、奋战在新闻第一线。早在 2011 年就自费购买航拍无人机，学习并掌握了无人机的飞行技巧，用于新闻拍摄。

曾入选新华社十佳签约摄影师、浙江日报十佳签约摄影师、第一届中国县市传媒十佳摄影记者。

自 2012 年起，每年都有摄影作品获浙江新闻奖、中国县市传媒新闻奖、中国县市区域报新闻奖、浙江县市区域报新闻奖。

章振剑（镇海区新闻中心）

镇海区新闻中心《今日镇海》记者部主任，镇灵通新媒体平台负责人。

从事新闻工作 8 年。2018 年，他带领团队以媒体融合为动力，以两微一端的推广、运营和内容建设为工作抓手，创新媒体运营管理模式，创新传媒形态，利用抖音、H5、直播等方式增强新闻传播的"同场感""体验感"，着力提升平台的传播力和影响力。

在他的带领下，"镇灵通"客户端粉丝数达到 30 余万人，先后获得"宁波市优秀网络文化家园项目""宁波市新媒体 30 强""浙江省媒体影响力奖""全国县域广电 App 十强"等荣誉。

（三）最佳经营人物

蔡彧（鄞州日报）

鄞州日报广告发行部副主任。

自1992年进入新闻界，10多次被评为鄞州日报社先进个人，多次被评为宁波日报报业集团先进工作者、2016年全国县市区域"百佳优秀报人"等荣誉。

近20年的采编校经验使她成为一名复合型人才。2015年始任广告发行部副主任，积极开拓，利用"鄞响"客户端等新媒体，融合小记者平台，2018年组织策划了"新时代 新气象 新作为"系列专题报道、金融界、小记者周日课堂、社会实践进校园等活动；在"鄞响"客户端上开拓金融机构、医疗机构等宣传专题；组建活动策划小组，承接文化礼堂和其他镇乡活动项目近20个。

2018年，她带领团队完成经营产值2000万元，超额完成报社下达的任务。

潘学康（安吉新闻集团）

安吉新闻集团融媒体新闻中心副主任。

从事媒体经营管理工作22年，从最先的单纯报纸广告经营，到如今融媒体经营创收，他带领团队，围绕客户需求，做到报纸有专题、电视有节目、新媒体有图文短视频、杂志有专栏图文、重要活动有微直播等多渠道宣传服务，在整体宣传上呈现出了线上线下互动、声屏报网各显神通的良好效果。

2014年来，他依托安吉新闻集团融媒体新闻中心，连续5年实现了融媒体经营创收持续增长的好势头。他带领团队每年签约服务单位近百家、策划宣传方案上百件，并积极为集团文化演艺产业、视频专题创作、智慧信息产业等做好互动服务，团队经营业绩从2014年的1200万元增加至2018年的1500多万元。

单昌瑜（东阳日报）

东阳日报全媒体运营中心主任。

概况篇 1
实践篇 2
创新篇 3
人物篇 4
理论篇 5
作品篇 6
展望篇 7
附 录

2014年担任东阳日报社全媒体运营中心主任。多年来，重版面，创造了"专版类含金量最高栏目"纪录；重活动，孵化了青年创业大赛、南街高峰论坛等活动，连续3年承办中天集团文体节，呈现了"大活动不断线，小活动连成片"的格局；重互动，开辟了"企业出资、媒体搭台、读者唱戏"的合作模式进行创收；重多元，承接了7本书籍的编排印刷业务，进一步提高纸媒的核心竞争力。凭着一腔矢志不渝的信念和热情，单昌瑜把对新闻事业的忠诚和对本职工作的热爱，全部默默溶铸于广告经营工作之中。

李红岩（义乌商报报业集团）

义乌商报报业集团广告中心主任。

2006年起从事报纸广告经营工作，先后担任广告中心汽车部主任、通讯部主任、广告中心主任。其间，所负责的汽车通讯广告从无到有，从少到多，最高峰时年经营额达近千万元，并创出了单张报纸高达7000万元的最好业绩。2018年，在全国报业经营形势复杂及商报报业集团和浙报集团准备联合办报的双重特殊时期，再次出任广告中心主任一职，使义乌商报的报纸广告额逆势增长，全年完成经营额3100万元，超额600万元完成报社指标，更比2017年广告额增幅300多万元，增幅再次重回两位数。

王杰（富阳日报传媒有限公司）

富阳日报传媒有限公司乡镇经营部副主任。

他从事新闻工作近10年，跑过交通一线，上过夜班编辑，采写的新闻作品先后获得杭州市新闻奖、浙江法制好新闻奖等。他曾入选杭州日报报业集团十佳记者（编辑），并获G20杭州峰会先进个人等荣誉。

从事富阳日报传媒公司乡镇经营岗位，2018年，积极拓展思路，创新活动载体，先后成功组织开展了东洲葡萄节、万市银杏节、新登桃花节、永昌竹笋节、胥口古茶诗会等节庆活动10余场，取得了良好的经济效益和社会效益。同时笔耕不辍，2018年累计采写了庆祝改革开放 40 周年、三看四态促转型等 100 多篇各类新闻报道及专题。

张伟（德清县新闻中心）

德清传媒集团融媒体中心采访部兼政务部主任。

1993 年开始从事新闻采编工作，多年来一直坚守在采编一线，2011 年由采编转向媒体经营工作。多年的采编工作历练，让他的媒体经营思路与众不同，也开启了德清传媒集团政务创收工作的新机遇。德清传媒集团政务创收额从 2011 年的 80 万元，到达 2018 年的 1350 万元。德清传媒集团政务部人员共 11 人，年人均创收 120 万元左右。

2019 年度

一、集体单项奖获奖名单

（一）融媒中心 20 强

长兴传媒集团、余杭区融媒体中心、安吉新闻集团、德清县融媒体中心、海宁市传媒中心、镇海区新闻中心、鄞州区融媒体中心、柯桥区融媒体中心、兰溪市融媒体中心、龙游传媒集团、平湖市传媒中心、武义县融媒体中心、嘉善县传媒中心、三门县传媒中心、桐庐县融媒体中心、临安区融媒体中心、淳安县融媒体中心、永康市融媒体中心、磐安县融媒体中心、平阳县传媒中心。

（二）新媒 20 强

"掌心长兴"客户端、"智慧萧山"客户端、"姚界新闻"客户端、"掌上奉化"新闻客户端、"看北仑"微信公众号、"爱安吉"客户端、"中国乐清网"微信公众号、"永康日报"微信公众号、"东阳日报"微信公众号、"兰溪新闻"微信公众号、"温岭日报"微信公众号、"掌上诸暨"客户端、"萧山发布"客户端、"大潮网"微信公众号、"钱塘新区发布"微信公众号、"平阳第一时间"微信公众号、"柯桥发布"微信公众号、"余杭晨报"今日头条号、"爱德清"微信公众号、"天台县传媒中心"抖音号。

概况篇 **1**
实践篇 **2**
创新篇 **3**
人物篇 **4**
理论篇 **5**
作品篇 **6**
展望篇 **7**

附　录

二、先进个人奖获奖名单

（一）十佳领军人物

王志芳（长兴传媒集团）

长兴传媒集团党委委员、副台长。

加入新闻战线 22 年，一直在采编岗位历练，讲政治、钻业务、善管理。记者、编辑、通联，在一线沉淀积累；频道总监、副总编，带领团队转型提升。具有强烈的政治意识和责任担当，具备优秀的新闻职业素养。工作充满激情，坚守县域新闻一线。高举新闻立媒大旗，围绕中心、服务百姓，分管新闻宣传工作亮点频现：主题报道有深度、民生新闻有热度、监督报道有力度、公益宣传有温度、融合传播有广度。特别是在融媒体建设中，全程参与了长兴传媒集团探索媒体转型的每一个过程，以其特有的理性严谨、冷静细腻，在推进流程优化、内容融合、队伍提质等方面发挥了积极作用。

王林斌（鄞州区融媒体中心）

鄞州区融媒体中心总工程师。

先后从事一线记者采编工作、新闻中心副主任、技术中心主任、新媒体中心主任和融媒体中心总工程师的岗位。在从新闻到技术到新媒体再到总工程师的多个岗位的实践中，均较为出色地完成了任务，在多岗位的锻炼中也挖掘了专业潜力，提升了管理、创新能力，成为综合能力较强的复合型管理人才。在 2019 年鄞州区融媒体中心的建设过程中，作为总工程师直接参与融媒体中心的规划、组建和融合的具体工作，为鄞州区融媒体中心顺利建设做出了贡献。

叶小平（云和县融媒体中心）

时任云和县融媒体中心原党组副书记、总编。

作为一名有着 18 年新闻工龄的媒体人，一直战斗在新闻采编一线，采写的《信义少年》《"云和师傅"帮助中西部百万农民脱贫致富》等多件作品获浙江新闻奖一等奖，入选丽水市第三批宣传文化系统"四个一批"人才。县域媒体融合改革以来，致力于云和县融媒体中心采编流程再造和内容生产，在全省县域融媒体平台率先上线景区24小时直播，策划实施的《有一种缘分叫我和祖国同生日》获"红遍浙江"融媒体作品大赛一等奖，云和县融媒体中心建设获得2019年度浙江省考核评估优秀等级。

汤琴（乐清日报）

乐清日报社编委委员。

她是乐清日报全媒体指挥中心副指挥。她深耕本土，策划精准。推出了中华人民共和国成立70周年、移风易俗、超强台风"利奇马"等系列重磅主题策划，其中"最美女教师陈莹丽"原创独家报道总阅读量达4.8亿余次，掀起全国学习热潮。她新闻为民，服务求实。主持的E点爱智慧公益平台，两年间共发起近80项公益筹款，7万多人参与，线上线下捐款1300多万元，解困难群众燃眉之急。她全媒融合，广播吸粉。策划首发的《乐清四岁男孩徒步3公里送牛奶给姐姐》视频，抖音点击量6500多万人次，点赞量437万次，评论10.2万条。她开拓创新，延深产品。带队撰写长篇通讯《柳市八大王，改革开放的探路者》，"浙江新闻"客户端点击率达18万＋；又将"八大王"故事搬上舞台，担纲编剧的越剧现代戏《柳市故事》获全国优秀现实题材展演剧目、浙江省戏剧节新剧目奖；带领团队出版发行《天下乐清人》（第一辑）；她参与策划、实施的乐商家园，是乐清市首家民营经济展览馆，具有重磅意义。

余柏成（龙游传媒集团）

龙游传媒集团党委书记、总裁（台长）。

从事新闻采编工作21年，先后任龙游传媒集团总编、总裁。在推进龙游融媒体中心建设和新闻采编业务工作中，围绕中心，强化内外宣传；创新机制，强化规范管理；打响品牌，强化媒体融合；提升产业，强化提质增收；夯实队伍，强化铁军建设。他采编的128篇新闻作品先后在省、市好新闻评选中分获一、二、三等奖。他被授予衢州市第二届"华岗奖"名编辑，被龙游县委、县政府授予"龙游县第

概况篇 1
实践篇 2
创新篇 3
人物篇 4
理论篇 5
作品篇 6
展望篇 7
附 录

一届名记者""龙游县第二批第三优秀人才""龙游县第三批领军人才"等荣誉称号，入选省县市区域报评定的十佳采编先进人物、十佳创新人物。同时，在推进龙游媒体融合过程中，龙游传媒集团取得了丰硕成果。媒体融合实现了 2 个全省之首、4 个全市第一，因此在 2019 年二季度执行"十条军规"工作典型事项中被县委、县政府通报表扬。2020 年 1 月被县委、县政府评为 2019 年度龙游县机关部门综合考核三等奖、创建基层治理最佳县突出贡献集体、打造最佳有礼县突出贡献集体，在全县干部大会上受到表彰。

陆琴芳（德清县新闻中心）

时任德清县融媒体中心总编。

2019 年是德清县新闻中心推进媒体融合的第三年，也是陆琴芳跨进宣传领域的第 15 个年头。作为德清县媒体融合发展的负责人，陆琴芳始终按照打造"主流舆论阵地、综合服务平台、社区信息枢纽"的要求，坚持导向为魂、移动为先、内容为王、创新为要，在思想认识、架构重组、流程再造、考核完善、人才培养、平台拓展等方面相融深融，推动由传统媒体向新型媒体的转变，内容生产力、品牌影响力、事业发展力"三力"得到全面提升，摸索出了一条县级融媒体中心创新发展的"德清路径"。她坚信：媒体融合不止于媒体，是新时代治国理政的新平台。

陈蓉（萧山日报）

萧山日报社副总编。

从事新闻工作近 20 年。从时政新闻、社会新闻、周刊副刊到新媒体，从报纸、微信、App 到网络平台，几乎从事过所有的新闻部门岗位和平台。2014 年起担任副总编一职，一直分管萧山日报融媒体工作。她曾先后获得杭州市新闻人物奖、杭报集团优秀员工、优秀党员等荣誉称号，多个新闻作品获省、市新闻奖。

作为分管萧山日报融媒体的副总编，她不断完善"1 ＋ 2 ＋ X"全媒体架构，"萧山发布"App 顺利完成转型，两大运营平台——萧山日报官方微博微信、萧山发布微博微信差异化发展，萧山网稳主业创新业稳步前进，萧山日报融媒体工作卓有成效。2020 年以来，她全身心投入融媒体事业，在疫情形势严峻的时候，她推出了 30 篇《读城日志》，两会期间推出作为主播的短视频"新品"《"蓉"我道来》，年中开始又以"好货推荐官"的身份推出"带你寻好货"直播助农活动，通过积极探索宣传播形态，彰显了媒体人的担当和情怀。

林锦武（瑞安日报）

瑞安日报社副总编。

参加工作 32 年来，先后担任电台记者、报社记者编辑、发行部副主任、新闻部副主任、电讯部主任、新闻部主任、编委委员、副总编等职，采写的多篇新闻稿件和撰写的多篇论文获奖，还被评为浙报先锋好党员。

他立足瑞安日报实际，整合媒体资源，创新创优方法，致力担当舆论引导先锋，不断追求新闻精品佳作；致力强化全新表达意识，不断丰富主题报道内涵；致力强化舆论监督报道，注重民生诉求表达；加强政治理论学习，不断提升驾驭能力，在优质内容生产、媒体融合发展等方面做出积极努力，取得突出成果。

无论是作为一名普通采编人员，还是身处管理岗位，他都以一颗平常心面对鲜花与掌声，以奋斗和激情面对困境与挫折，始终保持新闻从业者的操守，不忘初心，牢记使命，脚踏实地，风雨兼程。

钱宇（余杭区融媒体中心）

余杭区融媒体中心党委委员、副主任。

二十五载新闻路，她脚踏实地，胸怀梦想。

她抱着追求真相的执着，做一个有立场、有温度的新闻人。从 2011 年《谣言止于公开——余杭"谣盐"破灭记》到 2019 年良渚古城遗址申遗融媒体报道，她带领晨报新媒体团队追踪新闻热点，拿下浙江省新闻奖一等奖 2 项，省二等奖和三等奖各 1 项。

从报人到新媒体人，从新闻网到掌上余杭到晨视频，十二载媒体

概况篇 **1**
实践篇 **2**
创新篇 **3**
人物篇 **4**
理论篇 **5**
作品篇 **6**
展望篇 **7**
附 录

转型融合路,她牵头实施的"掌上余杭"App项目,经过6年创新和实践,通过"媒体＋政务""媒体＋服务"已累计创收近800万元,使余杭晨报在纸媒与新兴媒体融合发展上走出了一条特色之路。

詹元鹏(开化传媒集团)

开化传媒集团党委副书记、总编。

28年潜心新闻事业初心不改,用心用情践行着"脚力、眼力、脑力、笔力",用智用力书写县级媒体融合发展的新篇章。

他是一个实干家,全年365天都在为新闻事业奔跑。

他是一个奋进者,致力构建"新闻＋政务＋服务＋产业"融媒体运营模式,策划推出首届钱江源国家公园年货节,掀起"干部拍视频带货"热潮,5天助农增收200多万元。

他是一个创新者,在开化融媒体中心实施全员短视频工程,促成高质量短视频不断涌现。疫情期间,"开化废弃口罩换一块肥皂"短视频冲上微博热搜第四,多条战"疫"视频6天内8次登上央视。相关工作被《浙江宣传》发文推介。2019年度开化县融媒体中心被评为优秀等级。

(二)十佳创新人物

史芸飞(鄞州区融媒体中心)

鄞州区融媒体中心新媒体部主任兼地方新闻部主任。

进进出出来去如风,出入电梯电话不断……一个电量满格的"风一样"的女子,从单一的传统媒体记者,迅速转型为融媒体复合型人才。

地方新闻部、新媒体部、乡恋创意工作室,她所率领的团队,一部分致力于本土新闻的挖掘和采写,一部分成为新兴媒体业态的探索者,形成了具有鄞报特色的集文化创意、策划服务、活动推广于一体的新型媒体业态。

2019年,史芸飞和她的团队共承接了50余场活动、9个微信公众号的营运等,营收突破1000万元。

"鄞响"App自上线以来,不断创新采编和经营运作机制,小团

333

队聚积大能量。截至2019年底，"鄞响"粉丝数已达到40万人，成为鄞州最具权威性、最具影响力、最具实用性的综合网络平台。

朱丽华（鹿城区融媒体中心）

鹿城区融媒体中心党组成员、副主任。

她喜欢保持一颗"创新"的初心，不断探索，年年出新。她策划推出的海外传播官、民企新闻发言人制度、隔壁邻舍微信互助、"三微平台"绿色疏导、鹿鸣网络问政、智融瞭望等多项创新工作走在全国、全省前列，获得全国首批社会治理优秀案例、浙江省宣传思想文化创新奖、浙江省宣传思想"三贴近"优秀案例及温州市宣传思想文化工作创新奖等10余个国家、省、市级奖项。工作中常思常写，近年来她主笔的30余篇研究课题及新闻作品获得省、市、区一、二、三等奖。2018—2019年连续两年获得浙江日报最佳、优秀报道工作者、温州日报新闻宣传突出贡献奖。

李凌（余杭区融媒体中心）

余杭区融媒体中心报刊编辑部主任。

她带领团队在策、采、编方面不断创新、丰富报道形式，彰显余杭主流媒体品牌效应。她是"新中国成立70周年"宣传报道小组主创人员，精心谋划，依托报纸特刊、电子地图H5、短视频等，打出一系列融媒体报道"组合拳"。早在良渚古城遗址成功申遗半年前，晨报就开设《守护圣地传承文明》栏目，策划推出《良渚遗址讯报》《良渚遗址宣传保护手册》，累计发放45万份，7月7日"良渚申遗特刊"以大手笔、多视角记录申遗的历史性一刻。由她牵头创办的《苕溪时评》栏目，拥有省、市主流媒体评论名家、本土评论员组成的"智囊团"，已刊发270余期，入选2019年度杭报集团读者最喜爱十佳栏目。

汪锦秀（平湖市传媒中心）

平湖市传媒中心编委、报刊部主任。

2003年进入嘉兴日报社平湖分社，先后从事记者、编辑等工作，

概况篇 1
实践篇 2
创新篇 3
人物篇 4
理论篇 5
作品篇 6
展望篇 7

附 录

2011年8月起任采访中心主任,现为平湖市传媒中心编委、报刊部主任。17年潜心耕耘新闻事业,汪锦秀始终满怀新闻理想、充满新闻激情,用创新的思路、创新的策划、创新的角度,推出了一个个有深度的专栏,采写了一篇篇有分量的作品,撰写了一篇篇有思想的论文。其作品曾获浙江省县市区域报新闻奖一等奖、嘉兴新闻奖一等奖、赵超构新闻奖三等奖等奖项。2019年撰写的新闻论文《县级媒体融合下,我们怎么当记者》《在最基层汲取"脑力"营养》在国家级刊物《新闻战线》上发表。个人曾获嘉兴新闻战线"走基层、转作风、改文风"先进个人、嘉兴市劳动模范等荣誉,为嘉兴市第八次党代会代表。

周勇(长兴传媒集团)

长兴传媒集团编委,融媒体资源运用平台主任。

2007年5月进入长兴广播电视台(现长兴传媒集团)工作,先后担任《长视新闻》《小彤热线》记者、全媒体采访部、策划部、电视部、外联部主任等职务,曾多次赴新华社、中央电视台、浙江卫视等上级媒体学习,现任长兴传媒集团编委、融媒体资源运用平台主任。工作期间,全程参与长兴传媒集团县级融媒体中心建设,多次获省、市政府新闻奖和省、市广播电视新闻奖,获评省级名记者(编辑)、县劳模等,并入选长兴县首届"十佳记者"。

郑静静(武义县融媒体中心)

武义县融媒体中心党委委员。

2010年1月入职武义县广播电视台,2019年担任武义县融媒体中心党委委员、新媒部主任。

她担任主创的电视新闻作品、新媒体作品获金华市新闻政府奖一等奖5次。2018年获评中国广播电视协会"创力量"优秀融媒体编辑。2019年获全省广播电视新媒体新闻三等奖、"中国蓝新闻·蓝媒号"新媒体协作最佳。她在2019年整合媒体资源,积极探索策采编发流程再造,大力推进移动优先,实现重大活动宣传新媒首发、报网台微端全媒联动和新闻报道集中统筹。

她担纲建设"掌上武义"客户端,平台上线 8 个月,装机量突破 22 万户,发稿 1 万多条,创作发布短视频 3000 多条,开展直播 40 多场,除公益直播外,每场直播平均营收超 5.6 万元,观看人数超 15 万人次。

胡妙良（磐安县融媒体中心）

磐安县融媒体中心党组副书记、副主任。

胡妙良谦逊好学,勤于思考钻研、善于抢抓机遇、勇于创新挑战,在媒体融合改革中,深入研究改革政策和创新举措,努力探索经济欠发达县推进媒体融合之路。特别在体制机制建设上,提出单位性质为全额拨款的前提下,实施全员绩效、组建公司进行产业运作的建议,被县改革政策文件采纳,既让单位基本运行有了保障,又让工作争先创优有了激励,争取到了最大利好政策;在中央厨房建设时,提出依托浙报集团、借助华数力量的思路,实行联合承建的模式,即由浙报集团提供软件支撑,县华数公司承建硬件建设和内部装修等工程,45 天完成硬件建设,15 天完成设备安装调试,创下了县级融媒体建设的"磐安速度",也为省、县两级合作创造了新的"商业模式",并在全省县级融媒体中心网络舆论阵地建设总结大会上做典型发言。

施华泽（乐清日报）

乐清日报社编委。

他坚定不移,助推媒体融合。先后牵头推出、运营中国乐清网 PC 端、乐报微博、中国乐清网和"乐清发布"微信公众号、乐清网络问效平台,为乐报全媒矩阵打下基础;力推改革,成立"e 点爱""爱文化爱乐清"等 9 个项目组,其中"e 点爱"孵化成功,至今共筹集善款 1600 多万元,成乐报拳头品牌;策划推出的《15 岁少年为何被粗铁链锁住脖子》获 2015 年度浙江新闻奖二等奖,实现《乐清日报》复刊 20 多年来零的突破。他勇于革命,探索服务创新。力推"政务＋活动""政务＋互联网",政务活动收入 3 年增长 9 倍。主持打造了"诚信街""智慧工会""畅行乐清""智慧导游系统"等政务"互

概况篇 1
实践篇 2
创新篇 3
人物篇 4
理论篇 5
作品篇 6
展望篇 7
附 录

联网＋"解决方案。他精益求精，打造媒体品牌。大力打造乡镇节庆和主题晚会两个日报品牌。近年策划举办了智仁竹文化节、五一晚会、"金牌讲师"微党课大赛等 80 多场活动。其中策划的第五届全民运动会开幕式的规模、规格创乐清历史之最，创乐报营销项目纪录。

费晓笑（诸暨日报）

诸暨日报技术部副主任。

10 年新闻从业路上，她始终致力创新，探索新形式、运用新技术，讲好新闻故事。作为诸暨日报首位新媒体小编，她采编了数十篇 10 万＋微信图文；策划了多则千万级阅读量的抖音短视频产品；制作了《今日签》《诸暨方言大考》等百万级阅读量的爆款 H5 产品。

2019 年，她又成为诸暨日报首个视频团队——越视频的主创人员，策划、导演多部具有传播力、影响力的主题短视频，其中聚焦长三角一体化、大湾区建设的《与杭同城——融杭之春》系列视频获评 2019 年度浙江新闻奖；献礼中华人民共和国成立 70 周年的《追梦七十年》短视频获由"学习强国"平台举办的"我爱我的祖国"全国微视频、摄影作品大奖赛三等奖。

殷文韬（海宁市传媒中心）

海宁市传媒中心视频产品部副主任。

吃得了苦、耐得了烦、守得住电脑屏幕，在新媒体平台的建设上，他是攻城掠地、战果累累的急先锋。他带领新媒体团队，始终保持前进的姿态，用新媒体的语言，心系百姓生活，反映大众心声，弘扬人间正气，讴歌时代精神，书写海宁骄傲。

2019 年，在他的带领下，大潮网编辑部创新主题宣传报道手法，提升民生新闻报道深度，探索衍生小程序，创新开发商城功能。"大潮网"微信公众号全年累计阅读数达到 3200 万多次，在 2019 年度全国县级媒体微信年度榜单中排名第一。

（三）最佳经营人物（按姓氏笔画排名）

曲行森（萧山日报）

萧山日报社社长助理、政务中心主任。

厚植 20 多年的媒体工作，他将为客户创造价值，视为做好经营工作的第一要务。5 年来，经营额在实现三年翻两番的基础上，屡创新高，以集主题宣传、活动宣传、驻站服务等于一体的全方位立体式经营模式，为区域媒体创新经营提供了一条探索路径，创出了萧山日报的经营品牌。

随着新时期的波涛澎湃，他从传统依托报纸版面经营向深度服务客户转型。以优质政务服务合作伙伴的理念，从单一的版面宣传向活动宣传推进，从零碎的宣传向全方位的主题宣传迈进，从媒体宣传向深度政务服务挺进，形成了"版面＋新媒＋活动＋驻站＋政务"等多位一体的经营格局，实现了服务客户和经营效益的最大化。

郑小军（柯桥传媒集团）

柯桥传媒集团总经理助理。

他曾被评为"浙报先锋""第三届全国县市区域百佳优秀报人"。经营实绩过硬，2019 年个人负责的部室创收 1850 万元，分管线创收达到 4000 多万元；创新意识强烈，创新组织开展"丰收节""茶叶节""枫桥经验论坛""机器人大赛"等活动，成为活动营收创新"试水者"；策划能力强劲，立足全媒体平台，策划的"今日系列"创造千万元收益，"鉴湖警方" 4 年时间创造 300 万元利润；管理经验丰富，通过实干为先、勇于担责、自身垂范，协助总经理开展了由总承包制到分块承包制的改革，获得较好成效。

赵晨红（东阳日报）

东阳日报社副总编。

赵晨红属马，年过半百，一直奋战在宣传新闻战线。原在采编一线"勤耕苦读"，2009 年随浙报传媒上市而被转了身份，一头扎在"媒田"精耕细作，广种薄收。10 年来，作为东阳日报社和公司分管经营

概况篇 1
实践篇 2
创新篇 3
人物篇 4
理论篇 5
作品篇 6
展望篇 7
附 录

工作的负责人，始终保持责任意识和忧患意识，充分调动广大员工的工作激情，做到上下团结一心，坚持苦干实干，内挖潜力、外拓市场，在人才紧缺的情况下，年年超额完成浙报集团下达的各项经营任务，使东阳日报社和公司始终保持在集团所属 9 家县市报的第一方阵。近年来，传统媒体深受互联网媒体冲击，广告经营形势越来越严峻。在如此艰难的时刻，他带领员工注重活动策划，注重多元布局，注重融合发展，在媒体经营中探索出适合本区域实际的发展路径。2019 年，东阳日报社和公司全年实现营业总收入 6885 万元，创利润 1100 万元。

胡鹏（永康日报）

永康日报社总编辑助理。

2000 年入职永康日报社，在报社工作 20 年，先后从事过记者、编辑、新媒体、经营、管理等各个岗位，工作经验较为全面，具有踏实的工作作风，具备较强的责任心、上进心和工作热情，具有较全面的组织、协调工作的素质和能力。

胡鹏 2016 年起牵头策划实施了永康好声音、"5·20"爱情游园会等活动，并负责资讯板块运营工作，先后为报社创收 4000 多万元，创利 1600 多万元。他先后被评为金华市先进新闻工作者，永康市后备拔尖技术人才，浙江日报报业集团七彩人才、年度优秀人物，中国县市报百佳报人。

袁相恒（天台县融媒体中心）

天台县传媒中心广告部主任，天台广电传媒有限公司执行董事。

他是一位在新闻战线耕耘了 20 多年的老记者，2017 年任天台县传媒中心（广播电视台）广告部主任。中心年广告营收从 2017 年不足 500 万元，到 2018 年、2019 年均达到 900 万元，增长 74%，袁相恒在转变角色的同时交出了一份出色的答卷。袁相恒说，这一切赢在创新求变中。从 2018 年开始，广告部与各部门、各乡镇开展多方位合作，提供新闻宣传、活动策划等多项服务，实现年合作创收 150 万元。

袁相恒用 38 万元开创了天台县单场活动创收纪录。他改变原有模式，发挥传媒人才优势，开设淘宝直播平台，注册抖音官方号，与相关企业和协会合作共赢。2020年6月与县装饰协会联办的电视、网上同步直播销售，取得了轰动效应，创收突破30万元。在全县形成"要直播，找广电"良好氛围，成为广告部创收的一个亮点和增长点。

顾江毅（海宁市传媒中心）

海宁市传媒中心政务运营中心主任。

2005年加入中国共产党，2010年进入海宁日报有限公司工作。2019年担任政务运营中心主任，带领团队坚持以习近平新时代中国特色社会主义思想为指引，充分发挥团队成员的积极性。2019年团队成员共计8人，经营指标2200万元，全年完成3050万元，超额完成38.6%。

2019年，顾江毅带领团队以创新为动力，以"新闻＋服务"为抓手，承接徐志摩诗歌节、王国维戏曲奖等政府性重点项目，策划执行龙舟赛、灯会等具有地方特色的大型文化产业项目。全年执行各类项目200多项，创历年新高。利用"媒体＋党建""媒体＋花粉团"两种模式，带领团队进行产业项目培育，党建、花粉团两大平台全年创收600多万元。

2019年，顾江毅把团队培养作为第一要务来抓，通过"育人"与"做事"的有机融合，进一步提升整个政务运营中心团队的视野、思维和能力，同时注重团队廉政教育，培养一支能干事、不出事的队伍，为下一阶段高质量发展提供了有力的队伍支撑。

徐文利（富阳日报）

富阳日报传媒有限公司品牌事业部主任、政金行业负责人。

先后被评为2018年度杭州日报报业集团优秀员工、2019年度杭州日报报业集团优秀党员；获2018年度公司经营超额奖A类一等奖和单项创收最高奖，以及2019年度公司经营超额奖A类一等奖和单项创收最高奖。

身为一名报业经营人员，徐文利深刻认识到经营对于报业发展的

概况篇 1
实践篇 2
创新篇 3
人物篇 4
理论篇 5
作品篇 6
展望篇 7
附　录

命脉意义。他充分梳理融媒体理念，打通媒体＋"生产和服务"＋"平台和资源"链条，不断开拓报业新蓝海。在具体的项目执行中，凭借深厚的政务解读落地能力、创新的活动整合策划思维和客户视角的服务理念，紧扣时事热点实现应收尽收，立足区域高端会展、品牌"双创"赛事等品牌活动实现年年破局，使得报社经营业绩逆势上扬。

谢　辉（瑞安日报）

瑞安日报有限公司活动拓展中心总监。

2008 年英国硕士研究生毕业，2009 年 9 月参加工作，现任瑞安日报有限公司活动拓展中心总监。

他从基层员工做起，一直从事美编、设计、活动策划等相关工作。2017 年出任发展中心副主任，接手塘下城市文化综合体及镇街活动项目，负责瑞安日报旗下塘下城市文化综合体园区整体运营、服务政府部门及企事业单位、展厅空间设计施工，带领部门实现营收超 900 万元，任职期间多次被评为星级员工、优秀员工。曾获第十八届中国国际广告节黄河奖优秀作品、第十八届中国国际广告节汽车广告总评榜三等奖、浙江省第十七届"金佳杯"广告大赛优秀奖、温州市首届"广协杯"广告大赛二等奖等。

2020 年度

一、集体单项奖获奖名单
（一）融媒中心 20 强

余杭区融媒体中心、东阳市融媒体中心、嵊州市融媒体中心、慈溪市融媒体中心、海宁市传媒中心、桐乡市传媒中心、诸暨市融媒体中心、乐清市融媒体中心、柯桥区融媒体中心、兰溪市融媒体中心、淳安县融媒体中心、鄞州区融媒体中心、玉环市传媒中心、龙游传媒集团、海盐县传媒中心、宁海传媒集团、三门县传媒中心、嘉善县传媒中心、开化传媒集团、天台县传媒中心。

（二）十佳报纸

《萧山日报》《德清新闻》《乐清日报》《东阳日报》《柯桥日报》《今日宁海》《今日龙湾》《新三门》《武义报》《今日桐乡》

（三）十佳 App

"阅龙湾"客户端、"掌心长兴"客户端、"笛扬新闻"客户端、"看宁海"客户端、"爱海盐"客户端、"西施号"客户端、"鄞响"客户端、"龙游通"客户端、"大潮"客户端、"兰精灵"客户端。

（四）十佳广播频率 / 电视频道

FM106.4 慈溪人民广播电台、FM100.2 东阳城市广播、余杭电视台新闻频道、FM97.3 太湖之声、FM91.0 瑞安人民广播电台、FM884 天姥之声、鄞州区广播电视台（一套）、嵊州市融媒体中心交通娱乐频率、FM99.5 乐清人民广播电台、江山电视台主频道。

二、先进个人奖获奖名单

（一）十佳领军人物 / 年度人物特别奖

十佳领军人物

赵科（慈溪市融媒体中心）

慈溪市融媒体中心党委书记、主任。

从事宣传工作 20 余年，他牵头开展全国县域网络社会综合治理试点工作，成为浙江省县域网络社会治理典型，案例入选全国网信创新工作 50 例。在媒体融合改革中，他勇挑重担、敢于担当，不断完善建设思路，不断创新体制机制，形成了"抢新闻、争市场、拼绩效"的良好局面，努力开创县级媒体融合的"慈溪样板"。

徐文相（兰溪市融媒体中心）

兰溪市融媒体中心党委书记、主任。

他是一名精通新闻业务的资深媒体人，更是一位县域媒体融合的先行者。他以体制机制创新激发内部活力，树立实干导向的灵活用人机制；他坚持守正创新，用新闻的力量推动进步，助力市委中心工作有为，承担重大活动保障有力，持续奏响"担当追赶 再创辉煌"最强音；他做亮做实新闻＋，以强化服务提升媒体影响力；他在文化产业

概况篇 1
实践篇 2
创新篇 3
人物篇 4
理论篇 5
作品篇 6
展望篇 7

附 录

领域开疆拓土，打造出多业态的产业矩阵。两年来，在他的带领下，兰溪融媒体中心实现了运行顺畅、宣传出彩、功能拓展、产业破局的初期目标，走出了一条符合兰溪实际的融合之路。

李卫国（玉环市传媒中心）

玉环市传媒中心（玉环市广播电视台）党委书记、主任（台长）。

2017年，作为玉环传媒这艘"瞭望号"的"掌舵者"，他带领团队日夜兼程，奋力搏击，瞄准融媒体改革机遇，全面实施"新闻＋政务""新闻＋服务""新闻＋产业"战略，在融合过程中不断抓内容改革、抓产业改革、抓技术改革，提升玉环传媒的传播力、创收力和生产力，走出了一条具有玉环特色的"融合路径"。

张志鹏（淳安县融媒体中心）

淳安县融媒体中心党委副书记、总编。

他曾获淳安"百佳干部"（淳安先锋）、浙江省G20杭州峰会工作先进个人等荣誉称号，并入选浙江省县（市、区）融媒体中心"十佳领军人物"。2020年12月，被国家广播电视总局选定为全国广播电视和网络视听行业领军人才候选人，参加在北京举办的行业领军人才示范研讨班。2020年以来，在该同志的带领策划下，央视《新闻联播》2020年用稿量排名杭州区县市第一，2021年央视《新闻联播》已播出10条。

陈芳（柯桥传媒集团）

柯桥传媒集团融媒体编辑一部主任。

从业18年，她长期从事基层新闻采访编辑工作。无论是作为一名区（县）委主要领导的跑线记者、报纸头版编辑，还是现在的新媒体编辑，她都兢兢业业，吃苦耐劳，围绕"四力"建设，讲好柯桥故事。采写编辑的作品曾获浙江新闻奖、浙报集团县市报新闻奖、中国县市区域报新闻奖、中国县市报新闻奖等50余次，并多次创作出10万＋、

30万＋、百万＋的新媒作品，并获得绍兴市首届优秀新闻工作者等荣誉称号。

任平（三门县传媒中心）

三门县传媒中心党委委员、副总编。

自 2003 年从事新闻工作以来，她在采编一线多岗位磨炼，为推动三门县媒体融合发展做出贡献。她讲政治、懂业务、善管理、爱钻研，在 18 年新闻实践中取得突出业绩，近百件作品获国家、省、市各级好新闻奖，上千件作品在中央、省、市主流媒体发表，她带领的团队拿下了全国媒体融合先进单位荣誉。她是县级媒体融合发展的领军人物。

杨晓海（乐清市融媒体中心）

乐清市融媒体中心党组成员、副主任。

他调任广电以来，正逢媒体融合改革，他克服改革期间的各种困难，带领新闻团队高质量地完成了乐清市委、市政府交办的各项宣传任务，牵头摄制了《乐清城市形象片》等多部大型专题片，主持开发了乐清广电网、新闻客户端以及广电编务系统，在媒体融合、新闻业务流程优化、新媒体业务拓展等方面做了大量的工作，连续多年被市委组织部评为优职，多次被文广系统评为先进工作者。

孟再励（萧山日报社）

萧山日报社副总编。

她拥抱融媒体改革，专注融媒时代高质量、多元化内容生产，从采编结构、内容格局重组和创新等入手，以"精品党媒、优质悦读"为定位，带领团队从大众化新闻传播者向品质化的互联网内容产品供应商积极转变，深耕本土，打造四大平台，凸显融媒体时代主流党媒权威、原创、深度优势。数十件作品分获浙江新闻奖二、三等奖。

概况篇 1
实践篇 2
创新篇 3
人物篇 4
理论篇 5
作品篇 6
展望篇 7

附　录

贾国勇（余杭区融媒体中心）

余杭区融媒体中心党委委员、副主任。

他历任余杭晨报社记者、编辑、新闻部副主任、发行部主任、广告部主任、副总编。

作为一名在新闻战线上从业 19 年的老兵，他多年来积极主动策划，践行"走转改"，余杭融媒产品创优成果丰硕；开拓创新，拓展经营，提升媒体发展动能；着眼未来，助力重构体制机制，加快推进媒体融合。

丁欣华（龙湾区融媒体中心）

温州市龙湾区融媒体中心副主任、总编。

他从事新闻工作近 20 年。从组建区新闻中心（2004 年成立，区融媒体中心前身），到全力打造县级媒体融合发展的"龙湾样板"，他一直领跑在前，靠前指挥。在全面分管业务期间，连续 7 年获全市外宣考核第一名。4 次获温州日报新闻宣传突出贡献奖，被温州市地方报刊协会授予优秀人物奖。编辑出版了《悠悠乡韵》《龙行天下》等系列新闻作品集。在工作之余，笔耕不辍，创作了大量诗歌、散文作品。为区优秀共产党员。

年度人物特别奖

过丹樑（嵊州市融媒体中心）

嵊州市委宣传部副部长，嵊州市融媒体中心党委书记、主任。

他是基层融媒改革的创新实践者，面对媒体融合的波涛澎湃，始终坚持从体制机制入手，着力推进资源重整、流程重建、制度重塑、产业重构，形成了"媒体＋政务＋服务＋商务＋社会治理"等多位一体的发展格局。在他的推动下，嵊州市融媒体中心已成为全新的权威内容发布平台、社区信息枢纽平台、基层社会治理平台和智慧工程综合服务商。

（二）十佳创新人物

张诺（乐清市融媒体中心）

乐清日报有限公司副总经理。

2014年任现职以来，他分管的业务板块效益连续保持增长。2020年经营面临前所未有的困难，他分管的板块毛利润率却从2019年的37%提升到2020年的55%以上，利润总额也有所增长。能取得这一成绩，关键在于创新：一是用户关系的重构；二是服务模式的拓展；三是营销活动的带动。

侯月飞（诸暨市融媒体中心）

诸暨市融媒体中心广播事业部主任。

她20多年坚守电视新闻采编一线，从一名普通记者成长为业务骨干和业务负责人。2016年，她告别电视，走进广播，成为新一代"掌门人"。5年多来，她大胆改革、锐意进取，大力实施开放办台战略，不断探索创新传播方式，打造"看得见的广播"。

李刚（海盐县传媒中心）

海盐县传媒中心副主任。

2020年是海盐媒体融合元年，他勇挑新闻宣传、平台运营、技术支撑三项重任，推动人员、业务、考核的深度融合，全年发稿同比增长38%。策划推出《致敬逆行者》等30多组系列报道，取得20余个"10万＋"。新媒体用户高位增长，"海盐发布"微信号粉丝增长2.5万人、"爱海盐"客户端用户增长5万人。当年个人获得省级新闻奖二等奖两次。

章承月（龙游传媒集团）

龙游传媒集团副总编。

20余年采编生涯，她初心如昨，奋斗不息，采写的68篇报道获省、市好新闻奖，用感情用文字用镜头，讲好龙游故事。她以"加快媒体融合，彰显龙游特色、增强传播实效"为己任，创新推进融媒体中心

概况篇 1
实践篇 2
创新篇 3
人物篇 4
理论篇 5
作品篇 6
展望篇 7

附 录

建设、"龙游通"App 打造升级、采编播人才培养，为龙游传媒入选全省融媒 20 强、十佳新媒、十佳支站加油添力。她率领的新媒体团队，点燃激情，冲锋在前，坚守一线全力"战"疫，被龙游县委、县政府评为抗疫先锋战队。

金波（萧山日报社）

萧山日报社总编助理、采访中心主任。

她是一个"70 后"新闻人，靠谱是她的优点。在萧山日报工作了 18 年，做过采编、经营、管理甚至是会务策划等各项工作。无论在什么岗位上，她都扎扎实实地埋头工作，然后不负众望地完成既定的工作目标。

李伟（鄞州区融媒体中心）

鄞州区融媒体中心电视新闻中心副主任。

从业 15 年，他始终奋战在新闻一线。作为部门业务带头人，他在创新创优、媒体融合等方面不断探索。先后获评宁波市"文化艺术新秀"、宁波市媒体融合创新人物、宁波市防台救灾优秀党员。主创的广播作品《鄞州：改革开放微型口述史》获第 29 届中国新闻奖三等奖。他所在的单位成为宁波首家也是全省唯一以"自荐"方式获中国新闻奖的县级台。

朱黎晶（余杭区融媒体中心）

余杭区融媒体中心外宣工作负责人。

她一直冲锋在媒体融合发展第一线，带领团队不断创新，用高质量的融媒产品唱响新时代好声音，交出了一张亮眼的成绩单：余杭区融媒体中心连续 4 年获得全省电视新闻协作第一名，参与《山中青年》《小康村 24 小时》等央媒、省媒组织的百余场融媒行动，形成了对外宣传的"余杭经验"。

侯德勇（宁海传媒集团）

宁海传媒集团党委委员、副总编。

他从事新闻宣传工作26年，先后在宁海广播电视台、报社、乡镇、传媒集团任记者、编辑、宣传委员、副总编（副台长）等职，业务、管理和创新能力强。发表多篇论文，多部作品获省、市级奖项；创办多个名牌栏目，带领团队获评市县模范集体；提出全媒体改造流程，宁海媒体融合发展之路走在宁波各县（市、区）前列。

余新华（临安区融媒体中心）

临安区融媒体中心全媒体采访部主任。

他从技术到新闻采编，再到经营采编管理岗位，一路走来，留下了一串串创新破难的足迹。他利用自己掌握的技术，配置了简易直录播设备，弥补了因资金不足而不能直录播的困惑；当经营遭受冲击时，以活动赢得市场……而今，在媒体融合中探索实施了"一库一表"策采编发管理系统。30多年的新闻宣传从业经验，磨砺出了胸怀大局、锐意创新、果敢敏锐的职业素养。

郑克（鹿城区融媒体中心）

鹿城区融媒体中心副主任。

他和团队积极打造数字化融媒平台，率先推出"掌上鹿城"手机端和电视端的互融互通。将融媒体向部门、街镇、社区、企业等扩展，推出"海外传播""明达说事""好学妈妈""文明之声"等融媒体工作室7家，实现合作共赢。加强新媒体赋能传播力，"遇见·五马"5GVR直播入选全省新媒体创新案例。

（三）最佳经营人物

潘菊良（桐乡市传媒中心）

桐乡市传媒中心党委委员、副主任，桐乡市传媒集团董事长、总经理。

他从事新闻宣传22年，2017年转岗至传媒产业，从事经营管理。

概况篇 1
实践篇 2
创新篇 3
人物篇 4
理论篇 5
作品篇 6
展望篇 7
附 录

其间，他紧紧抓住员工政治思想、业务能力、公司治理能力三个建设，使桐乡传媒产业实现了快速发展，年营业利润从不到 2000 万元，增长到 2020 年的 4500 多万元，3 年翻了一番多。

他自主研发的业务管理系统，实现了采购、报价、合同、财务、文档等环节的数字化管理、移动化办公，大大节省了资源成本，提高了效率，规范了流程，防范了风险，成为传媒产业数字化管理的先行者。

马亦伟（宁海传媒集团）

宁海传媒集团党委委员，副总编。

他从 2014 年底进入新闻单位从事产业经营管理工作。面对传统媒体产业经营日趋下滑的趋势，他坚持融媒体平台发展和产业业态拓展双轮驱动，积极实施多元化经营模式，推进产业经营体制改革，使传媒文化产业经营逆势增长。推动传统网络产业向数字化转型，宁海智慧停车等数字化项目成效显著。

胡艳（海宁市传媒中心）

海宁市传媒中心平台运营中心主任。

疫情之下，面对复杂多变的媒体运营环境，她意志坚定、迎难而上，转型进军"智慧产业"，创新搭建垂直类智慧平台，积极输出各类智慧服务。作为团队核心，她带出了一支不怕苦、不怕累的攻坚队伍，在县级融媒体中心建设的新征程上，用实干创造、用奋斗作答，以实际行动为海宁市传媒中心的高质量发展贡献力量。

王晓雯（新昌县融媒体中心）

新昌县融媒体中心广播部主任。

她在 1998 年成为一名媒体人后，先后从事节目主持、新闻采编、广告创收、频率总监等工作。2018 年，她全面负责 FM884 天姥之声，围绕打造优秀节目、提高收听率开创广告经营新局面。推出具有本土特色、资讯服务的节目，实现"可听、可读、可视"三位一体的融媒广播。2018 年广播广告收入就从 200 万元提高到 400 多万元，增幅超100%。

周滟（长兴县融媒体中心）

长兴县融媒体中心副主任。

从内容口启航，在经营口成长，她是长兴县融媒体中心副主任，也是将内容与经营深度融合的探索者与研究者。在传统媒体转型升级的背景下，她精分内容领域，垂直深耕，依托内容优势，每年承接活动场次 300 余场、宣传片 100 余部，积极探索移动端经营思路，完成营收总额超 5000 万元，成为全国融媒体中心经营的典范和业内标杆。

吴天飞（诸暨市融媒体中心）

诸暨市融媒体中心广电信息技术有限公司经理。

工作以来，他从未停止创新创优。努力做到在工作中学习，在学习中思考，在思考和实践中不断提高广播电视基础业务能力。多次在浙江省广播电视科技创新项目"金潮奖"评审中获基层优秀科技创新奖，在省级以上刊物发表专业论文 6 篇。2020 年，他负责的公司经营收入超亿元，比 2019 年创收实现翻番。